©Gerard Hanlon 1999

First published in English under the title Gerard Hanlon. Lawyers, the State and Market, 1st edition by Palgrave Macmillan, a division of Macmillan Publishers Limited. This edition has been translated and published under licence from Palgrave Macmillan. The Author has asserted his right to be indentified as author of this Work.

律师、国家与市场
职业主义再探

〔英〕杰拉尔德·汉隆（Gerard Hanlon）/著
程朝阳 /译

北京大学出版社
PEKING UNIVERSITY PRESS

北京市版权局登记号图字:01-2006-0770
图书在版编目(CIP)数据

律师、国家与市场:职业主义再探/(英)汉隆著;程朝阳译.—北京:北京大学出版社,2009.1
　(法律与社会译丛)
　ISBN 978-7-301-14876-1

Ⅰ.律…　Ⅱ.①汉…②程…　Ⅲ.律师业务-研究-英国
Ⅳ.D956.165

中国版本图书馆 CIP 数据核字(2009)第 000010 号

书　　　名:律师、国家与市场:职业主义再探
著作责任者:〔英〕杰拉尔德·汉隆　著　程朝阳　译
责 任 编 辑:王　晶
标 准 书 号:ISBN 978-7-301-14876-1/D·2234
出 版 发 行:北京大学出版社
地　　　址:北京市海淀区成府路 205 号　100871
网　　　址:http://www.pup.cn
电　　　话:邮购部 62752015　发行部 62750672　编辑部 62752027
　　　　　　出版部 62754962
电 子 邮 箱:law@pup.pku.edu.cn
印 刷 者:北京宏伟双华印刷有限公司
经 销 者:新华书店
　　　　　　650mm×980mm　16 开本　16.5 印张　220 千字
　　　　　　2009 年 1 月第 1 版　2009 年 1 月第 1 次印刷
定　　　价:28.00 元

未经许可,不得以任何方式复制或抄袭本书之部分或全部内容。
版权所有,侵权必究
举报电话:010-62752024　电子邮箱:fd@pup.pku.edu.cn

谨献给珍和9月6日这一天。

目 录

序	1
表目	3
英文版序	5
致谢	7

第一章　社会民主的危机？职业主义与弹性积累　　1
 市场抑或社会民主？　　2
 全球福特制的出现　　4
 社会公民身份、职业主义与积累的福特制政体　　6
 职业者与迟到的社会公民身份认同　　10
 社会服务职业主义与市场部门　　21
 无限制的社会公民身份与英国资本主义的危机　　23
 新右翼破坏社会民主的企图　　29
 国家右翼倾向对职业者的后果　　35
 资本的进攻与复苏　　38
 结论　　42

第二章 自由放任主义信念的捍卫者与福特制集体主义的拥护者：律师和社会之间的关系变化　44
一种适度受限的自由放任资本主义　45
职业间的竞争与日渐倚重土地市场——土地转让市场的垄断化　51
作为事务律师捍卫者的自由放任国家　63
干涉主义国家的兴起——威胁行为的一个例证？　70
干涉主义国家与事务律师——向新型积累迈进　76
精英律师事务所——从自由放任资本主义到福特制　84
结论——律师与社会民主危机　91

第三章 律师、国家与市场：进退两难之境　94
强大国家与律师职业　94
律师与强大国家——强者的进一步便利？　106
作为商品的职业服务——资本的观念　124
购买个人的抑或律师事务所的技能？商业知识、网络和内部律师　134
结论　139

第四章 弹性积累与"商业化职业者"的出现　141
商业律师事务所——它们真的如此不同？　143
"为商业化职业者的出现进行结构调整"　151
网络和对个人的（重新）崇拜　164
嵌入性、信任与职业服务的市场销售　169
作为个人授权资源的网络　180
结论　186

第五章 作为企业的职业主义：服务阶层的政治学与职业主义的重新定义　189
作为一股保守力量的服务阶层　190
服务阶层的分裂　191

  职业、信任与服务阶层 *195*
  职业者和服务阶层的分裂 *200*
  社会服务职业主义与激进的服务阶层？ *204*
  对这些问题的进一步探讨 *207*
  结论 *209*
结论 社会结构与职业工作的变化面相 *211*

附录 研究方法论 *217*
参考文献 *221*
索引 *233*

译后记 *243*

序

在西方法律职业研究的发展史上,英国学者一直处于这一领域的最前沿。从20世纪30年代的卡尔-桑德斯(A. M. Carr-Saunders)和威尔逊(P. A. Wilson)到80年代的刘易斯(P. Lewis)、丁沃尔(R. Dingwall)、布尔雷奇(M. Burrage)等人,英国学界对职业的本质特征与发展历程始终有着强烈的关注与独到的理解。当曾经风靡一时的职业研究在今天的美国学界已经被法律与医疗等研究领域瓜分得几乎销声匿迹的今天,英国学者们却还保持着对一般性职业理论的兴趣。杰拉尔德·汉隆(Gerard Hanlon)分别于1994年和1999年出版的《会计师职业的商业化》(*The Commercialisation of Accountancy*)与《律师、国家与市场:职业主义再探》(*Lawyers, the State and the Market: Professionalism Revisited*),是西方职业研究领域近二十年来的两本非常重要的著作。其中《律师、国家与市场》一书,不但为了解英国律师业在20世纪后半叶的发展历程提供了大量的经验数据,而且也为理解职业与市场、国家之间的关系提供了一个相对系统的理论视角。由程朝阳先生翻译、北京大学出版社出版的本书中译本,无疑将对国内的法律职业研究与职业社会学研究起到极大的推动作用。

细心的读者可能会发现,作者在写作本书时,所关注的核心问题并不仅仅是法律职业本身,而是二战后英国福利国家政策兴起以来不断增强的国家干预对法律服务市场以及职业工作所产生的各种后果。汉隆认为,过去几十年里职业工作随着资本市场的发展出现了明显的商业化倾向,产生了所谓的"商业化职业主义"(commercialised professionalism),而福利国家的兴起则对这一商业化过程起到了推波助澜的作用,具体表现在以下两方面:其一,对中小型律师事务所的组织结构、工作以及职业团体加强控制；其二，为大型律师事务所在国际竞争中取得优势地位提供便利。其结果是作为"服务阶层"（service class）的律师业的职业主义内涵产生了根本性变化，不仅强调传统上的专业技能，还要包括管理技术与业务开拓能力。作者认为，从历史发展的角度看，职业主义从绅士型（gentlemanly）到社会服务型（social service）再到商业化（commercialised）的转变过程与英国的市场—国家关系自19世纪以来从自由放任资本主义到福利国家再到新自由主义的历史变迁密切相关。

  本书的论点清晰完整，论证也十分有力，但作者对于律师业的理解明显受到了他此前研究会计师业的影响，有些过分强调了商业化倾向对职业工作本质所产生的挑战。事实上，无论是"绅士型"、"社会服务型"还是"商业化职业主义"，都只不过是帮助我们理解职业工作的理想类型而已，英国和其他一些主要西方国家的律师业在二战后的确都出现了国家干预增强与商业化的明显特征，但其职业工作是否真的像会计师业一样完全被市场化、成为资本主义市场经济的铺路石，值得读者们更为审慎地思考。与经济学、审计等专业相比，法律职业承载了更多的社会正义责任，其专业技能的本地化程度也明显更高，商业化的影响在专门从事企业法律服务的大型商务律师事务所中固然十分显著，而对于大多数从事个人法律服务的中小型律师事务所和个人执业者而言，"商业化职业者"究竟是不是应当成为他们所追求的发展方向呢？在全球化浪潮席卷世界各个角落的今天，在新自由主义的意识形态遭遇了重大经济危机的今天，法律职业在市场竞争与国家干预之间又该扮演怎样的角色？对于这些疑问，这本《律师、国家与市场》带给我们的并非一个简单的答案，而是一个复杂的命题。

刘思达

2008年11月30日于芝加哥

表目

1.1 广大职业服务领域就业率的提高(1948—1968)(%)　　9
4.1 不同合伙人数目的律所所占的比例(%)　　144
4.2 不同执业范围的律所规模(%)　　147
4.3 不同客户类型的律所规模(%)　　149
4.4 下设部门的律所所占的比例(%)　　151
4.5 不同规模的律所之间市场竞争程度(%)　　156
4.6 市场方案的范围与类型(由不同规模律所设计)(%)　　164

英文版序

　　本书探讨的是职业工作的性质变化。本书认为,在过去的二十年中英国所经历的经济结构调整已经对本国的职业者和职业工作产生了极大的影响。这种经济结构调整的重要后果之一就是它导致国家在优先性考虑方面的变化。国家降低了对于商品和服务的立基于市民身份的分配的重要性,而倾向于给予立基于市场的分配和国际竞争力以优先性。这对于职业人士而言具有不同的意味,因为他们是诸多此类商品和服务的提供者。为了确保其国际竞争力,国家不得不对福利国家作出限制。这意味着它不得不加强对职业者的控制。这自然导致了一系列不同部门之间的冲突,从国民医疗服务一直到大学教育等领域。然而,它也给一些职业者带来了更多的机会。

　　同样,经济结构调整也导致了企业资本运作的显著变化。在过去的二十年中,企业资本肆无忌惮地追逐着利润,这必然导致对劳工运动不断地批评。然而,它也引导资本加强对职业者—客户关系的控制。简言之,它力图把它所理解的优良服务的内涵强加给职业者,而不是将其留给职业者,由职业者自己去决定。此外,这种情况的出现还导致不同职业领域的冲突和变化,从而为某些职业提供了利用这一变化的机会。

　　本书集中论述了诸如此类的许多变化,并探讨了一些职业者是如何促进这些变化,另一些职业者是如何对某些变化表示支持,以及其他职业者是如何对变化表示抵触。本书的研究表明,这些过程将一些先前同质的职业领域分裂为两种群体:一种从社会服务的观念出发倡导基于公民身份分配其服务的群体,一种由那些赞成以市场为基础分配其服务和提升其国际竞争力的商业化职业者组成的群体。

  这些发展、变化可能会促使职业分化，可能会促使服务阶层的解体。它们可能会使服务阶层中的某些人变得激进，鼓励他们拒绝向一种弹性经济（flexible economy）的转向，因为这一转向将切实损害它们的经济利益。但是，这些过程也可能会使得另一些职业群体更加紧密地结合在一起而促成弹性经济的出现，因为弹性经济能为那些已经成功实现了商业化的职业群体带来巨额利润。所有这一切都意味着职业人士以及职业工作将是英国当下正在进行的经济转型的中心问题。

  我要感谢罗伯特·丁沃尔（Robert Dingwall）、西蒙·罗伯茨（Simon Roberts）、大卫·休格曼（David Sugarman）、乔安娜·夏普兰德（Joanna Shapland）以及詹姆斯·韦克汉姆（James Wickham）在本书写作的不同阶段对其中相关章节所做的阅读。他们五个人都给我提供了不同的观点，并指出了先前草稿中存在的不少错误。我现在终于可以公开地对他们表示感谢，感谢他们让我得以幸免蒙羞，虽然我猜想将来依然会面临一些因为错误而蒙羞的时候。我还必须感谢彼得·阿姆斯特朗（Peter Armstrong）在过去的五年中对我的影响与帮助。本书中的许多观点都是来源于我对他以会计师为题的研究著作所做的理解。当然，书中所有错误，不用说都是我的，均由我一人承担。

杰拉尔德·汉隆

致　谢

为了本书的问世,许多人慷慨无私地奉献了他们的时间和精力,现在是该对他们,至少是他们中的一些人好好表示感谢的时候了。首先,我要感谢所有那些同意接受采访和调查的人。一直让我感到好奇的是,人们会愿意给研究者多少时间。我意识到这一关系的不平衡性。我似乎总是会接受他们的思想、经历以及他们对在某一活动领域所发生的一切所持有的怀疑,我也似乎总是以一种常常不会给这些参与者带来多少好处的方式使用我所获得的一切。有人希望,除了我自己以外,某个地方的某个人也会从这些受访者那里受益。事实若果真如此,那么请不要忘记那些信息提供者们。

我特别要感谢在谢菲尔德大学(The University of Sheffield)法律职业研究所工作的乔安娜·夏普兰德(Joanna Shapland),感谢她的支持,感谢她说服了谢菲尔德大学,使其愿意为书中的许多田野调查提供资助。本书中的很大一部分是她的激情与动力的结果。我还必须感谢在德国弗莱堡马克斯-普朗克外国及国际刑法研究所任职的汉斯-约格·阿尔布莱希特(Hans-Jörg Albrecht),是他让我能够有幸作为访问研究学者在那里度过五个月的时间。本书的初稿就是在那段时间完成的,我感觉如果没有那么一段时间,本书将永远不会完成。我还要感谢我在伦敦大学国王学院(King's College London)的同事们,感谢他们在本书写作过程中给予的支持。

本书赖以为基础的田野调查材料是在为一个名为"评价苏格兰事务律师—辩护人的引入对法律服务客户的影响"(Assessing the Impact of the Introduction of Solicitor-Advocate in Scotland on the Cli-

ents of Legal Services)的苏格兰办事处(Scottish Office)从事某种研究的过程中收集到的。这一研究工作是我和约翰·杰克逊(John Jackson)一起共同完成的,他为我提供了许多对于法律世界的深刻洞见,并陪我在苏格兰度过了很多个愉快而有趣的夜晚。我深深地感谢约翰帮助我收集到这些信息并用于本书。对于苏格兰政府机关准许我将该研究成果用于本书,我也在此谨致谢意,并感谢艾莉森·普拉茨(Alison Platts)以一种重视研究者及其所付出的辛劳的方式领导了这一研究。我还要感谢《现代法律评论》(*Modern Law Review*)准许我在本书第四章复制我在1997年的《现代法律评论》上发表的文章中首次用到的表格,也感谢牛津大学出版社准许我在第五章复制我最初发表于1998年的《社会学》(*Sociology*)上的文献资料。

我还要对麦克米兰出版有限公司的莎拉·布朗(Sarah Brown)和苏珊·克雷格(Susan Clegg)谨致谢忱。尽管我超过了出版的最后期限并一再拖延,他们却总是给我以支持与鼓励。我发现,编辑的一个最伟大的品质是耐心,他们两人都充分拥有这一品质。

杰·汉(G.H)

本书已竭尽所能追索到所有版权人,但是如果仍有人被无意忽略,出版人会很乐意一有机会就作出必要的安排和处理。

> 让人们接受其将要侍奉的价值观的正当性之最为有效的办法,是去说服他们相信它们确实如他们,或至少他们当中的大多数人所一直认为的那样,但是这一点在此前却没有被正确理解或认识到。这些人不得不将他们的忠诚从古老的上帝身上移开而转向新的上帝,并假装认为新的上帝才真正是他们敏锐的直觉所一直告诉他们的,而以前他们仅只是模糊认识到这一切。实现这一目的的最有效的技巧是,使用旧词,但是要改变其含义。
>
> (F. A. 哈耶克,《通向奴役之路》,1944,第117页)

所问到的问题是——我们负担得起吗？假设答案是"不"，那么它的意思为何？它真正的意思是指所生产出来的商品总量以及本国人民所提供的服务在所有时候都不足以给我们国家的所有人提供依该（国民保险）法案所设定的金额衡量的那种最低生活标准，无论是在他们生病还是健康、年轻还是年老的时候。我不能相信我们国家的生产率竟是如此缓慢，以致我们想去工作的愿望显得那么柔弱无力，甚或以致我们可能会对这个我们人民注定受穷的世界逆来顺受。

（克莱门特·艾德礼，1946，引于 P. 亨利赛，《永远不再》，1922，第 119 页）

第一章 社会民主的危机？职业主义与弹性积累

几乎不言自明的是，英国的政治和社会—经济图景在过去的二十年中经历了一次巨大的变迁。这一变迁的一个方面是在职业者内部围绕职业主义的确切意指为何这一问题而持续进行的意识形态的斗争。这一斗争之所以发生，是因为在过去的五十年或更长的时间里，一场真正的战斗正在进行，斗争的焦点是决定由谁去控制不同职业和职业者，怎样对职业者作出评价，职业者的功能为何，以及他们该如何去提供服务，获得多少报酬等问题。我将这一斗争称为职业主义的危机。这场斗争现在正在法律制度、国民保健服务（National Health Servic，NHS）、教育、会计、社会工作以及其他领域展开。这一斗争十分重要，因为它是围绕社会活动的广大领域是否应该受市场和/或准市场或者某种形式的福利主义—社会—民主结构的规制约束这一问题而展开的一场更加广泛的斗争的一部分。总之，职业主义（以及职业者）的危机在新右翼试图破坏在20世纪在大部分时间里一直主导西方资本主义世界的社会—民主共识的斗争中居于核心地位。

新右翼的这一企图将不同职业者卷入一场政治斗争的漩涡之中，这场政治斗争如果继续进行下去，则可能会重新塑造英国未来三四十年或者更远的未来的社会结构。[1] 同时它也将职业者深深卷入到一场可能会危及保守党长期以来在英国政治中的主导地位

---

[1] 左翼势力也力图改变这些职业，并对这些职业所享有的许多特权提出了批评（见 Johnson,1972）。但是鉴于右翼势力的崛起以及他们的攻击性质没有发生改变，因此本书只集中于右翼议程的内容。

的斗争之中。新右翼作为一股主导力量在保守党中的崛起已经对那些在传统上一直作为保守党的"天然"盟友的职业者构成打击。新右翼在20世纪80年代和90年代对市场驱动型政策的追求是一次重塑这些职业群体(和其他群体)构成的企图,其目的是为了将他们更加紧密地同保守党和市场联系在一起。这一追求将大量职业者相互分离开来,它们的各自利益均受到此类政策的负面影响。但是另一方面,它也使得其他一些职业者更加紧密地团结在一起,共同维护保守派的政策。要在某种程度上将这种控制职业者以及事实上包括其他群体在内的企图简化为上述市场议程,必然会损害职业者对于福利主义计划或社会—民主计划的忠诚。这一进程正在加快服务阶层的分裂,而且我认为,它也必将对为把一种新右翼霸权强加于(或者更加完全地强加于)社会而进行的斗争产生重要影响。本书认为,由于新右翼疏远了自己的许多支持者,因此到目前为止他们并没有将他们的政策图景在英国成功地予以强制推行(但我的意思并不是说这是导致他们失败的唯一原因,尽管它是一个十分重要的原因)。然而,在分析这一职业主义的危机将会把我们带向何方之前,有必要解释一下是什么导致产生此一危机的,如果有可能,此次危机之后又会是一番什么样的景象?一开始,引用一位支持新右翼希望我们远离的那种社会和社会民主的重要人物的论述也许有所帮助。

市场抑或社会民主?

> 基本的平等无需侵入竞争市场的自由便可得以创建和维持,这仍然是真的吗?它显然不是。我们的现代制度事实上是一种社会主义的制度,而不是一种其创造者们,就像马歇尔那样,急于将它和社会主义区别开来的制度。但同样明显的是,市场依然在起作用——适当地在起作用。
>
> (T. H. 马歇尔 1950:9)

T. H. 马歇尔(T. H. Marshall)对自阿尔弗雷德·马歇尔(Alfred

Marshall)开始写作以来的历史进程所做的评论现在读来依然犹如昨天——它是一个逝去的时代的产物。本书打算稍稍述及我们是怎样由T.H.马歇尔在评论中描述的20世纪40年代和50年代的生活世界转变成另外一个世界的,在转变后的世界中,市场似乎开始被右翼和主流左翼看做是规制社会生活的最为有效的方式。在论述这一问题的过程中,我的分析将优先考虑职业工作,因为正是职业和职业者常常成为规则规章与社会活动之间的界点(interface)。在20世纪50年代及此前,职业极大地占据了国家在对市场自由作出限制之后所留下的空间。例如,职业者指导着我们的健康(医生)、我们的教育(教师)、我们的福利制度(社会工作者)、我们的法律制度(律师)、我们的财政机制(会计师)等。然而,这些空间再一次成为人们争论的焦点。简言之,我的观点是,职业者是任何一个先进的资本主义社会内部一个十分重要的群体。而且由于他们在社会活动的一些核心领域扮演着指导者的角色,因此他们在所有重大社会变迁过程中处于可能会引起争议的位置。一旦大规模的变迁开始发生,例如当福利国家开始出现,职业者往往处于这一过程的核心。似乎可以公正地说,在过去二十年左右的时间里,我们已经进入到一个如此这般的变化时期,现在该是对职业内部所发生的变化作出检查的时候了。

在进一步论述之前,对"职业"和"职业者"作出定义十分重要。在过去,为了试图给职业和职业主义下一个普遍性的定义,已经浪费了不少笔墨。在本书中,我无意给出这样一个普遍性的定义。像阿伯特(Abbott,1988)一样,我认为这样的争论是不会有任何结果的。相反,当我使用这一术语的时候,我所要表达的意思和一个外行人在使用它的时候所要表达的意思是一样的。也即是说,我所谈到的是诸如法律、医疗、教育、社会工作这样一些以及其他一些通常被视为专业性的职业或工作。一段时间以来,这样一些职业或工作经由与其他工作之间为争夺社会活动领域的控制地位而进行的各种斗争之后,已经开始被定义为是专业性的了。鉴于将来还会有新的斗争出现,将来还会有一些新的工作试图以一种可能会或可能不会妨碍一些既存职业的方式变成专业性的,不可能对这一术语给出一个普遍性的定义,因为专业性职业的属性以及那些成为专业性的职业类型是变化的,他们变,他们的定义也变。事实上,这一问题是本书的主要论题之一(亦见 Dingwall 等,1988：1—18；Hanlon,1988)。职业主义并不是孤立存在的,它受到更加广泛的社会力量的影响(也影响到它们),并随着这些力量的改变而改变。因此,职业主义是它与其环境之间的一种地方性关系的产物。

如上所述,职业主义的环境正处于变化之中。不过,在检视当前正在发生的转变时期之前,我们有必要对此前的情况做一番简单的描述。从第二次世界大战后开始一直到大约 1975 年的这段时期,是一个在怎样管理国家经济问题上达成空前一致的时期。正是在这一时期,一种职业主义的主流观点开始盛行,据有人猜测,这一观点强调无私奉献和公众利益。正如我们将要看到的那样,关于职业主义的这种观点在这一时期——一个普遍称作福特制（Fordism）的时期开始走向前台而备受关注并不是一件偶然的事情。

全球福特制的出现

全球资本主义正在经历一个急剧的结构调整的时期,该结构调整自身尚未有结果。但是,不管结果如何,专业人士的生活很可能永不相同。然而,在围绕这一主题展开之前,需要强调几点。马歇尔的评论是在差不多五十年前作出的,当时在英国正值工党政府领导建设福利国家,一种主流的被称作福特制的美国式的资本主义在二战后开始引入欧洲。虽然美国资本主义是被移植到欧洲各国现存的社会结构之中的,但是基本上继续奉行了它的一些重要原则。它们是：

- 信奉高工资和多消费；
- 大规模的商品生产；
- 福利国家和以完全就业为其主要目标的干预型政府的出现。

上述三个方面共同构成了福特主义积累政体的基本特征。"积累政体"(regime of accumulation)源自受马克思主义者启发的法国规范学派,意指一段以一种独特的社会化模式和经济规制的社会模式为基础的经济再生产时期(见 Lipietz,1987)。用非常简单的话来说就是,它是指这样一个时期,其突出特点是:劳动广泛分工,以一种普遍接受的社会和经济活动的规制方式为特征的生产模式占主导。在福特制之下,这必然导致雇佣大量的半熟练工人从事商品大生产,以满足广大的市场需求。被接受的、用以规制社会和经济活动的方式有:大规模的行业联合主义,信奉完全雇佣,集体议价,创建福利国家,试图将冲突从工业领域转向政治领域,以及授权自行处理对生产组织的控制(Gordon 等,1982;Lipietz,1987)。这种政体势必造成劳资之间的妥协,它首先表现在这样一份协议上,即资方为了获得更高的生产率,将付给劳方高工资,从而允许资本生产更多的商品,并在表面看似贪得无厌的美国和欧洲市场上销售更多的商品。同时,它也因此将工人们的生活推向一个更高的水平(见 Gordon 等,1982;Lipietz,1986;Harrison 和 Bluestone,1988;Harvey,1989;Hanlon,1994)。

福特制的其他一些重要特征是,首先,劳动力开始分化,形成了由中产阶级组成的独立的一级部门和主要由男性、行业联合的体力劳动者组成的附属一级部门,以及通常由一些边缘化群体如妇女和外来移民等组成的二级劳动力市场。其次,官僚政治控制技术开始出现(Edwards,1979)。官僚政治控制同样导致大的组织内部管理层级和行政层级的扩张,因此形成了专业性的管理职业(Lash 和 Urry,1987)。在以前对于职业和社会变迁的研究中,我曾经就这些劳动力市场问题对职业者以及他们当前正在进行的结构调整为何如此重要做过一番粗略的解释(见 Hanlon,1994:1—32)。我不想在此再次全文重复那段论述,但重要的是我们必须注意到,就一级劳动力市场的两个部门来说,人们一般是终生雇佣的,而且中产阶级常常期望获得(实际上已经获得)一份以资历为条件的职业。指出这一点十分重要,因为它导致了中产阶级立基于职业的管理性、专业性就业的快速扩张，他们的人数因此也不断增多（Goldthorpe,1980,Lash 和 Urry,1987）。

但是目前，我希望将注意力放在福利国家的作用、政府经济干预的作用以及所有这些对各个职业所造成的影响这一问题上。我之所以将注意力放在这一问题上，部分上是针对威尔莫特（Willmott）和西卡（Sikka）（1997）对我以前的研究提出的批评作出的一种回应。他们十分恰当地指出，说我忽略了上述这些重要论题。但同时也因为随着英国新右翼于20世纪80年代开始掌权，国家从此变为促进彻底变革的工具，被试图用以摧毁战后达成的共识。再次用某种简单的说法来说就是，新右翼和一些资本家试图从一种福特主义的积累政体转向一种弹性的积累政体。本章将试着就一些群体为什么希望转向一种弹性政体以及这种转向对职业者的影响何在作出回答。

社会公民身份、职业主义与积累的福特制政体

一如前述，福特制的支柱之一是福利国家（见 Jessop,1994）。福利国家的重要特征之一是，它的各种服务一般是以普遍的公民身份作为基础的。这样一个命题确保福特制从根本上看将是资本主义积累的一个社会民主阶段（Hall 和 Schwarz,1988；Gamble,1994：22—28）。简言之，将会对市场作出某些限制。

T.H.马歇尔（T.H.Marshall,1950）曾经指出，公民身份由三个要素组成——市民性的、政治性的和社会性的。市民性和政治性的公民身份分别要求法律面前人人平等和选举自由。社会公民身份从根本上看是保障价值平等的手段之一。就这一点而论，它对市场社会而言可能是一种更具威胁性的命题。马歇尔（Marshall,1950）认为，社会公民身份一旦被人们所接受，社会地位低下的个人和群体对国家的要求会越来越多，以便"平等化"他们自己与其他人之间的比赛场地*。因此，对国家和政府的各种要求会"逐渐

---

* 指社会竞争环境。——译者注

增加",而且这些要求通常会对市场产生限制(Hayek,1944;Marshall,1950;Gamble,1994)。对此,马歇尔(Marshall,1950:47)这样论述道:

> 消除阶级差别依然是社会权利的目标,但是它获得了一种新的涵义。它不再仅仅是企图消除社会最底层中因为穷困而造成的明显损害。它已经表现出革新社会不平等整体样式的行动姿态。它不再满足于只是抬升社会大厦根基的地面高度而让上层建筑保持原状。它已经开始重建整个大厦,它甚至可能会最终把一座摩天大楼改建成一座平房。

因此,社会公民身份可能会对资本主义的社会结构造成十分严重的威胁。在哈耶克(Hayek,1944)以及其他人看来,它是通向极权主义之路的第一步(亦见Gray,1986)。若此,社会公民身份不被心甘情愿地授予也就毫不奇怪。实际上,马歇尔(Marshall,1950:22—23)和克劳赛(Crowther,1981:11—29)曾经重点论及,一种弱势的社会公民身份是怎样在1834年的英国随着古老的《济贫法》(The Poor Law Act)的废除而遭到破坏的,该《济贫法》的废除,从整体上看其最终目的是给自由市场的形成创造更加合适的条件。鉴于一种弱式的社会公民身份已经被主动废除,因此似乎可以合理地猜测,它的恢复将会遭受抵制。1834年的《济贫法》是建立在因误导而在意图鼓励农场主、地主和雇主对农村地区的雇工实施更强大的家长制管理与意图为**自由放任**[2]的市场社会创造更加合适的条件之间形成联合的基础之上的。人们认为,旧有的济贫法鼓励了雇主特别是农场主们克扣雇工的工资,这些雇工因此

---

[2] "自由放任"一词本身就是模糊的,在不同的作者那里有不同的解释(见Gray,1986:73—81)。我是在格雷(Gray,1986)的意义上使用这一词语的,也即是说,它是指这样一个社会,其中福利——如果竟然还有福利供给的话——受到限制,福利的供给是建立在权利而不是建立在穷人与社会其他群体缔结的社会契约的基础之上。这样一种定义与修正主义的国家观完全相反,修正主义者认为,国家是"普遍福利的提供者和守护神,它有权在追求共同福利时依照自己的自由裁量权去行动"(见Gray,1986:81)。

也受到这个社会的其他人的欺压。新制定的《济贫法》通过培养工人阶级的个人主义节俭,通过打击游手好闲的穷人,通过鼓励雇主采取更好的雇佣做法试图消除这种情况。克劳赛(Crowther,1981)指出,新《济贫法》没有成功,因为它忽略了劳动力市场内部雇主和雇工之间的权力差异。结果,公民身份权遭到排斥和贬抑,自由市场则居于统治地位,导致"一些最糟糕的自由放任过剩"的出现(Crowther,1981:19)。在接下来五十年左右的时间里,为了将社会公民身份作为一项重要的权利重新确立下来,需要我们付出极大的努力。在此之后,要想让社会公民身份获得马歇尔所意指的那种崇高地位(见 Polanyi,1957;Hall 和 Schwartz,1988;Perkin,1989:27—116),还需要我们再作出五十年至七十年的努力。但是,在福特制之下,社会公民身份已经到来。到20世纪40年代为止,对于市场的限制已经开始起步,某种形式的混合型国家和市场规制已经为英国的所有政党所接受(Hayek,1944:3)。

这并不是说,对于工人阶级以及那些强调其社会价值方面固有的平等性以求获利的其他群体而言,福特制完全是一个胜利。雅克(Jaques,1983)的观点是,福特制实际上被控制在社会精英的手中,这些精英们将他们霸权主义的幻想加以贯彻实施,尽管或者事实上因为他们与工人阶级之间的妥协,它保证了不断增长的长期利润率。从过去五十年的光景来看,这的确是一个奖赏。它给资本主义造成了一次严重的工人阶级的威胁,并引发了两次世界大战。两次世界大战在给许多人带来利润的同时,也威胁到一些精英,并将另外一些精英消灭。从资本主义精英的这种统治地位来看,强调这样一点十分重要,即虽然市场有所限制,但是福特制以及建立在社会公民身份基础之上的各种权利并没有预示着社会主义的到来(Gray,1986;Hall 和 Schwartz,1988)。

尽管不是社会主义,但是以社会公民身份为基础的福利国家的扩张导致了在那些与社会价值问题有关的领域中资源和雇佣的大幅增长。大致说来,此类领域之一就是职业领域。归根结底,这些公民身份权应该带来些什么?他们应该保证给社会所有成员提供更好的卫生保健,更好的教育,更好的司法保护,更好的住房条件以及更好的社会服务等。所有这些服务都是由专业人士提供的,或者将会由专业人士来提供。这显然需要付出高昂的成本。在20世纪30年代和70年代之间,政府支出与国家收入之比从30%上升到50%(Perkin,1989:484—485)。公共领域的雇佣率也急剧上升,到1968年止,公共领域雇佣人数总量大约是630万(见就业部1971:表106,138和153)。表1.1表明了这一增长是如何为某些职业,特别是那些公共领域的职业的快速发展提供空间的。

表1.1 广大职业服务领域就业率的提高(1948—1968)(%)

	增长 1948—1968(%)
教育	158
医疗	89
法律	68
会计	58
保险、银行和金融	57
其他	56

来源:根据就业部(Department of Employment)资料(1971:表138)修订。

公共领域增长的另外一个要素或方面是国家官僚机构的大规模扩张。例如,到20世纪90年代初期,国民保健服务中心雇佣的工作人员人数超过了100万,其预算开支约为350亿英镑,约占整个国民生产总值的6.5%。

在对福特主义取得共识的那段时期里,大量国家机器多数时候被控制在提供这些服务的职业人士手中。帕金(Perkin,1989:344—352)指出,很多这样的职业群体被福利国家授予权力,开始控制大量的资源,并开始呼吁增加各种资源。医疗业仍旧是一个很好的例子:在1950至1970年间,英国真正的卫生保健支出增长了89%,而同一时期的国民生产总值则只增长了72%。在1970至1989年间,卫生支出的增长率是99%,而国民生产总值的增长率则仅是52%。这一增长态势意味着长期以来,支出总量中用于卫生服务的部分有所增加。怀恩斯(Whynes,1992)业已指出,作为附属于国民保健服务中心的公共机构之一的英国医学协会(The British Medical Association, BMA)以及国民保健服务中心内部其他一些权益团体(包括一些政府部门)是造成出现这一局面的部分原因。

总之,社会民主、社会公民身份的发展以及对自由放任经济学的限制让许多职业人士从中受益,因为他们得以控制各大公共机构。所以说,限制自由市场给职业者带来了好处。事实上,布罗德本特等人(Broadbent et al., 1997:6)认为,不同职业对于公民身份的强调常常使他们对与新右翼有关的新自由主义经济学保持警惕。接下来的内容将表明,今天,对许多职业者而言(虽然并非对所有职业者而言),这种情况依然存在,而且它和历史妥协紧密相关。然而,职业者并不总是对市场充满敌意,因此这一领域将来可能会有所改变(见第二章和第三章关于职业者如何同市场之间建立起一种模糊的关系的论述)。

职业者与迟到的社会公民身份认同

一个庞大的、以公共领域为基础的职业共同体的出现不可避免。事实上,许多职业被迫参与到福利国家中来,并且/或者只是在他们和国家之间达成了一种有利的妥协的时候才参与进来(Goriely, 1994)。卡尔-桑德斯(Carr-Saunders)和威尔逊(Wilson)(1933:65—69)指出,在17世纪至20世纪之间,医疗职业和精英阶层紧紧地联系在一起,有力地抵制了要求以任何有组织的方式给穷人提供医疗服务的压力(亦见Waddington, 1984:176—205; Corfield, 1995:137—173)。[3] 事实上,在1894年,英国医学协会(BMA)禁止医生在主要是给穷人提供医疗服务的医疗救助机构工作。在20世纪初期,它反对互助组织提供卫生保健服务。沃丁顿(Waddington, 1984:153—176)甚至还指出,在19世纪,医生们不仅

---

[3] 然而,科菲尔德(Corfield)指出,医生对向穷人提供服务这一工作的参与比人们通常所认为的要多。

不给穷人提供服务,他们还相互激烈竞争,经常私下从对方那里抢夺有利可图的病人,并且/或者在争夺富裕的病人时不惜毁坏其他医生的医疗声誉(亦见 Corfield,1995:137—173,他详细描述了药店不仅卖药而且还卖杂货的情况,提出了一种高度精致的商业主义的概念)。

然而,另一方面,劳登(Loudon,1986)则巧妙地揭示了医生是怎样投身于向穷人提供医疗服务的事业中去的。劳登指出,医生根据济贫法提供医疗救助的客户范围十分广泛,既有上层贵族,也有商人甚至乞丐。然而,有趣的是,他同时也指出,在 1834 年的法令之后济贫法规定的医疗保健工作在地位和收入方面均急速下降。而在此之前,医生们的此类工作是按照市场价格来获得报酬的。他指出,许多医生之所以从事这一工作,是因为对一个年轻的、没有经验的医生而言,它是在这样一个人满为患的医疗职业中积累经验的好办法。一旦获得了足够的经验,他们当中许多人就会停止继续干这种工作。他还指出,工人阶级中大多数人仍旧得不到治疗,尽管有各种济贫法律、志愿性医院和不断涌现的医疗俱乐部存在。鉴于济贫法律工作的地位下降等,医生们力图按照公民的需要而不顾及人们支付报酬的渴望去提供济贫法所规定的医疗保健服务。不用说,尽管他们力图把供给从一种自由放任形式(见 Gray,1986:81)转向一种社会公民身份形式,但却以失败告终。因此在 19 世纪,国家卫生保健系统的医疗经历似乎不令人满意(Loudon,1986:228—248)。

劳登(Loudon)的研究和沃丁顿(Waddington)的研究之间存在的差异似乎表明,医生的确为穷人作了些工作,尽管只是以某种有限的方式完成的。不过,他们从事此类工作的经历并不令人愉快,而且这种工作的地位低下,通常只是由急诊部的全科医生(general practitioners,GPs)完成(虽然目前在英格兰的农村地区,将不同的医疗执业者划分为急诊普通医生、外科医生和内科医生并不明智)。在越来越多著名的志愿医院(voluntary hospitals),穷困的病人只是医生奠定执业基础和/或获得经验的一种手段。[4] 因此,真正获得医疗服务的人数十分有限。1834年后济贫法的彻底失败导致了19世纪医生生活水平开始下降,因此济贫法的经历可能也使得一些医生在医疗服务供给方面免受国家的干预(Loudon,1986:246—247,258—259)。不管是对是错,公平的说法似乎是,医疗服务的提供与该职业的物质基础密切相关,而主流的职业主义理论常常没有充分认识到这一点。

医疗职业的确曾经试图给所有人提供医疗服务,但是他们这样做是出于自身利益上的考虑。1911年英国《国民健康保险法案》获得通过。在该法案刚开始实施的时候,英国医学协会(BMA)要求医生按照每年每个病人8先令6便士的价格收取人头费,即使据国家估算每个病人应支付4先令2便士也在所不惜。尽管1911年法案规定英国医学协会的成员们每年所得的人头费是7先令6便士,该协会仍然命令他们拒绝参与这一全民医疗服务计划,直到政府作出让步并满足他们的全部要求为止。最终,由于国家方面的毫不妥协,英国医学协会不得不接受7先令6便士的价格而参与其中。不过,这一价格比国家所预定的价格更加接近他们原先的期望。在1920年和1924年,英国医学协会再次威胁说,如果政府不增加这一费用,他们将从该计划中撤出(见Carr-Saunders和Wilson,1933:89—102)。由此可见,为了保证其成员能够从他们所提供的服务中获得"充足的"回报,医疗职业和国家以及其他想提供某种形式的集体性卫生保健服务的群体之间展开了一场旷日持久的游击战。英国国民保健服务中心(the NHS)的创立也让医生对自己的工作环境有更大的控制权。帕金(Perkin,1989)认为,医疗职业者开始控制了国民保健服务中心的管理工作(亦见第三章),尽管劳登(Loudon,1986:251—256)曾集中描述了在这之前,英国

---

[4] 然而,尽管志愿医院的声誉日渐增加,但是据劳登(Loudon,1986:224)估计,只有3%的布拉德福德人去这些医院就医,丁沃尔等人(Dingwall等,1988)也指出这些人常常不是最贫穷的市民,而是和托管人订立有合同的人。

医疗俱乐部的行政管理人员以及志愿医院的理事们是如何对这些医生仍然保有相当严格的控制权的。

一如我们将在第二章中要看到的,法律领域的情形与此相似。降低专业费用以便让普通百姓能够获得司法救济的观念遭到法律领域职业人士的反对,他们觉得这样会(不证自明,它似乎会)降低他们的服务水准,而这必定不是一件好事。有鉴于此,一些律师开始呼吁应该对法律系统给予补助。此类呼声主要是对这样一个事实作出的回应,即人们开始普遍感觉到法律系统(尤其是法院系统)正在日渐脱离英国人民的主流生活而变得似乎与他们毫不相干。法律职业之所以在战后一改先前的冷漠(若非敌意)而乐意提供法律援助,与公民咨询局(Citizens' Advice Bureaux, CABx)的广泛设立并在法律咨询服务方面开始与事务律师一起竞争这一事实有关(Goriely,1996)。在1940年之前,提供给穷人的法律服务十分欠缺,因为律师一心想表现出受人尊敬的样子,因此必然会躲避贫穷的客户(见 Sugarman,1996:109—110)。1945年以后,当法律援助被引入,律师们才同意给那些贫穷的客户提供法律上的帮助,但条件是,法律协会必须对法律援助的政府预算享有绝对的控制权(见 Abel-Smith 和 Stevens,1976;Goriely,1994;亦见第二章对这些问题的详细论述)。

因此,职业者以社会身份为基础提供服务并不是一种常态。当条件合适的时候,他们便这样做,这样说似乎更加准确。帕金(Perkin,1989:343—352)指出,在教育和社会工作领域也发生过类似的斗争,相关的职业群体最后都获得了不同程度的成功。然而,职业人士以社会公民身份为基础参与提供专业服务,以及国家对这些服务供给的制度性安排,改变了占统治地位的职业意识形态的性质。

社会公民身份、福利国家与职业意识形态

如上所述,在福利国家出现以前,职业人士相对而言几乎不和穷人接触。他们只给富人和人数不多的(但是在不断扩大)中产阶级提供服务。20世纪早期自由政府的各项改革措施慢慢开始改变这一状况。随着这一状况的逐渐改变,职业意识形态也开始发生变化。马歇尔(Marshall,1939)曾经指出,在19世纪末20世纪初,职业主义为一种个人主义的意识形态所主导,其基本思想是,只为那些付得起钱的群体服务。对诸多重要的职业群体的一番考察已经证实了这样一种分析。约翰逊(Johnson,1972)认为会计师的出现是因为有大客户的支持作为基础。卡尔-桑德斯(Carr-Saunders)和威尔逊(Wilson)(1933)、诸森(Jewson,1974)和沃丁顿(Waddington,1984)都曾经详细论述过医疗业和社会精英群体之间的密切联系。同时埃贝尔-史密斯和斯蒂文斯(Abel-Smith 和 Stevens,1967)、欧弗尔(Offer,1981)和休格曼(Sugarman,1996)等人认为对于英格兰和威尔士的事务律师和出庭律师而言,情况也是如此。从教育职业的最早时期一直到19世纪,教书育人就和英格兰教会联系在了一起,而英格兰教会占英国精英群体的大多数,虽然在这之后教育被更加紧密地规制和整合到国家的活动之中,并因此似乎失去了其作为一门职业的应有地位(Carr-Saunders 和 Wilson,1933:250—265)。因此,18、19世纪的职业与付费的精英群体之间的这种联系似乎普遍存在于多数职业群体之中(见 Johnson,1972;Perkin,1989)。

　　与强势群体之间的联系导致产生了这样一种观念,即认为这些职业都是"令人尊敬的"职业,认为从事这些职业的人不是一群唯利是图的小人,而都是一些"谦谦君子"(Mashall,1939:326)。然而,这种对于职业主义理想型观点忽略了两个令人不安的事实。第一,由于他们只是给富人和人数不多的中产阶级提供服务,因此整体需求相当低,以致那些没有获得成功的执业者要么被迫离开这一职业,要么被迫参与到激烈的行业竞争中去,许多职业因此名声不好。沃丁顿(Waddington,1984:153—176,186—188)已经指出过在医疗界也是这种情况。事实上,他指出,在18世纪,医生们对于他们的职业普遍持有这样一种观点,即认为医生也承担售卖药品(实际上相当于药剂师的角色)以及包括零售商品在内的其他各种各样的商品的工作。然而,18世纪的医疗界主要由各色"医生"组成,从江湖郎中到德高望重的名医都有。因此沃丁顿的著作也许有些误导。不谈论医生们是如何参与这些活动的,而是指出在18世纪和19世纪上半叶那些自称为医生的各种群体参与了一系列的竞争性活动,这样做也许更加公平。然而,即使是后来成为我们今天所谓的医生的那些人当时也投身到了激烈的竞争性活动中(见Dingwall等,1988:1—28对那个时候的"行医"活动的描述,亦见Loudon,1986:11—29)。例如劳登认为,那些已经固定下来的医生为了防止其他医生在他们所在的地区或市场范围内插足,常常不得不接受济贫法所规定的低报酬的医疗服务工作,但最后很可能只是随便应付应付了事(Loudon,1986:245—246)。科菲尔德(Corfield,1995)在更一般的意义上详细描述了公众对职业人士的看法与职业人士自己的职业意识形态之间常常是如何发生冲突的。

第二,像社会中的其他部分一样,这样一个世界*也充满歧视。妇女被排除在这一世界之外,虽然她们并未从教育职业中排除出去。那时,教育业主要由女性组成而将绝大多数男性排除在外,因此失去了其应有的地位(见Crompton和Ssanderson,1990;Corfield,1995;Sugarman,1996)。绅士型职业主义,或者马歇尔所谓的"职业个人主义"是建立在这样一种前提的基础之上的,即职业人士不是一群斤斤计较、唯利是图的钻营小人,他们的言谈举止更像是一群谦谦君子,因为他们有足够的资本去表现出他们的绅士风度。也即是说,当一个人有一些钱(常常数量有限)并且成了一名职业人士之后,他(是"他"而不是"她")凭借自己的专业技术能力、社交技巧以及业已建立起来的各种关系而在这一职业内部崭露头角。随着事业的进步,他的财富也不断增加,因而无需公开地努力去赚钱(见第二章关于法律领域中关系的历史重要性)。一个人作为一名职业者如果不能过上富裕的生活,那么他很可能会转向从

---

* 指职业世界。——译者注

事其他一些工作(见 Waddington,1984:187;Loudon,1986)。因此,个人主义的职业主义在很大程度上是一个道德败坏的世界。

科菲尔德(Corfield,1995)认为,各种职业在18、19世纪保持着相当程度的开放性,许多非精英群体出身的个人常常利用这些职业作为自己"跻身上流社会"的一种手段。克劳赛特(Crouzet,1972)认为在这一时期,工业领域的情况也是如此。事实很有可能正是这样,但是这跟认为这些职业也是充满歧视性的观点并不矛盾。休格曼(Sugarman,1996)指出,在那一时期,精英阶层的不断膨胀将一些职业和一些专业人士也包括在内,同时也将社会中的更大一部分人排除在外,从而扩大了新兴上层和中产阶级同其他群体之间的差距。

由此可见,在19世纪和20世纪初期,社会上占统治地位的职业主义的意识形态是"职业主义的个人主义",它是以一名"绅士"所应具备的各种特征为基础的。"绅士"这一术语自身也在经历一种变化,它原来是指那些富裕的、大多无所事事的土地主,现在则用来指那些积极主动、独立自主的个人(见 Corfield,1995;Sugarman,1996)。随着国家干预越来越多,随着各种职业自身试图利用国家有节制的干预以获得进一步的授权,这种职业主义观便也开始发生变化。但是这种进一步的授权不是轻易就能获得的。不同时代、拥有不同资源的职业群体都竭其所能参与到各种斗争之中,这些斗争既有在其职业内部发生的(例如,一些职业人士渴望获得别人的敬重而将其他群体排除在外,见第二章),也有在其职业外部和其他职业之间进行的(例如,在事务律师和出庭律师之间的竞争,见第二章),还有在本职业与国家和/或资本之间展开的(见第二、三、四、五章)。因此,福特制转向不只是工人阶级与资本之间的一场斗争,对不同职业而言,它也是一段(较小规模的)斗争时期。在这一时期的各个时间点上,他们的利益常常与其他参与者的利益相互一致或相互冲突。

重要的是,这场与福特制转向有关的斗争导致原先那种建立在为有钱有权者服务这一理念基础上的职业个人主义转向一种社

第一章 社会民主的危机？职业主义与弹性积累　17

会服务型的职业主义，该职业主义是建立在如下理念的基础之上的：给需要者提供服务，而不管他们是否有能力支付报酬——简言之，以社会公民身份为基础提供服务。许多职业者不愿意作出这种转变。如前所述，英国医学协会只是在其成员获得丰厚回报的时候才勉强接受了这一准则。法官、出庭律师和事务律师只是在他们因公民咨询局（Citizen's Advice Bureaux）在二战期间的迅速崛起而受到威胁，并且/或者在对他们的职业相关性提出质疑的时候，他们才同意提供法律援助的，但即便如此，有些律师仍然不同意向所有具有公民身份的个人提供法律援助（见第二章）。会计师从来就没有完全屈服于这种国家干预，而且当国家真正采取干预的时候，他们通常会从中受益（Hanlon，1994：35—76）。同其他大多数职业群体相比较而言，教师受国家影响的时间要长一些，而且他们似乎对国家的扩张等也表示欢迎（Perkin，1989：349—351）。

　　这种转向可能困难重重，但是如果处理得当，它也可能好处多多。因为富人的需求相对而言毕竟只是很小的一部分，而且由此还会导致出现各种紧张关系，例如职业人士之间的激烈竞争或一些成员对诸如商品零售之类的"非职业性"活动的共同追求等。伴随着这些内部紧张而来的是那种来自外部的压力：要求在当前正在发生的、更加广泛的社会—经济转型中保持稳定不变。这一社会—经济转型涉及大规模的资本发展、干预型国家的出现以及工人阶级对社会秩序更加全面的参与的需求，等等。鉴于存在这些紧张，很难想象如果没有在工人阶级中间建立起服务市场，不同的职业会去怎样拓宽他们的市场根基。为了拓展市场，他们或者降低收费标准，增加私人在医疗之类的事情上的保险费用，并且/或者同国家保持协调一致。直接向工人阶级提供服务是各种职业多多少少都有些反感的事情。但是，由于中产阶级和富裕阶层的需求持续走低，职业者又不愿意降低价格标准，加之在增加私人保险费用方面存在困难，所有这一切都意味着国家扩张是一个不错的选择。然而，它会导致在许多职业领域中职业意识形态的转变。

　　继续保持一种个人主义的意识形态将意味着限制职业人士的

数量，或者接受不断下降的生活水准（见 Sugarman 1996 关于法律职业的各个部分是如何试图通过将"下层社会"和妇女排除在外并对数字上的增长作出一般性的限制以产生这样一种结果的论述）。但是，如果没有国家财政，或者如果没有给雇员提供保险（由大规模资金或个人自己提供），很难想象各种职业会如何实现人数上的增长，同时又能保证对增加后的成员提供他们想要的生活水准。不同职业所采用的进一步掠夺相对狭小的现有市场的策略也可能会让他们对其成员的不守规矩束手无策，因为成员们为维持生计不得不投身到空前激烈的竞争实践中去。这反过来可能会导致源自日渐走向干预主义的干预型国家的国家控制的威胁。考虑到这些职业的演进历程，以及他们对自我规制的渴望，这种威胁将会不惜一切代价地加以避免（Sugarman, 1996）。私人资助从来都不是一个真正的选择，因为资本和个人或是不愿意买单，或是无力买单，这就使得只有依靠国家提供资助。虽然从职业的观点看，这多少有些令人不快，但是随着国家财政投入的增加，可能会带来资金、就业和权力。

　　正如表 1.1 所示，福利国家扩张的一个重要方面是对职业人士的直接和间接国家雇佣的增长以及这些职业人士对国家机器中日渐膨胀的各个部门的控制（Perkin, 1989）。这种福利国家的扩张也包括用一部分公家的钱去补贴私营职业人士。例如，律师依旧属于私营领域，却以法律援助的形式获得公共资金的资助。大学教师们受雇于国家，但却被允许从事一些私人活动以获得额外收入。与此相同，在建筑工业领域，许多职业会从大量公共建筑的扩建和新建当中获得收益。因此，从 20 世纪早期和中期开始，许多职业的不断出现似乎不可避免地与国家的扩张而不是市场的扩张紧紧地联系在一起。这一命题的提出导致马歇尔（Marshall, 1939）评论说，职业人士的未来与他们的就业环境的维护而非自由市场的维护密切相关。在个人主义的职业主义时代，职业人士都是一些绅士，但是却不得不在市场中展开运作。但与个人主义的职业主义时代略微不同（但是正如我们将要看到的，并非完全不同）的是,而今这些从事社会服务的职业人士,马歇尔声称,事实上对市场持反感的态度。公共服务和客户的福利而不是自我利益似乎已经成为了他们的指路明灯(虽然并不是在所有情况下都是这样。见第二章关于法律职业的论述)。

这种无私性开始成为战后很长一段时期中每一个重要的理论家对于职业主义定义中的一个十分重要的因素。古德(Goode,1957)、休斯(Hughes,1963)和威林斯基(Wilensky,1964)都认为,职业人士不是自利性的,他们对职业者和客户之间的关系拥有很大的控制权。他们深受客户的信赖,而且在许多方面表现出对于"商业社会"的敌对性。但是有一位著名的作者似乎不同意这种描述,他就是帕森斯(Parsons,1954)。[5]

帕金(Perkin,1989,1996)可能是近来对马歇尔的基本论题从各个方面重新作出论述的最为重要的作者之一。他的观点是建立在这样一个命题的基础之上的,即认为在20世纪出现了一种社会服务型职业理念,是职业人士发展了这一理念,并通过它将他们的观点强加于整个社会。因此,在福利国家兴起的过程中,大多数重大的发展和进步在某个点上都与职业人士有关——对在劳工运动、资本和国家之间的关系中普遍存在的各种危机,他们通常会提

---

[5] 帕森斯(Parsons)在20世纪50年代指出,以前那些非营利性的职业开始出现商业化。从某些方面看,它们两者之间存在一定的相似性而不是业务上的相互对立。帕森斯把现代社会的这两个部分都看做是理性主义者,他们正力图找到针对个别问题的最好、最有效的解决办法。因此,他们都反对他所谓的传统主义的东西,赞成功能性权力,因此他们具有若干共同点。帕森斯认为,商业关系、职业关系和政府关系都有各自具体的、突出的功能。他紧接着又指出,据假定将这些领域划分成不同部分的"自我利益"的问题被过分夸大了。从我将要提出的观点看,有趣的是,帕森斯把各种职业看做是现代主义社会的一个重要部分,是理性权威得以超越"传统主义"的堡垒。因此,似乎可以公正地说,各种职业的兴起和存续是法人资本主义发展的一个重要部分。去推测福特主义美国的停滞和衰落——有人认为开始于20世纪50年代(见Overbeek,1990)——是否和帕森斯所论及的商业主义趋势的兴起(和再次兴起)有关也是一件十分有趣的事情。然而,帕特森的贡献可能最值得关注,因为他和其他作者所做的关于社会服务的更多评论形成对照。

出建议或者设计出解决办法(Perkin,1989:116—170)。他认为在对自由资本主义所导致产生的绝对财产权作出限制的努力中,职业人士走在最前端。他紧接着又指出,职业人士所做的这一努力常常使他们和其他一些代表资本和土地所有者利益并设法维护这些绝对权利的职业人士之间发生冲突(Perkin,1989:141)。因此,作为中产阶级的一部分的职业人士在努力创立一个职业理念的过程中并没有团结在一起。这使得,作为一个著名的例证(也正如第二章所示),在很长一段时间里律师们都对社会服务型职业主义表示反对。但是随着时间的流逝,具有上述所有假定特征的社会服务职业群体最终胜出。

这一点十分有趣,稍后我们会重新回到帕金的著作所论及的一些问题上。但是我相信帕金对自己手中的牌势估计过高。我认为,帕金大大低估了参与限制财产所有者绝对权利的那些更广泛的社会力量的重要性。例如,在论及限制爱尔兰土地主的财产所有权的时候(1989:126—136),帕金几乎对这一事实不屑一顾,即爱尔兰大约于1850至1890在土地改革问题上几近战争状态。正是这一压力,而并非仅仅是职业人士的社会服务趋势导致发生了大规模的变化(Lyons,1982)。同样,他还认为(1989:131),许多涉及社团主义和官僚资本主义的改革都是以职业人士作为中介得以完成的。对于这一问题,我同样认为,这些机构的兴起只是工人阶级多年斗争的产物(见 Hall 和 Scharz,1988)。在我看来,帕金太急于将职业群体的作用扩大到对他人造成损害的地步。

然而,尽管存在这样一些不足,帕金的著作仍有价值。它集中论述了一种与福特制(虽然帕金没有使用这一术语)的兴起相符合的社会服务职业主义日渐上升的主导地位。他的确曾合理地认为,职业人士在福特制兴起的过程中是一个十分重要的群体。如果没有他们的参与,福特制是否能够演化发展,或者是否能够以它那种方式得以演化发展尚不得而知。所以说,国家的扩张为一种新型的职业主义的兴起提供了便利,随着职业工作在国家领域以及由国家财政扶持的部分私营领域的增长,这种新型职业主义的拥护者数量也开始快速增加。这一点十分重要,因为这一群体如果将来和社会公民身份紧密地联系在一起,可能会成为主张继续实行国家扩张政策和加强市场限制的游说团。然而,在论述这一问题之前(这一问题将在第三章和第五章论述),我们需要探讨的是,如果说市场领域中的专业就业情况正在发生变化的话,那么它正在发生着什么样的变化。

社会服务职业主义与市场部门

战后,私营职业比公共职业发展要慢。不过和公共领域的职业一样,私营领域的职业也经历了一段变化的时期。居于福特制工业策略核心位置的,是具体的劳动分工——其中一小部分人对各项任务应该怎样执行提出了设想,而更多的人则是相关的体力劳动的完成者(Braverman,1974)——以及官僚主义控制和内部劳动力市场的兴起(Edwards,1979)。这种情况的出现导致组织内部管理部门的发展以及"终生工作"观念在大多数工人阶级分子心中扎下根来(虽然并不是所有人。二级劳动力市场仍旧具有一定程度的灵活性——见 Hanlon,1994:1—32)。对职业人士和经理层而言,就业安全以及沿着明确划定的职业道路获得提升是有保障的,只要他们遵守公司(企业)的规章和程序。由于这些个人经常供职于那些非常大的、有利可图的密集型经济部门,或者是为这些经济部门提供服务的专业公司(企业),因此有人认为他们和公共领域的职业者一样,更多地牵涉到就业安全而不是市场问题。这样一个命题让马歇尔认为,他们的利益非常近似于那些供职于国家部门的专业人士的利益:

> 他们[私营领域的职业者]的财富不是和利润,而是和就业联系在一起。而且如果,正如维布伦(Veblen)所认为的那样,资本主义注定要后者为前者作出牺牲的话,那么他们对于资本主义的态度应该不会友好。他们可以直接感受到他们所努力追求的各种利益的竞争性一面,而在他们私人生活中存

在的竞争,正如我们已经看到的那样,由于职业主义的扩张而有所减弱。他们所渴望的,是安全地享用他们所受教育为他们赢得的身份和地位。……如果,正如看似可能的那样,他们从与工人的联盟中退缩,他们将向谁寻求领导？很可能不会转向他们的雇佣资本家和客户。我想也不会转向那种竞争性的、以医疗专家和成功的出庭律师以及时尚的建筑设计师为典型代表的职业主义。他们和金融世界有着紧密的联系,他们所能够指望的天然领域是可被称作行政性职业主义的领域,是我们在论及社会服务的时候所描述到的那种类型。(Marshall。1939:339)

在某些方面,哈耶克(Hayek,1944:76—88)同意马歇尔的观点。他认为法西斯主义实际上是中产阶级反竞争观念的一种扩展,他们对于安全的兴趣甚于他们对于竞争的兴趣。

尽管福特制能够带来利润,但是当马歇尔论述说公共领域和私人领域的职业人士逃避竞争而认同(而非反对)公民身份的时候(尽管在这样一个庞大的群体内部显然存在着各种分歧),他也许是对的。然而,帕金(Perkin,1989)认为,马歇尔具体描述到的公共领域职业人士和私人领域职业人士之间的那种亲密程度并不是永恒不变的,他认为一旦经济停止增长,他们之间的差异就会显现出来。事实上,他认为,私人领域和公共领域的职业者利益上的差异已经成为20世纪的一个定义性特征,它已经导致英国在过去的二十年中发生了许多变化。

本书将表达一种有些类似于此的观点。本书将指出,自20世纪70年代以来所发生的变化推力是一次试图通过将职业主义从福特制的社会服务职业主义转向一种灵活的、积累驱动(accumulation-driven)的商业化职业主义而对职业主义作出改变的努力。如前所述,该斗争反映了这样一个事实,即中产阶级被分解成不同的职业团体,而不同的职业团体则具有不同的意识形态观。本书将旨在详细论述在法律服务阶层内部出现的这些分裂,以及它们对目前的斗争所产生的影响。本书认为,它们已经成为一些人努力实现从福特制向灵活的积累政体转向这一社会变革的重要战场。

无限制的社会公民身份与英国资本主义的危机

社会公民身份的内在特征之一是,一旦社会开始了这一旅程,就很难再回头。因为随着不同的利益集团的出现,人们对于平等的需求越来越强烈。哈耶克(Hayek,1944:1—23)和 T. H. 马歇尔(Marshall,1950:59)两人立论的政治立场尽管不同,但是他们都认识到,在社会公民身份问题上强调社会民主,势必会致使"集体主义"居于主导地位。简言之,两位理论家都承认,这种集体主义会限制市场,使市场服从于"公共利益"或者服从于极权主义——看一个人所信任的人是谁:

> 以现代形式出现的社会权利意味着一种身份契约的入侵,市场价格服从于社会正义,权利主张取代自由交易。但是,这些原则对于今日的市场实践而言还相当陌生吗? 抑或它们已经在契约系统内部扎下根来? 我想,答案显然是肯定的。(T. H. Marshall,1950:68)

> 我们已经逐渐在经济事务中抛弃了那种自由。在过去,如果没有经济事务中的那种自由,也就永远不会有个人自由和政治自由存在。……现如今,我们已经看到一种新式的奴隶制出现在了我们的眼前,我们却如此彻底地忘记了那一警告,以致它几乎没有让我们想起这两个事物之间可能存在联系。(Hayek,1944:10)

如上所述,使市场价格服从社会正义对一些职业而言是一件非常好的事情。随着市场价格日益服从于社会民主,各种职业成了社会平等的分配者,担当着平整在社会活动各领域的运动场上存在的不平之处这一任务。如果市场不去规制人类的相互交往,那么在一个"自由"的社会中,人们觉得这种规制的任务应该留给那些职业者而不是由国家来完成(Burrage,1992;Sugarman,1996;

111)。因此对职业者而言，一旦他们战胜了自己对于福利国家的敌对心理，以大国家、有限市场为主要特征的福特制便具有某些固有的优势，只要他们的身份、地位和物质利益得到了保障。这些身份、地位和物质利益在很大程度上得以维持，尽管在战后一段时期中职业者的收入阶梯从总体上看有所压缩（Marshall，1950；Harrison 和 Bluestone，1988）。由于市场有限且被认为是用以规制社会诸多方面的一种不稳定手段，这些职业成功地将自己置身于不断增强的干预型国家（它常常付给他们薪水）与个人之间。正如我们将要看到的，只要从目前这种福特制移开哪怕一点点，都将不得不容忍许多职业人士可能心生的敌对情绪。

然而，这样一种社会服务职业主义的持续发展依赖于福特制的持续发展，而福特制的持续发展反过来又是建立在英国资本主义的持续扩张的基础之上的。但是在20世纪60年代，英国资本主义开始变得摇摇欲坠，并最终走向危机。那一次的危机是全球性的，但是在所有的主要资本主义国家中，英国则表现得最为显著，因为英国资本主义的逐渐衰亡（见 Jacques，1983；Hall，1983，1985；Jessop 等人，1984，1985；Leys，1985）恰好又碰上了作为资本主义积累的一种成功策略的福特制在全球的衰落（Harrison 和 Bluestone，1988；Harvey，1989；Overbeek，1990）。这样两个危机综合在一起，导致了三十年结构调整时期的到来，这一时期至今还在继续。

合意的崩溃

在战后时代的大部分时间里，有一种强烈的政治合意支持着福特制积累政体（Hayek，1944；Kavanagh，1990；Gamble，1994）。然而，英国社会中总有一部分人反对将社会公民身份强加在市场之上。随着英国福特制在20世纪60年代及以后在表面上走向最后的衰亡，这一部分人开始发出强烈的抗议声（Gamble，1994）。20世纪60年代是英国政治历史上一段相当动荡的时期。1968年，伊诺克·鲍威尔（Enoch Powell）试图建立一种更加右翼的计划，这一计划有利于限制社会公民身份权，限制移民入境，返回到一种更加市场驱动的经济模式。他试图通过直接诉诸凌驾于保守党领袖们之上的"人民"实现这一目的。随着20世纪70年代的结束,这种策略在霍尔(Hall,1983)所谓的"独裁的人民党主义"中变得更加明显。尽管鲍威尔显然深受"人民"的欢迎,但是他的努力却没有获得成功,尽管在他的努力之下20世纪60年代和20世纪70年代的一些争论得到了极大的澄清。然而,鲍威尔的计划只是英国政治精英主流意识的最极端表现而已,他们都认识到随着其他的经济形式继续以更快的速度向前发展,20世纪60年代的英国的经济与国家正在经历一场严重的危机(见Blackaby,1986和Overbeek,1990对英国经济衰退所做的分析)。

20世纪60年代的这种危机感在选举上的成功表现是1964年由哈罗德·威尔逊领导的"技术白热"(white heat of technology)型工党政府执政。工党试图通过创建一个社团主义者论坛——在那里劳方、资方和国家将着手升级对经济活动的规制——以实现经济的"现代化"。雅克(Jaques,1983)曾经指出,工党试图将重心从金融资本和伦敦市(the City of London)*转向工业资本和制造业,认为为了提高资本的利润率,应该努力去削弱劳工运动的地位。这种政策最后以失败告终,并导致许多人对英国政治左翼的幻想破灭了。工党试图作出的这种转向有着诸多宽泛的意味,但是从职业的观点看,有两个问题需要作出进一步的论述。

首先,工党不惜以金融资本和伦敦市为代价支持工业资本的努力具有重要意义。福特制是建立在全面就业、福利国家和在合理**封闭**的国家经济内部实行高水平集中生产和集中消费的基础之上的(虽然从它在大英帝国和英联邦的利益来看,英国政府同其他多数国家相比较而言依然保持着一种更加国际化的特征)。伦敦市及其金融资本在这样一种体制之内表现得软弱无力,因为它们

---

* 从地理上看系指英格兰大伦敦市(Great London)内的一个小城。它在历史上是现代伦敦大都市周围而形成的核心城市。伦敦市(the City of London)又称作"the City"或"Square Mile"。由于它是英国的金融中心,因此这些词语也常用来指英国的金融服务业。——译者注

总是更加注重**国际化**,因之渴望建立一种开放型经济。在这里潜伏着历史上曾经给英国资本主义以极大破坏的张力之一。金融资本和伦敦市倾向于实行英镑走高和自由贸易政策,但工业资本为了实现廉价出口一般都希望英镑走低。在有些情况下,工业资本需要的是更多的保护,更少的自由贸易。

英格哈姆(Ingham,1984)和赖斯(Leys,1985)以及其他学者都认为,英国在传统上对金融和伦敦市的需要一直持支持的态度,这有助于削弱经济的制造业基础(见 Hutton,1995 与此相似的观点)。由此可见,工党于20世纪60年代作出的转向是为了打破这种传统偏好和复兴英国制造业而作出的一次尝试,希望借此扭转英国经济近一个世纪之久的相对衰退之势。这一主张意在维持一种积累的福特制政体以及随后在这一政体之下形成的福利国家,一如我们已经看到的那样,它们对于公共领域的职业和一些私人领域的职业群体有好处。不过,在第三章中我们将会看到,这种性质的改变将不利于其中一些与伦敦市密切相关的职业,诸如法律和会计业(见 Lee,1992 以及第三章)。因此,不同的职业和事实上一定职业内部不同人员在过去都存在着利益上的差异,他们和不同的工业与经济发展策略联系在一起。如第三章将要重点论及的,这些紧张关系在20世纪80年代和20世纪90年代表现得相当突出。

这将我们引向第二个十分重要的问题。雅克(Jacques,1983)认为这种变化代表了英国内部精英层霸权的一种变化。在过去二十或三十年的时间里,在怎样管理经济和社会这一问题上,精英层中间已经达成共识(虽然保守党中一些重要成员对福利国家的供给等一开始持一种敌对的态度)。但是,在20世纪60年代,这一共识开始有所削弱。工党倾向于采取一种旨在实现经济现代化和精英层利益的重新整合的政策,但其他一些人则在应该怎样变化这一问题上不能确定,否则他们会和鲍威尔及其支持者们一样支持一种右翼的转向(亦见 Hall,1983;Gamble,1994:69—104)。鲍威尔的许多政策,其中有些后来被撒切尔所采用,有利于金融资本、伦敦市、自由市场、国际自由贸易以及与这些领域有关的那些职业群体,而不利于工业资本、任何内在形式的工业政策以及一种不断扩张的国家模式。我们将会看到,由于是市场而不是职业者们对不断发展的社会生活领域作出规制,这样一些政策将会削弱福特制的基础,将会削弱福利国家和公共领域的职业群体。

这种共识的崩溃在 20 世纪 70 年代开始出现加速的态势。威尔逊政府试图实现经济现代化的努力最终走向失败,该政府的许多支持者的幻想也随之破灭。随着该政府在 20 世纪 70 年代的终结,由爱德华·希思(Edward Heath)领导的保守党政府上台。希思同样试图以经济现代化回应危机,但是他的政府以一种不同于工党,比工党更加积极的右倾姿态去实现经济的现代化。在他执政之初,希思政府就转向右翼,试图引进自由市场的经济政策,不断强调市场的作用,要求降低国家的作用。希思还寻求加入欧洲经济共同体,他相信这将有助于英国正在衰退中的经济实现现代化。然而,如先前的工党政府一样,保守党政府也没有使国家完全恢复经济增长(见 Jacques,1983;Gamble,1994)。

在 20 世纪 70 年代初期,工业和经济政策方面最明显的右翼转向是工业关系法案的制定与颁布实施。该法案试图在更一般的意义上削弱工会和劳工运动。这一法案从许多方面反映了上述共识的终结,因为它是自 20 世纪 20 年代以来对劳工运动最为严重的一次打击(Jaques,1983:45)。不过,同过去一样,保守党政府在很大程度上并不知道该用什么去取代这一共识。从某些方面看,它想削弱劳工运动,希望这它能促进经济的发展,因之允许维持这一共识的继续存在。但是从根本上看,这种立场是有问题的,其原因有二。第一,求助于以个人价值的平等性为基础的社会公民身份共识会导致工人阶级以及其他边缘群体力量的再次加强,因之有可能会在某个阶段重新回到英国已经到达的危机点。第二,它同样忽略了这样一个事实,即当英国经济的长期衰退恰好碰上更广泛的福特制全球危机的时候,两者结合在一起最终加速了真正危机的到来。在英国,返回到一种复兴后的福特制解决方案,即使会削弱劳工运动,在这种环境之下也总是会走向不同的方向,特别是当其他国家选择非福特制的解决之道的时候。有学者已经阐明(见 Jacques,1983;Kavanagh,1990;Gamble,1994),希思政府在其工业策略失败之后倒台了。首先,鉴于右翼立场所引发的反抗,它从其右翼立场上移开;其次,当它试图"管理"工会的时候,矿工的罢工一举将其击垮(Jacques,1983;Gamble,1994)。

根据雅克(Jacques,1983)的观点,希思政府的倒台和对威尔逊政府抱有的幻想的破灭都表明英国政治陷入了僵局。精英层意识到有必要进行变革,但是他们不知道用什么制度去取代福特制,由于受到工人阶级的反抗,他们因此也不能强制执行他们已经制定的诸多政策。简言之,经济危机正在加快一场真正的国家危机的到来。然而,这种状态持续的时间也长不了太久。

工党于1974年重新上台执政,其执政的基础是一份暗示向左翼势力作出重大转向的公开声明(Jacques,1983;Hall,1983)。实际上,这次向左翼的转向由于国际经济衰退和英国经济持续急剧下挫的原因而很快烟消云散。同样,该政府的行为开始表现出许多"危机管理"的特征(见 Jacques,1983;Hall,1983;Kavanagh,1990;Gamble,1994)。其政策的核心似乎是,削减实际工资和公共开支,降低不断攀升的失业率。左翼工党政府的这一改革,正预示着在1945年之后的环境下英国资本主义危机是多么的严重。战后时代政治共识的三个重要特征——全面就业、扩大公共开支、提高实际工资——都被削弱了。雅克(Jacques,1983)指出,这一过程有两个重要的影响。其一,它削弱了很大一部分劳工运动,这些劳工在一个世代之后第一次开始对大规模的过剩表示担忧。其二,它增强了真正的国家危机感(亦见 Hall,1983,1985)。这种国家危机感进一步摧毁了1945年之后兴起的霸权主义,加强了自20世纪60年代以来一直在发生的政治调整。本书同时还认为,它还有第三个影响,即由于国家和资本对福特制共识的攻击,它严重摧毁了社会服务职业主义,这反过来又瓦解了服务阶层(见 Hanlon,1998和第三、四、五章)。

新右翼破坏社会民主的企图

这种重新调整随着作为保守党内部最为强大的一部分的新右翼势力的出现而变得最为突出（虽然在工党中日益重要的部分势力向左翼转向的过程中它也曾出现过。见 Jacques,1983；Hall,1983；Gamble,1994）。出于某种运气，撒切尔夫人当选为保守党领袖，新右翼势力因此开始在保守党中居于统治地位（Gamble,1994：88—92）。新右翼对英国资本主义的危机所作出的回应不同于工党中的现代主义者，也不同于战后前撒切尔领导下的保守党。[2]他们强调有必要重新建立自由市场，鼓励创办企业，提升企业的竞争力。

此前在工党和保守党的现代化计划中当然也存在这样一些要素（见 Gamble,1994），但是与那些现代主义者不同的是，新右翼对于自己想用什么去取代旧有的共识这一问题有着相当清晰的认识（虽然他们还没有制定出一个完整的蓝图，他们常常根据现实的变化和一些的确没有料到的机遇而制定自己的政策）。从根本上看，与1945年以后的历届政府不同的是，他们想要摧毁共识。因此，虽然1979年之前和1979年之后并没有非常显著的差别（例如，正是工党政府首次引入货币主义者的经济政策，正是希思政府引入强硬的反工会立法），但是真正不同之处在于，撒切尔政府却意图并决定打破旧有共识，即便他们在一开始的时候非常小心地向前迈进。

新右翼势力不是一个同质性群体，它也不是一个被所有人接受的术语，对于谁属于这一群体，谁又不属于这一群体，它并不总是十分明确（见 Gamble,1994：34—68）。然而，尽管存在这样一些困难，该术语仍然准确、充分，足够我们用来对这一群体的所思所想，以及该思想是如何开始对保守党产生影响的作出描述。为本

---

[2] 重要的是，不要将右翼势力的统治完全和撒切尔夫人等同起来。

书的目的起见,现将新右翼政策中最为有趣的地方概括为有如下几点:

1. 建立更小却更强大的政府。 新右翼的核心思想之一是认为政府发展得过大,政府正在试图对人们生活的太多领域寻求规制。在他们看来,这一点是由社会民主的本质决定的。社会民主从本质上看是不民主,因为它主张国家对人类活动的广大领域进行前所未有的广泛干预,将决定权从自治性个体手中夺走(Hayek, 1944;Gray,1986:62—82)。除此之外,事实上由于总是寻求建立共识,国家因此和所有利益集团开展对话,不管他们的利益从根本上看是多么的不同。这种做法是对国家的一种削弱,其理由主要有二。第一,这些集团的利益常常对国家权威提出挑战,而国家因为考虑到它对于共识的承诺而不得不作出让步,从而让自己变得软弱无力,使得下一次对其权威作出挑战来得更加容易。第二,共识的实际运作是一种隐藏更深的不民主,因为不同利益集团和国家之间常常是关起门来进行幕后"交易"。共识的这种不民主性进一步削弱了国家的地位,因为它慢慢地被人看做是从不同集团的利益出发而不是从"国家"利益出发展开实际运作的。[3] 新右翼领导下的保守党旨在通过减少国家对人民生活的参与,通过将"公共利益"置于优先于任何集团利益的至高地位,并运用所有的国家权力强制执行"公共利益"去改变这一切。正如我们将会看到的(第三章、第四章以法律为例),随着时间的推移,这一点对于不同的职业而言具有不同的意味,因为他们常常被看做是不同利益集团的代表,不应该(特别是相对于公共领域而言)要求获得更多的资源。当然,随着市场开始被视为"公共利益"的中立分配者,这种政策也给那些和市场有着最明显联系的职业或者那些职业中的一部分人带来了好处。

---

[3] 这意味着,对哈耶克所提出的观点作出修正在1940年代十分普遍,即认为自由市场得到了地方主义者利益的维护,因为地方主义者觉得自由市场对自己有利(Hayek,1944)。新右翼想改变这一观点,想用那种认为市场保证了每个人的利益而不是少数人的利益的观点取代它。

2. 市场功能的扩张。与战后共识和社会公民身份的市场侵蚀形成鲜明对比的是,市场将被放开。人们认为,只有通过对市场和竞争性力量更广泛地加以利用,英国的危机才能得以消除,其中包括给予国际自由贸易更多的信任。因此国内经济得到解放,资本获得自由,以致投资变得更加容易,不管是国内投资还是海外投资。更强大的市场力量将导致更高的效率、更大的利润,随之而来的是更多的繁荣。这种良性循环的一个后果是,局部利益被市场的"公共利益"所取代。市场力量开始被视为是有利于国家的,因此在道德上优越于任何局部利益(见 Hall,1983)。该政策对不同职业具有混合性的影响。有些职业,特别是公共领域的职业,受到这一政策的牵制;但是另有一些职业,比如大型律师事务所和会计师事务所,则从这种伦敦市优先、国际竞争优先、市场优先的政策取向中受益(见 Lee,1992 和第三章)。

3. 公共领域的倒转。认为市场/私人领域富有效率并有利于国家的观点所导致的一个必然推论是,认为非市场/公共领域是无效率的、寄生性的和地方主义的。这样一种观点因为米尔顿·弗里德曼(Milton Friedman,1972)和培根(Bacon)与埃尔迪斯(Eltis)(1976)等人的著作而得到巩固。公共支出必须削减,并且/或者公务人员必须提高效率(Gamble,1994:34—68)。从这一点看,政府对公共领域和许多公共领域的职业者持一种敌视的态度,并开始着手改变他们的工作环境和实务(Burrage,1992 和第三章)。

4. 个人责任。这一点同样被置于优先位置(Hayek,1944;Gray,1986;Gamble,1994)。再次与社会公民身份的时代形成鲜明对比的是,个人将开始更多地为自己的行为和福利承担责任。因此,保障个人就业,或者随着政府政策的发展,保障个人可以不受限制地获得法律建议、住房、失业救济等,所有这些都不是政府的任务,而是个人和家庭的责任。政府的主要任务是保证市场得到整顿从而能够有效地运行,确保法律的实施和秩序的维持,保证为提升国际竞争力而不是为减少社会不平等创造条件。鉴于福特制之下的许多职业活动是建立在减轻(而不是根除)社会不平等和保证某种形式的社会价值平等的基础之上的,职业者显然受到这一转向的影响。

这些政策(以及其他政策)综合在一起,必然试图摧毁社会民主(Gamble,1994)。由于不同职业已经成为社会民主管理层内部一个重要的群体,因此新右翼和各个职业——或者各个职业中的部分人——的崩溃便不可避免。我在这里只是重点述及新右翼试图与旧有共识断绝关系并建立一种新霸权等相关内容,它们对于不同职业以及职业意识形态而言,具有直接的重要性。然而,尽管其他作者可能会将保守党思想中的其他一些内容也包括在内,但是其广泛的推动力将会是一样的(见 Hall,1983;Jessop 等人,1984,1985,1987;Gamble,1994;Jessop,1994)。

如上所述,这些过程对于职业者而言具有不同的意味。例如,福利国家和公共领域的扩张被看做是一种低效率的资源利用,但是这种扩张是新型的职业性就业的关键生成器之一。另外,由个人责任转向对公共领域的职业者而言也具有不同的意味。以社会公民身份为基础的、斡旋于社会福利领域的职业者们现在将被私人领域的职业者所取代,他们的服务将由个人出钱购买;以及/或者被缩小规模但不被取代,以致个人将不得不适应没有这些服务的生活,或者更少地去接受这些服务;以及/或者去体验新的工作条件。

另外一个结果是,公共领域和作为中产阶级工作生成器的私人领域之间力量的均衡发生了变化。之所以会发生这种转变,是因为在这种新环境中,公共领域的职业者们在收入和工作条件等方面每况愈下(Perkin,1989;Goriely,1994;Hanlon,1998;以及第五章)。相比较而言,私人领域的职业者们可能会因为对私人领域成长的重新强调而受益(正如我们将在第五章所见,两者之间的关系并非那么简单)。例如,在 1981 至 1990 年这段时间里,男性和女性的职业增长主要集中于"企业经营管理"领域。而其他一些领域的发展则相对缓慢,主要是"科学与工程专业"、"保护性服务"、"个人服务"、"销售"等领域以及诸如"卫生辅助职业者"和其他

"辅助职业者"之类的半职业群体。在诸如"卫生职业"、"教育职业"之类的公共领域职业群体仍然保持不变或者稍有下滑的情况下,许多生产型职业则呈下降趋势(Elias 和 Gregory,1994)。

这种向私人领域的转变似乎将贯穿整个20世纪90年代,并将在未来二十年中继续下去。据技能与企业网络(The Skills and Enterprise Network,1995:图3.4)预测,在1991至2000年间,英国所有的职业将增长20%。然而,在此期间将会出现大范围的职业变迁。因此,"其他职业"(法律和商业等职业)将增长44%。"企业经营和管理职业者"将增长24%,"卫生职业者"将增长17%,教育职业者将增长1%。由此可见,向私人领域的转向看起来必然会继续下去,而且还会出现剧增的情况,只要去国有化以及其他改革将工程和科学领域的诸多部门留给私人领域(Whittington 等,1994)。同样,很多"其他职业者"范畴以及过去属于公共领域管理的范畴现在都属于私人领域。此外,私人医疗在英国的不断增长(现在有10%的英国人拥有私人卫生保险。见 Mohan,1991)使得人们有理由认为卫生领域的扩张部分发生于私人领域。在整个20世纪80年代,一些公共领域的职业随着工资水平和工作条件相对于私人领域的下降而进一步"下滑"。因之,虽然"卫生职业者"在1975到1990年间相对获得了一定的收益,但"教育职业"(以及"科学和工程职业")在这段时间里相对而言却是失败者(Elias 和 Gregory,1994:表7),地方政府和文职也表现出衰退的态势(见 Burrage,1992;Carter 和 Fairbrother,1995)。

盖博(Gamble,1994:39—43)曾经指出,国家成了新右翼企图颠覆社会民主的工具。鉴于社会公民身份的发展和社会服务职业主义的出现对社会民主而言具有重要意义,因此社会民主的颠覆可能会引发那些从社会民主共识中受益的职业群体的反抗。但是它也会导致一些新的职业群体的产生,他们将同正在试图形成的新的霸权秩序结成联盟,正如马歇尔所具体描述的那种斗争导致了过去的五十年中不同群体的联盟和各种势力的均衡发生改变那样(关于这一点将在第三、四、五、六章具体论述)。

融贯和流砂——关于变化没有什么不可避免

再则,关于向福特制的转型,没有什么是不可避免的,也不只是英国一个国家正在经历这样一场危机。福特制危机以及自由市场意识形态的力量更新是一种全球性的现象,但是由于英国资本主义的长期衰落和英国资产阶级国家的不彻底性,使得这一现象在英国表现得尤为尖锐(Ingham,1984;Overbeek,1990)。霍尔(Hall,1983,1985)认为英国的新右翼势力对英国普通民众因政府日益无力给人们带来经济增长、法律和秩序、全面就业和生活水平的提高等等而心生的危机感作出了回应。撒切尔夫人和新右翼对这种不确定感的回应是,提出一种修辞和一种不同于从前且似乎对这些问题有所回答的前进道路。然而,他们不是以一种紧密的、协同的方式作出回应的。相反,他们对工党的行为和政策作出了回应,并大大扩展了诸如对许多原本不是其整个政策的重要部分的国有企业的去国家化等政策。在对这些事件作出回应的时候,工党出现了分裂,这削弱了它的反对派,帮助了新右翼,等等。因此,这种转变不是一次考虑成熟、计划周详的运动。事实上它比想象的要棘手得多,因此它对包括一些职业群体在内的许多群体所造成的影响多少有些乱糟糟。

如前所述,工党在其执政期间对自己的许多支持者们也有所疏离,这一事实帮助了新右翼。选民们把工党视为天然的执政党,视为20世纪60年代和70年代危机的管理者(Jacques,1983;Hall,1983)。然而不幸的是,在左翼势力看来它不是一个十分有效的管理者,它的许多政策实际上有损于它自身的支持根基。因此在整个20世纪80年代,工党不得不设法重新赢得许多原来的支持者的支持,其中最著名的是那些熟练的工人阶级——客户服务阶层(the C2s)(见 Crewe,1991,1993;Fox Piven,1991;Sanders,1993)。为了实现这一目标,工党也发生了变化。首先,在20世纪80年代初期,工党在对福特制共识的衰亡作出回应的时候转向了左翼,自20世纪80年代中期以后,它又重新回到了中心立场上,以回应右翼势力试图在自由市场的基础上建立新的霸权主义所作出的努力。这一最后的转向可能与工党迅速穿上最近被抛弃掉的保守党的外衣这一历史趋势保持一致(Hall,1983)。

国家右翼倾向对职业者的后果

从以社会公民身份为基础的社会转向以限制社会公民身份权及其财产权替代和市场参与为基础的社会转型对许多人的物质利益产生了负面的影响(Gamble,1994;Hutton,1995)。这样一个过程导致资源转向那些拥有技能和/或财产权去充分利用对市场参与的重新强调的群体。杰索普等人(Jessop 等,1984)曾经指出,此类政策确保了保守党对一些重要的选民具有吸引力——包括伦敦市、跨国资本、中产阶级以及有技能的工人阶级。他们的政策包括承诺实行较低税收、更大的物质回报、解除管制、支持国际自由贸易、让人们有机会从地方当局营造的廉价公房(council housing)和其他国有财产的去国家化计划中受益。正如后面将要详细论述到的,这些政策对不同职业而言似乎就是一个大杂烩(意见第三章)。

保守党的政策和这些选民之间不存在任何直接的联系。比如,出售地方当局建造的简易住宅似乎并没有产生一群永久支持保守党的选民(Jessop 等,1985;Gamble,1994)。的确,随着这些政策在20世纪80年代和90年代的进一步推广,它们在某些方面可被看做是对这些重要选民中的一部分人利益的破坏(见第五章)。这些政策的一般性影响是使得人们从国家转向市场,从而对国家供给和社会民主的选民支持、政治支持和道义支持造成打击。其结果似乎是,新右翼以失败告终(Hall,1985;Jessop 等,1987;Gamble,1994)。杰索普等人(Jessop 等,1984,1985,1987)认为,这种向市场驱动的社会的转型导致了一种由"两个国家"组成的社会的出现。这些政策经由一些极其鲜明的对比而导致出现一些新的社会裂隙:

1. 存在一种与共同公民身份的断裂,以致一定服务的供给是建立在一种手段测试和一种"值得的"与"不值得的"穷人概念的再次出现的基础之上的。从许多方面看，国家向穷人提供服务将被认为是一种耻辱，穷人将在他们是否值得享有这些服务方面得到评价。国家的服务供给也日渐以参与市场的大多数人（即，生产者——见下一自然段）准备付出什么为基础而受到限制（关于正在兴起的对于自由放任原则的认同，见 Gray,1986）。

2. 社会被分成市场/生产性和非市场/寄生性两个部分，前者生产财富，后者则消耗社会其他部分的财富。穷人中的很大一部分人以及公共领域（包括公共领域的职业者们）也日渐被视为是寄生性的。公共领域据说先天就具有浪费性和低效率性，因此需要得到更好的管理，并需要经常予以重组。例如，英国国民保健服务中心、教育局和民政局都是效率改革的对象（第三章将对与此有关的一些主题有所论述）。

3. 报酬也是以一个人的市场价值为标准予以确定。由于在公共领域根本不存在任何强大的市场力量，因此此种政策对于公共领域和公共领域的职业者而言具有直接的意味。它限制了在这些领域中所可能获得的报酬。例如，有人认为，由于英国国民保健服务中心（NHS）是一个几近垄断的卫生服务购买者，所以它能够压低卫生工作人员的工资水平（LeGrand,1991）。同样，由于它是许多穷人的法律服务的唯一提供者，所以它能够将法律服务的价格同企业和相对富裕的个人所支付的更加昂贵的市场价格分离开来。尽管事实上从事法律援助的律师来自私人领域并参与市场，但是情况仍然如此（Hansen,1992；LCD,1996；亦见第三章）。

杰索普等人（Jessop 等,1987）指出，这种转型是英国从福特制积累政体转向后福特制政体的一次尝试。他认为，这一转型内在地将国家分为成功者和失败者两个不同的部分。成功者有：

1. 伦敦市、金融资本和大的出口型跨国制造公司，以及他们所雇佣的许多工作人员。

2. 南方地区，因为它受制造业衰退的影响较小，从服务业的增长中获利较多。

3. 除了杰索普等人所指出的两种之外，我将认为，私人领域的许多职业也是"成功者"。例如，会计师事务所和律师事务所从国家缩小对伦敦市的经济干预的范围、国有资产的去国家化、出售地方当局建造的简易住宅等政策中受益，所有这一切都为他们带来了商机和利润（见第三章）。

失败者有：

1. 面向全国的制造业及其员工，因为20世纪80年代初期的货币主义和后来工业政策的缺乏，使得英国许多制造业纷纷倒闭。

2. 北方地区，因为有75%的制造行业的失业发生在那里（Martin，1988），虽然服务部门创造了许多工作岗位，但是在这些工作岗位中有66%是位于三个南方地区（Allen，1988）。因此，南方更快地走向了繁荣，而北方在这一向后福特制或弹性积累的大潮中成为失败者。

3. 公共领域以及许多（虽然并非所有）公共领域的职业，因为它们被看做是寄生性的、低效率的和浪费性的，因而招致对许多公共领域的群体的持续性打击。尤其是在1987年大选之后，随着英国国民卫生服务、教育、地方政府、法律援助等领域改革的实施或强化，公共领域的职业者们开始遭受更大的打击（见第三章）。

不用说，在这种大规模的转型过程中还有其他一些失败者存在（见Gamble，1994）。然而，从本书的观点出发，变化的重要内容表现为对社会公民身份基础上的职业主义的攻击，这种职业主义业已在公共领域扎下根来（但是也可见于许多市场部门的职业中）。由于这种意识形态的核心在于对福特制社会民主的维持，它现在是新右翼的"内部敌人"之一，因此必须摧毁。一如我们将在第三章中所见，公共领域的社会服务意识形态的破灭导致对职业者的管制日渐增多，其工作和职业结构的商业化也日渐增强。

如上所述，这一危机直接影响到职业者的工作。它直接危及过去五十年来一直作为社会服务职业主义基础的社会公民身份。因此全球福特制危机和日渐加剧的英国资本主义导致一种相对较小却依然重要的职业主义危机的发生。相对于其他危机而言，职业主义的危机不限于英国（这一危机的诸多方面亦可见于美国。见 Nelson 等人，1992；和其他主要经济国家，见 Perkin，1996；以及爱尔兰，见 Hanlon，1994）。但是，英国职业主义的危机似乎更加剧烈，可能是因为英国对范围更加广泛的资本主义危机的所作出的反应一直比多数国家要来得更加强烈。职业主义的危机正是本书将要重点论述的内容之一。同时，本书还力图阐明国家性质的变化是如何对职业者们产生影响的。然而，国家并不是促成变化的唯一力量，大规模资本也要求职业者们对他们的行为作出改变。

资本的进攻与复苏

在20世纪70年代及其后，资本也开始沿着急剧变化的方向前进，这同样对不同职业产生了影响。我已经在其他地方对20世纪70年代和80年代劳动力市场性质的变化是如何影响到各个职业的进行过简单的论述（Hanlon，1994：1—32），因此我不想对这一中心问题再做赘述，因为虽然数字和细节可能已经改变，但是总体的趋势在很大程度上仍旧保持不变。我在1994年所描述的主要趋势如下：

从20世纪70年代开始随着资本在追逐利润的过程中变得日益具有侵略性，出现了一种由资本推动的转向，它促使福特制垮台。资本要求对劳工实施越来越具侵略性的政策，它将海外的资源转移以图削弱劳工运动以及/或者提高其赢利能力。因此，在1984到1987年间，外国直接投资的全球性外流翻了三番。1988年它继续以20%的速度增长，1989年又增长了20%（Sassen，1994：14）。到1992年，这些外流资金高达2万亿美元。这种资金转移越来越多地集中于西欧、北美和环太平洋的核心经济区。之所以会出现这种资金流动的情况，其目的是为了提高资本的赢利能力。资本流动（和准备流动）日益便捷提醒了劳动者们，他们最好"听从命令"并确保资本的赢利水平的提高（Harvey，1989：295—296）——虽然这不是唯一的理由。资本越来越去积极地追求利润的其他例子有：它执行灵活的劳工策略，诸如使用兼职之类；劳动力的日益女性化，因而从总体上降低了劳动力成本（见 Elias 和 Gregory，1994 关于男性和女性收入的差异的论述）；通过让员工自主就业而将先前内部完成的工作外部化，消除了病假所需支付的费用、养老金等，从而降低了成本（见 Murray，1988；O'Connell-Davidson，1994；Wickman，1997）。在工厂层面，同样存在着向议价的转向，以致各个工厂之间相互竞争以提高生产率。它是通过将一个地区或国家的具生产力的工厂和不太具生产力的工厂进行比较，然后要求相对不具生产力的单位改变其劳动过程（Harrison 和 Bluestone，1988）。资本运作领域的这种转向在其他著作中多有论述（见 Pahl.，1988；Harrison 和 Bluestone，1988；Hanlon，1994；Sassen，1994 的总体概述）。这些政策的主要影响是去削弱劳工，用某个能够恢复资本日渐下降的赢利水准的东西来代替福特制。在这一过程中，资本获得了成功，到 20 世纪 80 年代末期，它已经将利润恢复到了 20 世纪 60 年代早期的水平（见 Hanlon，1994：1—32）。

制造业作为一种就业源开始衰落。这一趋势在英国一直没有消除。在 1950 年，35% 的英国劳动力受雇于制造业，但是到 1981 年，该数字是 26%（Harris，1988），到 1997 年是 16.4%（技能和企业网，1988：图 2.4）。新右翼政策转向加快了这一衰落过程。保守党人在 1979 和 1997 年间根本就没有任何工业政策，他们在 20 世纪 80 年代初期通过维持高额利息率和高价英镑而实行货币主义政策，结果使得英国大量的制造业纷纷倒闭（Leys，1985；Gamble，1994）。正如此前所述，这产生一种空间上的影响。马丁（Martin，1988）估计，在 1979 至 1986 年间，在英国北部制造业中工作岗位的消失占所有失业的 75%。这样一些政策有损于制造业资本，并导致英国工业联盟（Confederation of Britain Industry, CBI）一度发出强烈却短暂的抗议。然而，这些抗议遭到压制，因为高额利息率和高价英镑政策增加了伦敦市的利润，并使得金融资本的前景极为可观。而金融资本是英国工业联盟一个十分重要的组成部分，这就使得英国工业联盟最终从这些政策中受益。英国工业联盟由于对工党政府的担心甚于对制造业领域的大规模破坏的担心,因而不愿意同右翼势力相左。因此,对于制造业的下滑,资本并没有作出抗议。相反,它通过海外的大量投资事实上促进了制造业的衰落(Leys,1985)。

随着制造业的衰落,英国就业结构之中服务部门的重要性日渐凸显。据马丁的研究(Martin,1988),在1971年到20世纪80年代中期,服务业提供了330万个工作岗位。1981年,服务业所提供的工作岗位占整个就业的61%(Harris,1988)。到1996年,如果把建筑业也包括在内,服务业所提供的就业岗位则占到了80%(技能与企业网,1998:图2.4)。此外,据预测,在1996至2006年间,除交通和通讯之外的所有主要服务部门都将得到发展,其增长率从建筑业的3%到商业和金融服务业的17%不等。相反,制造业预计将下降12%(技能与企业网,1998:图2.5)。这对劳动力的构成而言意味深重。服务业相对于制造业而言雇佣更多的女性员工,因此服务业的发展促进了劳动力队伍的女性化。服务业相对于制造业而言传统上更多地使用灵活的、兼职性雇佣策略,因此加速了向一种灵活的劳动力市场转化的趋势(见 Atkinson,1984;Sassen,1988;Harvey,1989)。此外,服务业较少受到工会运动的渗透,因此加速了劳工队伍中工会数量的减少。所有这些都削弱了同样受到国家直接打击的劳工运动。

一如已经指出的,在英国国内,事实上还包括其他地方,劳动力市场的组织结构也发生了变化。如前所述,在数量和功能方面,都存在灵活性的增长(Atkinson,1984),虽然这不应该被过分强调(见 Pollert,1988;Hakim,1990;和 Robinson,1995)。结果,兼职性工作快速增长,自主就业不断涌现,女性就业比男性就业发展迅速,等等。例如,作为劳动力队伍中一分子的女性现在占到大约46%,这一数字到2006年预计将上升到47.9%(技能与企业网,1998:图2.3)。与此相关的是兼职工作的发展。在1989年,英国劳动力总量的24%是从事兼职性工作的(欧共体委员会,1989:53),而在1996年,该数字是29.1%,据预测,到2006年它将增长到31.2%

(技能与企业网,1998:图2.3)。鉴于兼职雇佣政策注定将在英国作为一种降低劳动力成本而非提高人力资源的手段被引入,这是一个令人担忧的趋势(Wickham,1997)。由于税收和其他收入的减少,对福利国家而言它可能也具有不同的含义。

某些职业性服务的重要性不断增强。上述所有政策的实行增强了某些职业者对于大型营利性组织的重要性。这意味着对某些职业性服务的需求增长了。随着公司日益国际化,随着资金以前所未有的巨大数量流入和流出,随着生产和市场销售过程不得不在各个国家和各大陆之间相互协调、配合,随着公司的内部劳动力组织变得日益复杂化等等,职业群体不得不对公司生活的这些领域进行控制和协调(Sassen,1988:23;Hanlon,1994)。[4] 因此私人领域的职业者数量有所增长,诸如会计和法律之类的职业在数量和资源方面发展非常快。

例如,在20世纪70年代,事务律师这一职业增长了57%,20世纪80年代增长了40%多(Willis和Skordaki,1996)。总体看来,在1976和1996年间,该职业增长了两倍多,从大约3万人增加到了7万人。同样,律师事务所的规模也迅速扩大。到1993年,英国最大的律师事务所由228个合伙人组成,营业额超过2亿英镑。相比之下,在1968年,由20个以上的合伙人组成的律师事务所还没有一家。整个事务律师业——所有的6580个执业律师——的营业额合计才2亿英镑(Kirk,1976:95)。与此相似,六大会计师事务所(the Big Six accountancy firms)也成长迅速。在20世纪90年代初,他们共有2797个合伙人,总收入达到25.541亿英镑(伦敦经济学有限公司,1994)。像律师的情况一样,会计师在20世纪70年代到20世纪90年代期间,其收入和人数也经历了一次大规模的增长(见Hanlon,1996)。某些职业人士在控制和组织这种试图从福

---

[4] 在福特主义刚开始兴起的时候也出现了类似的过程,因为越来越多的职业者—管理者群体需要去管理新的生产体系(见Edwards,1979;Lash和Urry,1987;Thompson和McHugh,1995)。

特主义向另外某个积累政体转变的过程中发挥了关键作用。正如我们将要看到的(第三、四章),这些群体太过重要,以致不可能保持原来的样子。如果他们要想参与到管理资本和国家所要追求的变化当中去,他们就将不得不作出改变。正如国家政策和国家行为的变化一样,随着大规模的资本主义组织开始专注于客户对职业服务的购买方式以及客户对职业者的评价方式,这种由资本引发的变化对这些职业带来了冲击。

结　　论

因此,社会服务职业主义在过去的二十年中既受到了国家的打击,也受到大规模资本的打击。然而,它不只是关于两个权力集团希望改变一种勉强形成的同质性职业阶层的一个例证。这一转型给一些职业者提供了从中获利的真正机会。除此之外,事实上,这一职业阶层从来都不是一个同质性的领域。许多职业对福特制之下成长起来的社会服务意识形态的理解并没有多少实质性的内容(见第二章关于律师中间对这一概念的有限共识的论述)。有些群体长期以来都倾心于市场商业主义,当20世纪80年代这一潮流开始出现的时候,他们急切地抓住了这一机会(见 Hanlon,1996,1998)。

本书旨在考察职业者的意识形态和工作实践是如何被这些更加广泛的社会过程所改变的,以及反过来又对职业者在这种社会变化的内部所扮演的角色作出分析。因此,职业内部的变化和更广泛的社会变化之间的关系是一种辨证的关系。事实上,从第五和第六章的论述中我们将会看到,新右翼试图建立起新的霸权统治的努力之所以以失败告终,其可能的原因之一是因为它疏远了许多职业者,他们到那时为止一直是站在保守党这边的。

本书将对那些主要与大型律师事务所有关的问题作出考察。它将力图揭示出这些律师事务所是怎样抓住了20世纪80年代和20世纪90年代的机会并改变了他们的组织形式的,因此改变了他们的控制过程与市场之间形成的互动关系。考察一种既已拥抱商业化的职业,其逻辑并不复杂——通过这样,我们可以发现当一种新的职业主义出现的时候它会是个什么样子。然后我们可以由此猜测这些变化将引导我们走向何方。

我要解释一下,接下来的内容就像我对于会计业的论述(Hanlon,1994)一样,并非是最终的、决定性的。它只是一种累积性研究项目的一部分,该研究旨在分析职业工作中各个部门的变化及其社会影响。这些工作目前仍在进行且尚未完成。除此之外还有这样一个事实,即对不同的职业而言,这些变化将以不同的方式演化发展,而一俟完成它们看上去会略有不同。因此,这里所描绘的只是整个图画的一个局部而已。

第二章　自由放任主义信念的捍卫者与福特制集体主义的拥护者：律师和社会之间的关系变化

如果说19世纪是英国自由资本主义的时代，那么它也是自由律师的时代，虽然一如我们将会看到的那样，事务律师对自由放任政策的支持与否通常是随着它是否在物质上对其有利而定。从1700年两次战争之间的那些年，事务律师或多或少地一贯赞同财产所有者享有对其财产的随意处置权。他们一般和富裕的土地主、商务精英和不断扩大的中产阶级结成联盟，并于20世纪之交在保守党力图与绅士、商业阶级和新兴的中产阶级之间建立起一种联合的过程中扮演着重要角色（Offer，1981）。鉴于在英格兰和威尔士，事务律师是促使私有财产发生转移的关键群体之一（如果不是唯一的关键群体），他们对财产权保护的坚持也就基本上不会让人感到奇怪。就这一点而论，他们几乎"很自然地"扮演了私有财产的辩护者的角色。

这并不是说在每一件事情上，事务律师都和提倡财产权无限制的那些人站在同一条战线上。法律、立法者和法庭对在整个19世纪，特别是在19世纪最后几十年发生的财产权侵蚀而言举足轻重（见Polanyi，1957对财产权侵蚀的考察）。但是，法律和事务律师参与这一过程的事实并不能驳倒认为事务律师在整体上是为财产所有者辩护的论断。一如休格曼（Sugarman，1993，1994和Rubin和Sugarman，1984）已经阐明的，法律和事务律师不可能被简单二分为支持或反对自由放任政策（或其他任何制度）两种，因为法律和法律职业两者都太富弹性，都太扎根于权力网络和社会、经济生活领域之中，以致不能完全站在一边或另一边，支持"公共服务"或支持自由资本主义。真理总是比简单的二分法要复杂。然而，有证据证明，大多数事务律师将他们的物质利益看做是和财产以及财产所有者（有些时候事务律师们自身就是这种财产的所有者）紧密联系在一起的东西，因此他们站在政治的立场上为这些群体辩护。一如本章将要论及的，在20世纪随着新福特主义社会调整的出现，这种立场开始发生改变。重要的是，我们将会看到，这一调整也让事务律师受益。随后几章将具体阐明我们是如何正在又一次见证针对事务律师（以及其他群体）而言的一个变化的时代的到来。但是为了描画这一当代正在发生的过程，我们首先需要对事务律师开始在其中占主导地位的工作权限以及他们得以谋生的方式作出一番考察。

一种适度受限的自由放任资本主义

从1700年到1900年的这段时间是事务律师试图获得（而且大部分也的确获得了）"资产阶级可敬性"（bourgeois respectability）的时代（Sugarman，1996）。这一工程的核心是试图克服事务律师和整个律师界相较而心生的自卑情结，它是长期以来事务律师被看做是律师界中的低等人的结果。这种假想的自卑感导致16世纪以出庭律师为主导的四大律师学院将事务律师排除在外，也因此使得出庭律师的优越感外在化（Kirk，1976:1—22）。似乎有理由这样说，事务律师花了六个世纪的大部分时间去消除这种自卑感（目前他们已经消除了这一自卑情结。见Glasser，1990，他认为今天的事务律师已经成为了这一职业中占主导地位的一个分支）。这种自卑感是如此强烈以致晚近如1975年有人认为这两个分支之间的平等应该经由双方共同作出一份公开声明予以确认（见Kirk，1976:187）。自卑感的消除通过追求可敬性和财富得以实现。当这两者发生冲突的时候，一如经常出现的那样，在这一职业内部便出现了紧张。[1] 然而,鉴于该职业需要一种相当安全的财政基础以建立可敬性,首先考察他们对于金钱的追求似乎比较恰当。

土地市场、商业市场和地方政府市场的发展

科菲尔德(Corfield,1995:70—101)指出,18世纪的第一个十年是"事务律师的时代"。从某些方面看,这一评价是准确的。他们的财富看上去在不断增长(Kirk,1976:108);他们的确侵入到了转变中的市场之中(Corfield,1995;Kirk,1976:125—154);他们积极地参与到借贷和其他企业领域(Aderson,1972;Ferguson,1980;Miles,1984)。当然,他们也有他们的问题——比如,科菲尔德(Corfield,1995)认为他们的执业质量普遍不高——但是对律师而言,形势的发展却相当顺利。要问的问题是,为什么会这样?

对这一问题的简单回答似乎是:土地。由于封建制的渐趋衰亡和货币资产的衰落,事务律师积极地参与到地产的保有和转移中(见 Kirk,1976;Offer,1981)。在15世纪和16世纪,事务律师扮演着地位低下的、作为土地精英层内部顾问的角色。在这些年中,他们也慢慢开始对外从事同样的服务。他们的技能主要是知道如何处理与法庭有关的一些事情。特别是他们熟悉主要负责处理涉及土地和转移后的土地使用的案件的大法官法庭的情况(Kirk,1976:1—22)。起初,事务律师地位低下,被认为低于当时的法律代理人(最初担任兼职管理人和诉讼辩护人的工作)和出庭律师。然而,他们的地位慢慢上升到与法律代理人相当,虽然仍然低于出庭律师。

有资料表明,他们的工作主要涉及财产和继承方面,这使得他们处在一个十分强势的位置上,其原因主要有三点。首先,因为土

---

[1] 见 Abel-Smith 和 Stevens(1967)、Kirk(1976)、Anderson(1992)、Sugerman(1996)就法律协会是如何因为提出"公共利益"高于其成员利益而受到协会成员的批评所提出的例证。法律协会经常做这种事情,以保证自己能够获得别人的尊重,击退那些认为它只是一个工会而已的人对它所做的攻击。

地常常成为协议的对象,这意味着土地所有者不得不在其(而且通常都是一个男性的他)应该怎样使用土地以及死后应该怎样分配土地这些问题上遵守法律的严格约定。所谓协议,意味着土地的使用在许多方面是给土地所有者"规定"好了的,他事实上只是土地的终生承租人,而不是现代意义上的完全所有人。随着家庭环境的改变,这些协议也不得不作出修正和改变。譬如,当出现婚姻、出生或死亡等情况,该协议就不得不重新起草以对这些新出现的情况作出处理说明。这一工作常常由律师来完成,因此给事务律师带来了许多复杂的事务(见 Offer,1981:23—34;Anderson,1992)。其次,土地和协议给事务律师提供了接触土地精英层,熟悉他们的财务及其他事情的机会。由此也给事务律师带来了身份、地位和关系网络。如我们将要看到的,事务律师们常常抓住一切机会利用这些关系网络。再次,抵押在那时开始出现,为此土地被用作抵押品。这一点同样将律师推到中心的位置上。在一项抵押被作出之前,必须对抵押权人的土地权进行评估。这种评估以及其他一些与抵押有关的工作常常由事务律师来完成。同样,这些工作也被事务律师用作开发新业务、产生新合约的一种手段。

由此可见,土地和土地使用给事务律师提供了发财致富的机会。在工业革命时期以及在此之前的那些年,随着土地完全商品化,土地的使用也发生了变化。这在许多方面促成了事务律师的繁荣昌盛。指出这样一点十分重要,即事务律师的成长不仅仅依赖于工业资本主义的发展,毕竟,协议是一种先于工业资本主义的财产所有权形式(见 Sugarman,1993 所做的类似分析)。但是,这表明土地的商品化给那些与土地转让有关的人士带来了工作机会。在这种以土地为基础而形成的市场中,事务律师并不孤单——出庭律师、公证人(其在伦敦市的土地转让业务中居于垄断地位)、以及从教师到教区牧师等其他一些群体也参与到了转型中的市场业务中来(Kirk,1976:125—154)。如果事务律师要想独自享用这一转型中的糖果店,那么他们将不得不把这些竞争者从这一市场中驱逐出去。我们将会看到,为了实现这一目标,他们花了三个世纪中的大部分时间。

如上所述,在17、18世纪,事务律师是通过土地来扩张他们的市场基础的。转移和"管理"土地利益使得事务律师有可能获得各种机会。从这方面看,16世纪和17世纪诉讼业务的发展为事务律师提供了便利,也为伦敦的出庭律师(可能也包括伦敦的事务律师在内)带来了好处,因为在当时是他们主要负责土地方面的诉讼事务(Kirk,1976:125—154;Corfield,1995:70—101)。在这一时期,伦敦出庭律师对于诉讼业务的专注使得事务律师们能够在市场转化业务中居于主导地位,因为土地市场中的一个主要对手专注于法庭诉讼事务。由于出庭律师以伦敦市为基地专注于诉讼业务,因此他们在各省出现的时候很少(Anderson,1972)。这进一步帮助了事务律师在转型期的市场中取代出庭律师,因为事务律师更加广泛地分散于全国各地。在17世纪,事务律师在内陆处于强势地位,足以通过涉足与房地产法律事务有关的管理工作而在土地销售下降时期全身而退。事实上,他们是如此深入地投身于这一领域,以致他们的工作量即使是在土地转移业务下降的情况下仍然实现实际增长(Anderson,1972)。也正是在这段时间,他们开始将自身的业务扩展到了其他新的领域。

在17世纪末18世纪初,事务律师开始涉足诸如债务、借贷和金融咨询之类的领域。由于抵押(抵押单据常常由事务律师草拟)和借贷常常是以土地作为抵押品而产生,因此它是一个合乎逻辑的发展过程。然而,如果因此认为事务律师只是以土地为基础从事借贷业务,那将会是一个错误。安德森(Anderson,1972)和迈尔斯(Miles,1984)两人都曾重点指出,事务律师对各种各样的人——上至绅士下至家佣——提供借贷服务。总之,他们代表那些因为这样或那样的原因需要借钱或者有一些钱需要借出的人从事借贷业务。事务律师们在许多方面都建立起了一种地方性的人际网络,其中有其他职业人士、绅士、商业工业群体以至来自较低社会阶层的人们。他们利用这些网络以及这种地方性知识向人们提供借贷服务,接受人们的存款。他们通常在想要借钱的人和想要贷款的人之间扮演一种类似于沟通桥梁的角色。他们也经常会从自身的财力中提供贷款。

因此,到18、19世纪,事务律师扮演着类似于今天的银行所扮演的诸多角色。借贷的回报率一般大约是5%,还贷的回报率似乎也是贷款额的5%(Anderson,1972;Miles,1984)。因此,事务律师在这段时期是一个重要的(虽然不是最重要的)金融来源(见Crouzet,1972)。欧弗尔(Offer,1981)认为事务律师在20世纪早期仍旧从事这样一些工作,虽然他们在这些方面的作用已经开始下降。很多这样的金融工作和这些借贷网络的发展似乎是随着他们在土地转让、土地代理—地产管理以及公共代表等方面的角色的实现而完成的(见下面的第44、45页*)。这些角色让事务律师有机会接触有钱的个人或需要钱的个人,他们给事务律师提供了关于土地市场(它在当时是一个主要的投资源)的内幕知识。这些功能结合在一起使得事务律师成为一个理想的信息来源以及金融和商业社会的一个重要人物。

这样一个角色位置让事务律师能够利用18、19世纪伴随着运河、铁路的发展而出现的财产繁荣。这些运河、铁路公司的出现为事务律师提供了充分的赚钱空间。第一,创立这些公司的程序古老而复杂;第二,草案必需起草并获得议会通过,才能确定公司购买土地的强制权;第三,必得与土地所有者进行谈判协商;第四,这些公司产生了新的法律问题,譬如事故赔偿,不得不对它们作出处理(Sugarman,1994)。所有这些问题都给事务律师提供了赚钱的机会。例如,伦敦和伯明翰铁路公司在19世纪30年代早期花费7.2万英镑让一项议案得以在议会通过。

鉴于事务律师与土地买卖和管理之间、与法律和议会之间的密切关系(事务律师在为下院议员进行大规模贿选的过程中经常扮演议院代理人的角色,见Kirk,1976),因此毫不奇怪,他们是从事这些工作的首选。同样毫不奇怪的是,他们也被许多诸如此类

---

* 此处为原书页码,本书边码。下同。——译者注

的公司任命为法务专员。不过，并不是所有的事务律师都参与了这一过程。有些事务律师似乎把为那些铁路和运河公司收购土地的工作看做是对他们的长期客户——贵族的一种背叛行为（见 Sugarman,1993:n. 57）。然而，可以这样说，这些活动致使事务律师们到1800年成功地获得了其作为地产职业者的一席之地，并涉足其他市场，诸如借贷、金融咨询、收债等，它们随着资本主义的发展而不断发展。

事务律师们还进一步利用其土地利益去奠定他们在公共生活，即在地方政府和国会机构中的作用。随着地方政府的扩大化，事务律师们参与其中。在18世纪的时候，他们经常在诸如欠费收缴、传唤、偷猎罚款等事务中作为地方政府的职员而行动，为此他们从中获得一定比例的花费或罚款。这种工作可能会大有油水可捞。迈尔斯（Miles,1984）写道，在1778年，一名约克郡律师因为替当地政府服务而获得了151英镑的收入。随着地方政府在19、20世纪的扩大，事务律师们继续参与其中，经常担任市镇文书一职，其报酬颇丰。在1890年，多塞特郡议会支付给其文书一职的酬金是2000英镑，除去付给手下职员工资和其他开销之后，他净收1000英镑（Kirk,1976:196 n. 26）。这些事务律师在担任当地政府文书职务的同时，也从事私营执业律师的工作。这一经历使得他们能够提高他们的声誉，增加他们的当地业务数量和金融网络，以及他们的物质资源等。因此，一如休格曼（Sugarman,1993）所指出的，他们的公、私生活与作用常常相互交织、互惠互利。作为当地政府的一名法律文员，一个人可以提高他的社会地位和交往，这反过来又可能给他带来更多的业务。事务律师继续把持着这些职位，一直到20世纪。1967年，有530个地方政府雇佣了事务律师担任最高行政长官（Kirk,1976:197）。鉴于在1961年当时只有2万名事务律师，这是一个十分了不起的数字，约占到该职业总人数的2.5%。

事务律师与国家互动的另外一个特征是他们作为国会代理人的角色。事务律师被那些有财力成为国会议员的土地主和实业家们用作国会代理人。这常常使得事务律师向选民行贿以让他们给自己的赞助人投票。这一过程在整个18、19世纪都十分普遍。据估计,在1880年选举中有一百万英镑的费用花在了保证席位上,以致国家在1883年不得不出台立法以制止这种行贿行为(见Kirk,1976:188—193)。事务律师之所以能够发挥这样的作用,是因为他们在土地转让和参与土地管理的过程中形成了自己对当地的精英层的了解和认识。我们似乎有理由认为,这一工作在如下几个方面给他们提供了便利。第一,它为他们提供了进一步接触当地的精英层和潜在的国会议员的机会,这些潜在的国会议员可能会帮助运河和铁路公司(以及其他公司)的议案在英国国会下议院通过。第二,它给他们提供了大量的金钱,用以向人们行贿,也可能用以实现他们自身的某些个人目的。第三,他们都会因自己的工作而获得丰厚的报酬。

因此到19世纪,事务律师在各个不同的市场领域开展工作。然而,所有这些市场可能最终都与土地有着某种联系。事务律师们利用土地的方式在许多方面与会计师当时和现在使用审计的方式完全相同,即将它用作深入了解客户的金融事务并利用这种知识进一步向客户出售服务的一种手段(Hanlon,1994)。由于他们熟悉土地所有权和土地管理方面的知识,他们试图加强对财产市场的控制力度便也是意料之中的事情。因此,与他们之前的企业家主义多少形成对比的是,由于事务律师力图保护自己在土地转让和管理事务中的统治地位,19世纪也是一个逐渐从金融和商业活动撤退的时代。

职业间的竞争与日渐倚重土地市场
——土地转让市场的垄断化

前面已经说到,随着事务律师专注于保证他们作为主要的地产职业者的地位,他们日渐将非土地市场让给了其他职业群体。

在整个19世纪,随着事务律师努力去控制对土地转让的司法管辖权,他们将大片的工作领域留给了会计师和其他一些群体(对职业人士如何创业和保护司法权的分析,见 Armstrong,1987;Abbott,1988)。在1700至1900这整个一段时期,事务律师参与到许多司法权争端当中,以试图获得对于土地转让的完全控制权。在18世纪,事务律师们开始牢牢地控制住了土地转让市场。这导致了他们与公证员、出庭律师和有职业资格的地产转让代理之间的管辖权冲突。这些斗争一直持续到20世纪初期。但是从19世纪初期开始,事务律师实际上已经成为地产转让业务的垄断者。他们第一次试图垄断这一领域的努力开始于1729年。当时事务律师们向国家请愿,希望获得对土地转让业务的完全控制权。在这次请愿中他们提出,让得到认可的专家去从事像土地转让这样的对社会十分重要的任务是符合公众利益的(Kirk,1976:125—154)。但是,在1729年,国家并没有准备对这样一种主张表示支持,可能是因为国家和公众真的担心会因此出现职业垄断,尽管公众对于职业服务的需求不断增多,也日益关心质量问题(Corfield,1995:18—41)。

尽管没有成功,但是事务律师们仍旧加紧对于土地转让市场的渗透,最终导致他们和伦敦市的公证人公司之间发生冲突。当时,公证人公司垄断着伦敦市的土地转让业务,但尽管这样,事务律师们仍然在整个18世纪不断加大对这一市场的侵入。情况日渐恶化,以致在18世纪60年代公证人公司开始着手提起诉讼。事务律师在出庭律师的帮助下在这次争端中获胜,公证人公司的垄断被打破(Kirk,1976:124—154;Corfield,1995:70—100)。自从失去这一有利可图的垄断市场之后,公证人便一蹶不振,从此渐渐销声匿迹。这次争端的胜利虽然并没有让事务律师立即获得对土地转让业务的垄断,但是它的确为事务律师打开了利润丰厚的伦敦市场,为更进一步的竞争、更进一步地奠定事务律师作为负责处理土地转让业务的主要群体的地位开辟了道路。

土地转让的法律垄断的出现差不多是一个偶然性事件(Sugarman,1996)。随着18世纪末19世纪初英法战争开支的不断增加,英国政府日渐急切地需要财政上的帮助。结果,他们将这一职业看做是一种类似于摇钱树的东西。自1784年后,英国政府对每年颁发的执业资格强行征收一种印花税。这种印花税的征收遭到了事务律师们的反对,因为他们觉得该税收使得他们的服务比其他土地转让服务商的成本要昂贵。但是他们的这些抗议并没有人理睬。1795年又加征了一次印花税。这次加征的印花税要求对伦敦的文书项目征收100英镑,其他各省50英镑。在1804年,时任英国财政大臣的小皮特(Pitt the Younger)*将该印花税翻了一番,提高了项目收费。不用说,事务律师反对这些征税。绅士执业者协会(the Society of Gentlemen Practisers)(见下文第53—54页)给皮特递交了一份报告,报告称只有那些缴纳了印花税并登记为已经缴纳印花税的事务律师才能获准从事土地转让业务。他们认为,这将有助于保障法律服务的质量,保护公众利益。作为对自己的增税政策的一种补偿,皮特同意了他们的请求(Kirk,1976:128—131;Sugarman,1996)。就这样冷不丁地,国家不仅没有给事务律师强加负担,削弱他们在市场中的地位,反而将一项垄断权交给了法律职业者们。事务律师充分利用了这一垄断,使得在接下来的50年中,土地转让业务给事务律师带来的收益从原来占到总收入的20%上升为他们日常收入的主要来源(Kirk,1976:125—154;虽然在Rubin和Sugarman,1984:95,他们认为在19世纪后期土地转让业务的收入仅占事务律师总收入的30%)。

将出庭律师挤出土地转让业务

然而,事务律师仍旧不得不同出庭律师分享这一大餐。这一点成为争论的主题,尽管事实上自18世纪以后出庭律师从来没有

---

* 小威廉·皮特(1759—1806),又称"小皮特"(Pitt the Younger),曾任英国首相(1783—1801和1804—1806年)。他完成了爱尔兰和大不列颠之间的联盟法案(1800年),但在解放天主教徒的努力中失败。其父大威廉·皮特(1708—1778),又称"大皮特"(Pitt the Elder),是英国政治领袖和演讲家,在七年战争(1756—1763年)时曾指挥其国内战事。——译者注

认真地对事务律师对这一市场的控制提出过挑战。出庭律师为什么没有更多地侵入到事务律师对这一市场的控制当中,其中的原因有很多。

首先,出庭律师拥有法庭辩护的垄断权。在 15 世纪,出庭律师拒绝接受事务律师,认为事务律师低人一等,并将其排除在四大律师学院之外。他们继续加强其在法庭辩护的垄断地位。法庭管辖权高度集中于伦敦市,出庭律师的分布情况反映了这一点。结果,他们没有像他们的对手(事务律师)那样散布各地,因而不能像事务律师那样同客户发生互动并形成地方性网络。因此,与事务律师相比,他们更难去开拓不同地方的土地转让业务(见 Anderson, 1972)。

其次,出庭律师和法官一贯反对法院系统的地方分权,他们害怕因此会削弱他们对于法庭辩护的垄断地位。因此他们激烈地反对设立郡法院。在郡法院成立之后,他们又反对郡法院扩大其司法管辖权,无论是在婚姻案件还是在这些法院可以处理的案件总数上(见 Abel-Smith 和 Stevens, 1967:29—52; Kirk, 1976:168—187)。这种法院系统的延伸和拓展很可能分散了出庭律师的司法管辖权,促进了一种由出庭律师领导的土地转让业务的发展。但是,出庭律师一直优先关注伦敦市的诉讼,伦敦市通过将各省的事务律师排除在各个法院之外,支持出庭律师对诉讼的垄断。与此相反,出庭律师却不支持法院系统的地方分权,以及可能会因此出现的出庭律师的潜在分离(去中心化),因为法院系统的地方分权使得出庭律师可能会在地产转让(以及其他)领域与各省的客户相互往来。

再次,出庭律师自愿地停止直接与客户接触,开始利用事务律师作为其开展业务的桥梁(Kirk, 1976:171—176)。这一点十分重要,因为它使得事务律师能够通过越来越少地将工作提交给出庭律师而发展自己的土地转移业务。事务律师开始只在最复杂的领域才用到出庭律师。随着事务律师越来越熟悉土地转让业务,这些高度复杂的领域在数量上不断减少。诚然,出庭律师能否直接

第二章 自由放任主义信念的捍卫者与福特制集体主义的拥护者

接受客户的问题在19世纪以及事实上在20世纪,曾经一度引起争议。在19世纪,只有很少一部分出庭律师直接接受客户的委托,他们一般使用事务律师作为开发客户的一种手段。鉴于出庭律师主要集中于伦敦市,因此这种现象兴许不可避免。但是,前面已经提到,出庭律师之所以集中于伦敦市,部分地是他们自身努力的结果。因此不接受客户的政策直接导致了19世纪初出庭律师作为土地转让业务中的一支力量逐渐走向衰亡。

客户方面的因素也加速了这一结果的出现,因为他们不想因土地转让的事情既给事务律师支付报酬,也给出庭律师支付报酬。因此,他们高兴让事务律师独自去做这份工作。重要的是要注意这样一点,即在那时,有些客户对职业人士具有相当大的影响力(一般论述见Corfield,1995;更加详细的论述亦见Anderson,1992以及Offer在1994年对Anderson所做的回应。他们两人都具体论及这样一个事实,即房屋互助协会作为有势力的客户,可以下令向事务律师收取更加低廉的土地转让费)。诸森(Jewson,1974)对18世纪医生—客户关系所做的研究工作令人印象深刻。他论述道,精英客户型构了医生职业的知识基础,以及他们从中获得的技能或品质。似乎有理由假定(鉴于普遍认为有关强势客户的证据尚不充分),这种情况同样适用于法律职业,虽然不幸的是,似乎还没有人对法律职业作出过任何类似的令人印象深刻的研究。

这种避免与客户直接接触的政策在19世纪得到了高级出庭律师的支持,他们已经和事务律师建立起了各种有利可图的关系,因而根本就不需要直接面见客户。而且鉴于这样做将意味着改变他们的工作模式,因此他们也不愿意改变这种状况。在18世纪初,出庭律师仍然觉得土地转让是其司法管辖的一部分,不属于事务律师的业务范围。从这一事实中可以看到,出庭律师在土地转让领域的衰落是相当迅速的。对于出庭律师在这一业务领域的衰落,欧弗尔(Offer,1981:23—34)进行过集中论述,他指出在19世纪

80年代,只有四十个出庭律师仍在土地转让市场中从事业务。[2]

迫使有职业资格的土地转让人退出

另外一个能够进入这一市场的唯一群体是有职业资格的土地转让人群体。这些人是四大律师学院的成员,但是还没有成为全职的出庭律师。尽管如此,他们仍然有权从事土地转让方面的事务。这正是他们与事务律师之间争论的交点,因为这些人不仅草拟土地转让材料,这一工作被视为是出庭律师的工作;而且也从事实际的土地转让事务。事务律师对职业土地转让人的第一次指控于1785年被提交到国会那里,但是事情几乎没有任何进展。但是,事务律师最终或多或少地得到了他们想得到的东西——1860年的事务律师法要求新一批获得资格证书的土地转让人必须从四大律师学院的法官那里获得年度合格证。这似乎阻止了很多新人加入到职业土地转让人队伍中来,导致这一职业逐渐走向消亡。其结果是,有职业资格的土地转让人作为一个群体在1840年有42人,到1890年,则只有10人。这种变化足以表明事务律师实际垄断的程度(Kirk,1976:134—135)。到20世纪末,似乎只有50个左右的事务律师之外的其他人士在合法地从事土地转让业务。

因此,在事务律师们本可以同会计师、银行以及其他位于新兴的获利领域的群体竞争管辖权的那一段时期,他们选择不去这样

---

[2] 这种拒绝满足客户的需要的行为以及律师作为一支从事土地转让业务的力量的最终衰落可能有些类似于事务律师辩护人的问题。如果律师继续普遍不愿意去满足客户的需要,不愿将事务律师用作开展辩护工作的渠道(funnel),他们可能会发现自己将慢慢被忽视掉。事务律师—辩护人可能只接手疑难案件,而随着事务律师—辩护人在辩护方面变得更加专业,这些疑难案件可能慢慢越来越少。当然,这一过程的发生需要时间,但是,正如上文所阐明的,在过去的一百年中,出庭律师逐渐成为某种与土地转让无关的职业。他们能保证同样的事情不会再次发生吗?除了这点相似性之外,还有这样一个事实,即在土地转让业务方面,资深大律师最不用去担心近来出现的意见表达权扩张问题,因为他们是公认的专家,并且已经和事务律师建立起了广泛的联系(见 Hanlon 和 Jackson,1998)。但是资深大律师的利益可能不同于那些更一般意义上的大律师的利益。

做。相反,他们选择在其他领域作战并赢得了胜利——他们赢得了土地转让市场的独占权。这在某种程度上为他们从日渐增长的工业和商业领域中撤离出来提供了保证。然而,土地市场的规模不应该被估计得过低。欧弗尔(Offer,1981:49—67)集中论述了这一市场规模是如此巨大——在1898年,土地转让总值,例如租赁、抵押、销售等,是3.93亿英镑。其出口总值是2.33亿英镑。由此可见,事务律师是在一个十分庞大的市场中拥有重要的一份。根据欧弗尔的论述,1905年的土地转让价值是540万英镑,或者说每个事务律师是328英镑。考虑到这一金额并不是在这一职业的所有成员中间平均分配的,因此似乎有理由这样说,通过打"土地转让战"而不是"其他战争",事务律师职业的领导者们正在获得丰厚的收益。

当然,有人可能会认为事务律师在19世纪初的选择是错误的,他们执着于土地而不是那些后来慢慢处于优势地位的其他财产形式。但是这种观点的提出有点事后诸葛亮的嫌疑,它忽略了这样一个事实,即在一个世纪或更长的时间里,土地转让领域并没有亏待这一职业,而是让他们收获颇丰,虽然如我们随后将要看到的那样,他们不得不顽强保卫的是对这一领域的垄断权(千万不要忘记,至少在1914年之前,土地一直是英格兰的主导性财富形式)。这种保卫战会进一步让事务律师的注意力从与会计师之类的群体之间发生的管辖权之争上移开。同样有必要指出,事务律师们从来没有完全从商业领域中撤离。事实上,随着新市场的开拓发展,诸如税收、离婚等,事务律师进入这些领域中来。然而,似乎比较公平的说法是,在很大程度上是土地转让业务开始控制了这一职业。这一时期,事务律师所参与的另外一个重要的势力争夺战是在争端解决这一领域。

事务律师与争端解决

如上所述,事务律师还有其他一些机会,诉讼便是其中之一。随着郡法院的设立以及从19世纪40年代开始随着他们的管辖权的扩大,诉讼数量不断增长(Abel-Smith 和 Stevens,1967:29—52 和 79—111),事务律师从不断增多的诉讼中受益。事实上,许多事务律师不想承接郡法庭的诉讼事务,他们将郡法庭看成是穷人的法庭,但是它却是一项收入来源(Abel-Smith 和 Stevens,1967;Kirk,1976:155—167)。事务律师也为在诸如执照发放和价格议定之类的领域保留申诉权而斗争,这些权利的行使代表了大型酿酒厂和地产商的利益。实际上,这些申诉权似乎是 1870 和 1900 年间事务律师极力保护免受出庭律师侵犯的权利的一部分。事务律师想维持他们在这些领域的存在,因为这些领域的工作有利可图。相反,他们几乎不想参与刑事诉讼的法律市场(Kirk,1976:155—167)。

争端解决的一个更加重要的收入来源可能会在与事务律师有关的仲裁工作中找到。资本家们一直以来都对法庭系统无甚好感,他们认为法院系统费用太高、太不可预测、太拘泥于法律条文(见 Abel-Smith 和 Stevens,1967;Ferguson,1980;Cocks,1984)。商业界宁愿根据商业习惯而不是法律规则和先例来处理纠纷。其结果是,他们开始避免走上法庭而采用仲裁的方式解决争端。在 19 世纪 50 年代,争端的仲裁解决的地位有所提高,以致当时法庭规定,如果合同中有文字注明尽量通过仲裁的方式解决争端的,则优先适用仲裁的方式解决争端而不是其他的争端解决方式。

随着 19 世纪的向前发展,仲裁成为一项具有相当规模的业务。弗格森(Ferguson,1980)指出,在 1872 年光是到达棉花经纪人协会(Cotton Brokers Association)的申诉就有 882 次。关于导致产生这些申诉的案件数量如何,他没有提供任何数据。但是这些申诉次数和棉花经纪人协会只负责处理一个领域的商业活动的事实表明,一个十分巨大的仲裁市场正在形成。似乎有理由这样假设,事务律师,特别是那些具有商业意识的事务律师在这一领域十分活跃。迈尔斯(Miles,1984)认为,在 18、19 世纪,事务律师积极地参与到这一市场之中。他指出,大约从 1750 年开始,诉讼业务的收益开始少于非讼业务。作为对这一情况的回应,事务律师事实上鼓励客户通过仲裁的方式解决争端,因为仲裁是一个对每个人

第二章 自由放任主义信念的捍卫者与福特制集体主义的拥护者

而言都更快捷、对客户而言更廉价、对事务律师而言更加有利可图的争端解决方式。因此,随着法庭日益远离商业和行政生活,事务律师们忙于创建一个新的争端解决市场(见 Abel-Smith 和 Stevens,1967:79—110;Arthurs,1984)。

的确,事务律师从中获利的另外一个领域是从 19 世纪 80 年代以后国家为一定的争端解决形式而设立的一种独立的管理系统。例如,当国家利用郡议会去管理养老金的时候,它使用了一个裁判委员会去对社会福利等问题作出裁判。尽管有一些诸如此类的管理机构试图完全将事务律师排除在外,但是并非所有的管理机构都是这样(Abel-Smith 和 Stevens,1967:92—100)。

因此,到 19 世纪末期,事务律师已经开拓了两个重要的市场领域——土地转让和争端解决。然而,有人可能会认为,在保证自己在土地转让领域的垄断地位和在争端解决中的有力存在的时候,他们却将另外一些日渐重要的市场留给了对手。从对事务律师—会计师之间关系的简短考察可知,这一观点可能具有很大的真实性。

事务律师和会计师——放弃该领域的一个例证?

虽然会计师是从事务律师的办公室中开始创业并同事务律师一道分享在诸如收账、公证、保险精算等服务领域的管辖权,但是,是会计师而不是事务律师继续充分利用了英国资本主义的充分发展所带来的诸多职业机会(见 Jones,1981;Hanlon,1994:35—76)。兴许可以这样认为,事务律师在允许会计师主导这些市场方面犯下了一个错误。例如,在 1919 年,汤姆森·麦金托什(Thomson McLintock)(现在是六大会计师事务所之一)伦敦办事处的收益大约是 2 万英镑,然而在 1933 年,它的收益则是 16 万英镑(见 Winsbury,1977:23)。与此相反,年利达(Linklaters)在 1920 年的赢利是 4.899 万英镑,而在 1932 年则只有 4.5344 万英镑(Slinn,1987:147 n.6)。在这种收入快速增长的优势的基础上,大一些的会计师事务所发展成为今天这样的大型国际化实体,让最大型的律师事务所都相形见绌。例如，在1994年，英国的六大会计师事务所年营业额是25亿英镑，而最顶尖的20个城市律师事务所的年营业额合计只有16亿英镑。通过让会计师垄断或者控制诸如审计、公证和金融咨询等市场业务，事务律师们兴许已经埋下了他们日后最终会被大型的会计师事务所超越的种子。会计师们近期把自己当作商业顾问而不只是审计师在市场推销自己，更进一步印证了这一观点（Hanlon, 1994）。同样，他们现在也开始逐步侵占法律市场。[3]

然而，这并不必然意味着会计师（而不是事务律师）本来就应该开拓这些市场。事实上，鉴于事务律师拥有诸多优势，本来很可能是他们这样做。首先，在1650至1850年期间，事务律师是金融和商业社会中的一个重要群体。相比之下，只是在1850年后，会计师才开始在这一舞台上亮相。其次，事务律师的业务原本与呆账、投资信托、破产和公证等事务紧密相关，而会计师们正是在这些领域站稳脚跟，并由此出发创立起审计市场的。会计师们认为，濒临分裂的公司给他们提供了机构重组方面的详细知识，因此他们才是对这些结构作出审计的最佳群体。再次，事务律师参与到了一些最初的资本主义企业当中，如运河和铁路公司。如我们所见，他们帮助募资，帮助成立公司，帮助收购土地，帮助处理这些公司的金融和法律事务（亦见 Anderson, 1972; Kirk, 1976; Miles, 1984; Sugarman, 1993, 1994）。因此，似乎有理由设想，他们本可以在这一市场立足。鉴于所有这些，他们为什么又将这一市场拱手让给了会计师呢？

---

[3] 例如，安达信*（Arthur Andersen）现在拥有 Garret & Co. 律师事务所，最近在 Simmons & Simmons 和 Wilde Sapte 之间进行的一次选美比赛中，安达信决定接管 Wilde Sapte，由此奠定它作为英国十大律师事务所之一的地位，虽然这一交易后来以失败告终。但是这一观点仍然成立，即认为大型会计师事务所正日渐渴望进入法律市场。

* 安达信，原国际五大会计师事务所之一，2002年因安然事件倒闭。倒闭后五大变为四大，分别是普华永道、毕马威、安永、德勤。——译者注

第二章 自由放任主义信念的捍卫者与福特制集体主义的拥护者 61

其中的原因之一也许是,在19世纪中晚期,会计师和事务律师居住在英国的不同地区。休格曼(Sugarman,1993)指出,从地理位置上看,事务律师们主要集中于英格兰的西部和南部地区,以伦敦市为中心。他进一步指出,有10%的事务律师位于人口不足600的农村。而另一方面,会计师的第一次出现是在苏格兰的爱丁堡(1855)、格拉斯哥(1857)和阿伯丁(1867),后来则主要集中于较大的北方工业城市——利物浦(1871)、伦敦(1871)、曼彻斯特(1873)和谢菲尔德(1877)。因此似乎有理由认为,虽然他们可能曾经在同一市场中进行过竞争,但是他们在不同的地区竞争,因而他们的竞争不是直接地、面对面发生的。一些大型的会计师事务所常常从苏格兰(因为这一地区与英格兰和威尔士相较拥有一种不同的、可能更加商业化的法律传统。见 Walker,1991)或者英格兰北部开始创业。只是到20世纪初期,这些事务所才开始将他们的总部设在伦敦,主要是因为他们的许多客户迁往了南部(Stacey,1954;Hanlon,1994:35—76)。相反,一些重要的律师事务所一开始就创立于伦敦,和这一城市紧紧地联系在一起(Slinn,1984,1987)。这些空间上的因素表明,会计师们在不同地区,而且可能是在不同的经济领域——在制造业而不是金融业——挖掘市场。因此,如前所述,事务律师作为职业整体,出于保护有利可图的土地转让市场的需要,没有精力专注于其他方面。

当然,整个事情并非如此简单。公平地说,像利物浦和曼彻斯特这样的城市也有自己的事务律师存在。柯克(Kirk,1976:22—47)指出,在19世纪中期,这两个城市都有250至300个事务律师。但这并不是说,事务律师们将这些工商业市场看做是自己的。有人可能会说,既然10%的事务律师集中于很小的村落,他们几乎没有任何机会去利用工商业机会,那么这一职业所主要关心的便只是土地,而不是更加广阔的商业市场。因此,这一职业将其大部分重点放在了保证土地市场上而非那些只对该职业中的**一些**成员有影响的市场领域。即便是那些对该职业中的**一些**成员有影响的市场领域,其影响所及也只是其全部业务中的**一部分**。相比之下,土地几乎是每一个事务律师谋生的核心领域。

同时有必要重点说明的是,事务律师们是多么的关心他们自身的形象。科菲尔德(Corfield,1995)指出,在整个18世纪以及19世纪的大部分时间中,事务律师普遍名声不好,普遍行为不端。稍后我们将会看到,整顿这种状况的第一步是在1729年作出的,当时国会通过了一项法令,以加强对事务律师的规范工作。1739年,一群伦敦的事务律师精英成立了绅士执业者协会(the Society of Gentlemen Practisers)。该协会在19世纪20年代最终被法律协会所取代。这两个组织的工作都是旨在提高事务律师的形象,让人们把事务律师们看做是一群努力赢得"资本主义可敬性"的绅士(Sugarman,1996)。这一过程包括持续不断地与不值得尊敬的社会方面脱离,如刑事工作、法律援助、不体面的业务等。会计师及其所从事的工作似乎也属于这种不体面业务范畴(Littleton,1996:283)。

在事务律师们眼中,会计师们与不体面工作之间的联系一直持续到20世纪。这一观点使得他们能够拒绝将自己的账目给会计师审计。这部分是因为,让会计师对事务律师作出"审查"是对事务律师的一种玷污(Kirk,1976;Sugarman,1996,虽然在这一决定中也涉及自身利益方面的原因)。这样做的一个必然结果是,他们渴望同身份地位高的群体建立关系。法律协会因此急切地想同出庭律师建立关系,事务律师渴望获得和出庭律师同等的地位。同样,同土地和土地精英层建立关系,以及随着时间的推移,同金融业者而不是小的生意人和实业家建立关系,也都被看做是身份地位提高的一种表现。因此,由于试图提高自己的身份地位,事务律师可能是有意地切断了自己与这些市场之间的关系。如果身份地位是他们的目标,那么必须承认,他们实现了这一目标——到20世纪,他们在身份地位方面的确获得了极大的提升(见Abel-Smith和Stevens,1967;Kirk,1976;Corfield,1995;Sugarman,1996)。然而,随着20世纪的逝去,如果继续实行这样一种政策,可能会导致事务律师最终被会计师所取代(虽然,如第四章所阐明的,大型律师事务所正在发生变化,它们力图保证他们继续存活下去)。

在分析了到 19 世纪末期为止事务律师所参与的市场之后,有必要对事务律师和国家之间的关系做一考察。这一点十分重要,其原因有两点。第一,在 19 世纪,国家帮助事务律师进入了这些市场;第二,在 20 世纪,国家帮助重新型塑了这些市场。

作为事务律师捍卫者的自由放任国家

威尔莫特(Willmott,1986)以及威尔莫特和西卡(Willmott 和 Sikka,1997)曾经指出,在职业变迁的内部,国家的作用尤为重要。然而,鉴于这一重要性,威尔莫特(Willmott,1986)也警告我们不要将国家看做是一个同质性集团。这些观点的正当性通过国家对事务律师所造成的影响得到了证实。威尔莫特(Willmott,1986)曾经指出,国家和不同职业之间演化成一种相互依赖的关系(亦见 Sugarman,1996),他们相互支持和强化各自的权力和利益。国家—事务律师之间的关系是这种相互依赖关系的一个很好例证。接下来的内容并非意味着是对这一关系的完整论述,相反,它将集中论述这一职业与国家之间的交易趋势。国家通过各种各样的方式影响到这一职业,并不是所有这些影响都是良性的(见后文)。正如我们已经看到的,最大的影响可能是因 1804 法案造成的,该法案赋予法律职业者以土地转让垄断权。不过,国家也通过其他一些方式对事务律师产生了影响。

自我规制的发展

19 世纪的自由放任国家赋予这一职业以日渐增强的自我规制权(自动调节权)。这一点多少不会让人感到奇怪,因为自由国家的标准之一就是它是有限的,在规制社会活动方面寻求退缩,倾向于通过其他的手段作出规制(虽然,正如我们在第一章中所见以及在接下来的章节中将要看到的那样,这绝非意味着它是一个软弱的国家)。然而,一个有限的国家并不必然会让各个职业去自我规制。例如,在 20 世纪 80 年代,尽管有人声称要"击退国家",但是国家开始越来越多地参与对职业团体的规制,并开始用一种约翰逊(Johnson,1972)所谓的调节性职业规制的方式对这些职业的许多内部实践进行干预(见 Burrage,1992;Shapland,1995;Hanlon 和 Shapland,1997;亦见第三章)。

柯克(Kirk,1976:1—21)曾经揭示了国家是如何通过立法的方式将事务律师置于法官的控制之下,以及后来又是如何慢慢赋予他们以日渐扩大的自我规制权,以致到19世纪末期他们已经在很大程度上控制了他们自身的惩戒和训练程序。然而,这是一段漫长而又艰难的过程,从1402年开始一直持续到20世纪初期。对法官实施控制(一种他们运作得不是十分有效的控制)的第一次真正的努力是在1844年的时候随着那一年事务律师法案的出台而开始的,许多基础性的工作都在这一法案中有所体现。绅士执业者协会在1739年左右成立,在那个世纪随后的岁月中,它力图对这一职业作出整顿以确保良好的服务质量。在这一问题上,它并不是完全有效,但是它的确产生了一些显著的结果。例如,它力图贯彻实施1729法案"以更好地规制代理人和事务律师"。而且,正如我们已经看到的,也正是这一团体在1804年给皮特草拟了一份建议书,要求获得垄断权以作为他们缴纳税金和保证对不端行为作出公共预防的回报(Sugarman,1996)。这一团体,以及各种郡设团体,力图树立起令人尊敬的、服务上乘的形象。在这一点上,他们可能没有完全取得成功(Corfield,1995:70—101),但是它是一个开始。

法律协会在19世纪20年代成立,继续完成绅士执业者协会(在19世纪30年代的某个时候)没有完成的工作。前面已经指出过,法律协会的主要工作是树立一个令人尊敬的公共形象。它认为这一目标只有通过教育、训练以及因此意味着对那些被指没有尽职尽责的人作出惩戒的方式才能实现。同绅士执业者协会一样,法律协会也是为伦敦市律师精英所控制(在1870年,不到10%的律协成员分布在各省;见 Kirk,1976:22—47 对该协会的成员构成的论述)。该协会指出,在19世纪中期,事务律师的训练存在三个弱点：

  • 没有任何措施保证人们在开始这一职业的时候拥有某种教育背景。
  • 没有任何有效机制去保证律师学徒从他们的雇主那里接受像样的训练。
  • 没有任何有效的测试手段。

这最后一点间接地表明,法官没有对进入这一行业的新人作出充分的评价。人们似乎也都一致认为事实确实是这样(见 Kirk, 1976;Sugarman,1996)。因此,这一问题便成为法律协会攻击的首要目标。

法律协会定期向国家游说,说他们需要开设一些教育课程。他们自身也努力表明他们正在认真对待教育和训练(见 Sugarman, 1996 的具体论述)。在 1844 年,这些努力获得了成功。在 1838 年,英国上议院大法官鼓励法律协会的管理委员会去准备一份报告,要求加强对事务律师的立法以修改现存相关立法。他甚至建议在该协会中应该由谁去起草这一新的立法。法律协会适时地完成这一工作。当这一立法经过下议院的时候,法律协会和上诉院保管案卷的法官保持着密切的交往。在 1844 年,立法获得通过并成为法律。它使得法律协会成为法律代理人和事务律师的登记注册机关。也就是说,它让法律协会有权对这一职业的学科训练体系作出管理(更加详细的叙述,见 Sugarman,1996:95—97)。

对此,有两点需要说明。首先,在国家和法律协会之间存在密切联系,在事情应该如何进行的问题上,国家实际上认同了法律协会的观点——这与 1804 年皮特的让步有些许相似。第二,国家认同了一小撮精英群体的权力而不是整个职业的权力。这一群体由伦敦市的事务律师精英层组成,他们并不代表这一职业。而且,一如我们将要看到的,在这些伦敦事务律师和各省事务律师之间(以及,毫无疑问,在伦敦事务律师精英和不太突出的伦敦事务律师之间)存在明显的差异。然而,鉴于精英事务律师和其他精英群体之间的紧密联系(见第 73—79 页),这样说也许并不令人奇怪,即国家本来就应该更多地听取这些精英事务律师的意见而不是其他人的意见。整个这一事件强化了威尔莫特(Willmott,1986)和休格曼(Sugarman,1996)两人的观点,即认为国家和精英职业者有着密切的、相互依赖的关系。

自我规制的下一个发展阶段,是在谁该获准登记或者谁应该不予登记的问题上去力争获得更多的控制权。在这一点上,事务律师可能受益于这样一个事实,即在19世纪中期,出庭律师的教育和训练水准之低在一般人看来是骇人听闻的,尽管出庭律师的地位较高并存在自我规制。因此在1846年,成立了一个专门委员会以考察法律教育状况。每年花费400英镑购买书籍并拥有全国最大的法律图书馆的法律协会高兴地告诉该委员会说,教育和训练是他们优先考虑的事情。这可能打动了很多人的心弦,因为法律协会尽管缺少自我规制且社会地位"低人一等",但是在这一方面却比出庭律师做得要稍微好些。在1854年,法律协会开始采用初级考试的方式考查刚刚入行的新人。1860年的事务律师法规定,只要获得主事官(the Master of the Rolls)、首席法官和王座法官的批准即可举行初级考试(见 Kirk,1976:48—66)。

所有这一切都在帮助事务律师树立起一种令人尊敬的形象,国家也正在通过出台越来越多的垄断措施和/或自我规制措施而对这一形象表示认同。1874年的事务律师法则更进了一步,它保证了法律协会享有知情权(被告知权),并首次保证他们有权对司法部门试图撤销事务律师的执业资格的任何企图发表自己的看法。法律协会被认为值得将其意见正式地传达给司法部门,这还是头一次。当然,它的表达声音微弱,但是这一职业毕竟已经迈出了重要的一步。

在1888年的事务律师法中,法律协会被赋予极大的自我规制权(或进行自我规制的能力)。从此以后,上诉院保管案卷的法官将指定法律协会管理委员会的一名成员对一名将要被开除的成员准备一份报告。除非他们认为这一报告有问题,否则司法部门将根据这一报告的情况作出裁决。最后,1919年的事务律师法保证,整个事情由法律协会管理委员会成员或者前任委员会成员处理，只需上报给法院即可。鉴于法律协会管理委员会、国家和司法部门之间的关系，这当然是一种自我规制措施，不管它是出于何种意图和目的。

然而，19世纪的有限自由国家（见 Hayek，1994；Hall 和 Schwartz，1988）并不是简单地对法律协会所提出的每一条立法、每一次对规章制定权和司法管辖权的扩张要求都表示同意（见 Sugarman，1996）。它还有其他一些利益需要平衡，因此在某个具体的问题上，它的观点常常并不一致。例如，作为国家权力机关的司法部门在整个19世纪一直都反对发表意见权的扩张和法院系统的地方分权。而大法官办公厅则提议法院系统实行地方分权，但对扩大发表意见权不感兴趣（Abel-Smith 和 Stevens，1967）。相反，法律协会则希望扩大发表意见权并开始提倡法院系统的地方分权，尽管各省的律师对伦敦法律协会持怀疑态度。因此，法律协会没有完全的自由行动权（*carte blanche*）——事实上，他们不得不经常为获得国家支持而斗争。

国家与不可或缺的法律协会

法律协会同国家竞争的方式之一，是让自身变得不可或缺（关于这整个问题，同样见 Sugarman，1996 对国家和该职业之间的关系所做的一次重要考察）。在19世纪，上议院大法官常常扮演着多种角色。在工业革命正在戏剧性地改变社会关系的那段时期，他（它总是由一名男性担任）负责向法院提交新的立法，并检查旧的、"过时的"立法。除此之外，大法官办公厅还负责扩大郡法院系统，更一般性地检查法院系统的运行情况。然而，尽管工作如此繁重，大法官办公厅一直到1885年都没有任何常设性的秘书处，一直到1919年都没有任何内部的、职业律师之类的文职人员。在1919年以前，各种法律草案均是经由私人付费的法律顾问草拟和审查。到19世纪70年代，法律顾问被认为收费太高，因此私人指定的法律顾问被日渐避免。从这段时间开始，这一工作开始逐渐由一小部分法律顾问完成,由于工作量太大,他们常感力不从心。从传统上看,有限国家往往依赖外部的独立团体给他们提供咨询,帮助他们形成决策。法律协会正是在这一领域有所作为。

　　法律协会确立了自己作为大法官办公厅顾问的角色。由于它拥有专业知识,以及精英律师们的世界观与政府官员的世界观的近似性,这一工作对他们而言相对容易完成。法律协会中的高级成员小心谨慎地对立法的起草、立法的准备、法律改革建议的审查和准备等工作提供指导意见(Sugarman,196)。该协会小心谨慎地对政府和司法部门的许多观点表示同意(虽然它并不是对他们所提出的所有观点都表示同意,因为它有自己的计划方案)。因此它也支持司法部门的这一观点,即"政治"和"法律"应该分离,司法部门应该只负责解释法律和立法者的意图,而不是制定法律(亦见 A-bel-Smith 和 Stevens,1967:111—135)。法律协会一开始是免费向国家提供这种"咨询"服务的,只是后来才逐渐涉及费用问题。通过这种免费服务,通过在立法方面给大法官办公厅提供咨询,通过出席皇家专门调查委员会和国会委员会,通过代表客户游说政府以及通过自己准备立法,法律协会和国家建立起了一种紧密的关系。通过这样做,法律协会变得多少有些像是政府的左膀右臂。这一角色的扮演并不是没有困难:法律协会自身就有很多成员开始认为它与国家走得太近,认为它与国家之间的这种关系在 19 世纪末 20 世纪初将会成为许多事务律师所讨厌的东西(the bete noire)。然而,法律协会很快成为国家的一个重要的帮助源。

我们走向分裂——事务律师之间的职业内部竞争

　　上述国家行为和国家与法律协会之间的密切关系所导致的结果是,法律协会作为事务律师的代表机构的地位在 19 世纪 70 年代以后(如果不是在这之前的话)几乎牢不可摧。它有国家的耳目,它是事务律师的注册机构,它恰好在国家认为法律教育重要的时候建立了一家大型的图书馆和开发了一项教育计划。它的精英成员与出庭律师、法官、地产和商务精英的许多成员来自于同一个圈子。然而尽管如此,实际上也可能正因为如此,在这一职业内部存在着等级上的差别。

如前所述,省级事务律师不愿屈从于法律协会的权威。在1870年,只有10%的省级事务律师是法律协会的成员,尽管事实上各省的事务律师人数占到了这一职业的三分之二。的确,只是在1910年,在法律协会成为该职业的注册机构整整66年后,在所有的事务律师中才有超过50%的人成为法律协会的会员。例如,在19世纪70年代的曼彻斯特共有295个事务律师,其中只有13人是法律协会的会员。在利物浦,283名事务律师中只有16人是法律协会的会员。在伯明翰,这两个数字分别是193和24(见 Kirk, 1976:22—47)。因此法律协会几乎完全是伦敦的事情。一般来说,它被看做是非伦敦群体追逐利益的合适工具。鉴于对这一职业的批评不绝于耳(Kirk, 1976; Corfield, 1995),人们可能会有理由认为,法律协会并不是最为有效的警察扮演者,因此需要一个新的团体参与其中,扮演角色。这样一种观点为如下事实所印证,即省市法律协会(the Metropolitan and Provincial Law Association)[4]由各省和伦敦市的事务律师联合创立的公共机构,这意味着法律协会并未实现所有事务律师的利益(见 Sugarman, 1996)。然而,与法律协会得到伦敦市精英律师事务所和国家部门的支持不同,省市法律协会缺少这些资源和关系以实现自身的目的,故而最终在1873年同法律协会合并(Sugarman, 1996:101—102)。

但是,它没有因此终止继续在法律协会中占支配地位的伦敦市精英事务律师和其他律师之间的摩擦。柯克(Kirk, 1976:155—167)将他们之间的紧张关系归纳为以下几点:该职业中的普通成员对土地转让业务及其可能带来的利润,以及会给他们的垄断权提供保护的任何措施最感兴趣;有人认为精英事务律师与法律协会之间的关系太过密切,像所有的伦敦事务律师一样,他们对诉讼

---

[4] 省法律社团协会(the Provincial Law Societies Association)已经开始了这一工作(见 Sugarman, 1996)。

的兴趣可能大于对土地转让的兴趣。因此，精英事务律师想把诉讼业务限定给伦敦市的事务律师，限制郡法庭的任何扩张行为。而各省的事务律师最想做的是保证土地转让市场，伦敦市的事务律师虽然对这一领域也感兴趣，但是他们并不将其视为命根子。

这里存在着简化的嫌疑，但是它反映了这两个群体之间所能观察到的差异。这种描述有些简单化，因为它将伦敦的事务律师均质化了。事实恰恰是，省市法律协会是伦敦市非精英事务律师和各省事务律师的联合体。这一事实意味着有些伦敦事务律师对接受精英主义的法律协会作为代表并不满意。事实上，这些伦敦事务律师可能比各省的事务律师对诉讼更感兴趣。例如，埃贝尔-史密斯和斯蒂文斯（Abel-Smith 和 Stevens,1967:135—165）指出，伦敦事务律师想限制郡事务律师的司法管辖权（如果不是将他们全部废除的话）。但是说土地转让是伦敦法律市场的一个重要部分，也是公平的（见，例如，Offer,1981:254—282）。然而，尽管柯克的观点存在这样一些限制，但是分歧，尤其是在土地转让问题上的分歧仍然存在，甚至间或上升至表面爆发。这些分歧因国家性质的变化而不断加剧，它们反过来又拉紧了国家与法律协会之间的密切关系。

干涉主义国家的兴起——威胁行为的一个例证？

随着19世纪的慢慢消逝，国家更加前所未有地走向干涉主义（见 Hayek,1944;Polanyi,1957;Hall 和 Schwartz,1988）。这种干涉主义的目标常常是，在财产所有者可以怎样处置或使用他们的财产和不可以怎样处置或使用他们的财产这一问题上限制他们的权利。工厂法因此被介绍进来（Marx,1976），财产税越来越重（Offer,1981），地方政府开始接管某些原先只属于私人领域的功能，譬如供水（Slinn,1987），公司被迫披露更多的信息（Jones,1981）等。对自由国家的一些原则的侵蚀缓慢而又漫长。这一过程牵涉到许多群体和职业人士，他们既是变革的重要倡导者，也是这种转变的重

第二章 自由放任主义信念的捍卫者与福特制集体主义的拥护者

要反对者。然而,律师一般对这种侵蚀过程持反对态度(Abel-Smith 和 Stevens,1967;Offer,1981;Anderson,1992;Sugarman,1993,1994,1996)。[5] 最让事务律师头疼的国家干预领域是土地登记领域,因为它威胁到他们先前在土地转让市场上的垄断地位。这对事务律师们来说是一个问题,因为很难证明说土地登记正在对公共利益造成侵害。

保护特权——事务律师、国家与土地战

在整个 19 世纪的大部分时间里,土地改革一直是政府关心的问题(见 Offer,1981 对整个这一问题所做的十分详细的、资料丰富的论述,以及 Anderson,1992 所做的同样十分详细却完全相反的论述。[6] 亦见 Kirk,1976:125—154;Sugarman,1996)。在 1830 和 1870 年间,为检查土地转让问题而设立的皇家委员会就不下四家。由于对土地转让的法律知识的学习和训练复杂而又漫长,因而这种服务价格高昂(Offer,1981,1994,虽然 Anderson,1992:166 也承认这一点,但他同时怀疑其正当性)。有人认为,这样一个环境过分有利于事务律师。在整个这一时期,有人呼吁实行土地注册制度,会让这一过程变得更加简单、更加便宜,因为国家(或者其他机构)将既对土地所有权进行登记,也对该财产所有者的权利和义务进行登记。1830 年的皇家委员会对这一观点表示支持,但是它却从未得以贯彻执行。

---

[5] 正如我们所见,在战略要点上他们也支持国家干预,并从国家干预中受益。
[6] 关于该职业对土地市场和土地法律的参与,Offer 的叙述和 Anderson 的叙述之间存在巨大差异。我发现 Offer 的作品更有说服力。我认为 Anderson 太过轻易地接受了法律协会的公众立场,太轻易地接受了法律协会要求"专业化"的观点。同样,他也太急于相信事务律师的自我利益、市场的运作情况以及公共利益可以和谐共存。相反,和 Offer(1981,1994)一样,我认为该职业主要是为自我利益服务的,它反对国家供给,因为这种干预会否认他们充分利用封闭的、有利可图的市场的权利。正因如此,客户和更广大的公众的利益受损,并且/或者因此不能获得法律服务。Anderson 的作品由于阐明了这一点而显得更加翔实,任何从事这一领域研究的学者都需要读它。

注册制被事务律师看做是一个严重的威胁。在 18 世纪末 19 世纪初,事务律师赢得了垄断地位并急速地投向土地转让市场,以致它成为该职业的主要收入来源。现而今,这一垄断地位受到了国家的威胁。随着 19 世纪的慢慢流逝,这一威胁变得越来越真实。例如,在 1862 年,一项土地登记法被通过,规定事务律师自愿地进行土地登记。这是一项无效的法律,因为事务律师没有去对土地进行登记。然而,在 19 世纪的余下时间里,土地登记的威胁日增,因而不得不聚集该职业的所有力量对其作出抗争。

在 19 世纪 70 年代以后,随着国家和公众日渐感到土地转让的开支尤其是土地转让的费用太高,土地登记的前景真正抬起了它丑陋的头颅。事务律师职业反对这种情绪,但当国家和公众的观点趋于一致的时候,他们却发现要证明土地登记制是在力图保护公众的利益并不是一件容易的事情。伴随着这一威胁而来的是这样一个事实,即在 1870 年到 1918 年间,土地财产市场陷入低潮。

对法律协会而言使事情变得更加复杂的是,国家也提出简化土地立法的建议。事务律师对这类国家干预表示支持,因为他们觉得这会提高他们的服务费收入(Offer,1981:23—34)。对事务律师而言,简化土地立法能带来三点好处:

1. 可以加快土地转让过程,因而能让事务律师们完成更多土地转让业务,挣到更多的钱。

2. 费用的高低不再由文件的长短决定,而是依照财产价格的百分比收取。过去的付费方式是一视同仁、没有差别的,因为一小块地产所需要制作的文件和一大块地产所需要制作的文件可能长短一样,如果继续按照文件长短收费,可能会增加公众对事务律师垄断的敌意和反抗。1881 年实行的新的收费方案更加强调价格差异,因此受到顾客的欢迎。

3. 对于出庭律师需求如今会更少,这种情况增强了事务律师对该市场的控制。因此,对事务律师来说,这种法律改革是在正在进行的事务律师和出庭律师之间的管辖权之争中造成伤害的方法。

因此,这些改革建议让事务律师们多少有些左右为难,立场矛盾。他们支持某种形式的干预,因为他们能从中受益;但是他们却反对同样旨在简化土地立法的另外一种形式的干预,即土地登记制度,因为他们认为土地登记会对他们造成威胁。这种立场上的摇摆不定在接下来的二十多年里受到了最大限度的考验。在19世纪80年代和90年代,日渐奉行干预主义的政府在约略有限的公众舆论的支持下,开始严重地威胁到土地登记制度。事实上,在1885年它变成了一个选举问题(Kirk,1976;Sugarman,1996)。政府分别在1889、1893、1894和1895年引入了土地登记法案,但都以失败告终,部分是因为法律协会发动国会对它们作出抵制。然而,尽管法律协会积极地保护自己的职业,但是仍有许多省级事务律师感到它应该而且也能够采取更多行动去保护其成员的生计,他们因此呼吁法律协会放弃其作为"公众"利益的保护者的角色(Anderson,1992:185—192)。也就是说,他们认为法律协会从今以后应该集中精力只为事务律师谋利益。法律协会则对这种转变抱有怀疑,因为它一直都认为,为了保护公众的利益,事务律师不得不获准享有土地转让的垄断权。但是慢慢地,法律协会在土地立法问题上所采取的立场获得了成功,从而帮助巩固了省级事务律师和伦敦事务律师之间的关系(Sugarman,1996)。

随着19世纪的向前推移,土地问题开始慢慢平息了下来,不再是人们争论的焦点。1897年,法律协会和大法官在该年的土地转让法的相关条款上达成一致,尽管省级事务律师有几分被出卖的感觉,并因此表示反对(Kirk,1976:142—143)。1899年,土地登记制度开始在伦敦试行。试行阶段将持续三年。法律协会开始后悔自己当初的同意决定,因为它原本认为这一制度的试行会在一个更小的省级地区进行。1902年,国家不顾法律协会的反对而将试行范围被扩大到整个伦敦市。然而,尽管如此,法律协会依旧坚持一个案子一个案子地反对法院管辖权的每一次扩张,但是其进展因此十分缓慢。随着公众和国家渐渐对这一问题失去兴趣,以及1914—1918年战争的爆发,法律协会的反抗进展得更加缓慢。

于是,这根刺被取出这一过程,如此以至到 20 世纪 60 年代,事务律师们实际上开始拥护土地登记制度的扩张,因为他们认识到这一制度没有挤兑他们,相反它使得土地转让更加快捷,从而让他们能够完成更多的业务,进一步提高了他们的收入。

"官僚作风"与自由主义的事务律师

土地登记不是来自干涉主义国家的唯一威胁。在世纪之交*随着与事务律师有关的金融丑闻的不断增多(其中之一涉及法律协会前会长),国家开始对事务律师怎样管理他们的金融事务,怎样管理客户的资金产生更大的兴趣。国家也开始成立机构从事托管事务,并开始提高对人们的征税。在公司管理和金融事务上,国家越来越成为一个干预主义者,与此同时,地方当局也将原本由私人提供的各种活动纳入自己的管理范围。国家也开始提供养老金、社会保险等,由此逐渐侵占那些原本由私营部门运作的领域。所有这一切都反映了国家日益增长的、试图更加积极地对市场作出管理、以公民身份为基础而不是以支付能力为基础提供某些商品和服务的决心。

法律协会,更一般意义上包括事务律师在内,对所有这些"官僚作风"都表示反对(Offer, 1981; J. Anderson, 1992; Sugarman, 1996)。在世纪之交,他们几乎在所有场合都提倡一种自由主义的进路,反对集体主义和全体公民身份权。事实上,J. 安德森(J. Anderson,1992:211—212)曾经描述过地方法律协会在官僚主义和土地登记日渐增长的问题上的看法,他的用词让人联想起哈耶克(Hayek,1944)在描述社会民主和有限市场的"威胁"的时候所用到的语言:

> 一方面存在法律,带着它对于知识的古老分类和强加给法庭的责任;存在私营企业,以及由此形成的对顾客的回应力;存在职业的自我约束,和向自己的同行作出说明的义务;

---

* 指 18 世纪末 19 世纪初。——译者注

在各个职业的生存过程中存在对社会的价值,它使得一个坚实的经济基础成为必要。另一方面存在官方的自由臆断,秘密的、不可预测、反复无常。存在公共企业,以及由此形成的对财政部的回应力;只存在如自愿登记之类的义务;在没有专门仲裁人帮助的情况下,市民们不得不依赖于官员的良心。

当然,这种观点在土地登记方面最为显著,但它绝不是这种观点存在的唯一领域。休格曼(Sugarman,1996)指出,在1880至1914年间,事务律师作为一项职业和作为中产阶级中的一员都感觉受到了威胁。同其他职业一道(见Stacey,1954;Winsbury,1977;Jones,1981;Richards,1981;Walker,1991;Hanlon,1994对会计领域的这种自由主义所提供的证明),律师开始认为,随着公民权的日渐扩大化,职业性团体和职业人士的社会地位应该被用作过分的民主多数主义的平衡物(Sugarman,1996)。这种反集体主义公民身份的特质一直延续到20世纪初期,当时法律协会拒绝通过每周捐献和给予应急费等方式向穷人提供一种"集体主义"的法律服务,因为他们觉得这样做将会降低这一职业的社会地位(Abel-Smith和Stevens,1967)。

在律师以及其他职业群体中间存在的这些感受在20世纪的最初几十年中被保守党人所利用,他们力图建立起一种财产利益联盟以对抗以集体主义公民身份为基础的国家的兴起(Offer,1981:283—313;Sugarman,1996)。这是一个由土地阶级、工商业精英、小商业主、人数日渐增多的小地产和住宅所有者,事实上也包括那些依靠地产转让和管理谋生的职业人士等人组成的联盟。这一联盟产生出了大量的地方纳税人社团和群体,例如以反对日渐增加的"地方社会主义""威胁"为宗旨的自由和财产保护同盟。因此,事务律师[7]和其他群体联合在一起,共同反对以公民身份为基础提供福利权利,反对干预主义国家的兴起,因为干预主义国家开

---

[7] 显然并不是每一个事务律师都是自由主义者,这里所表达的是对该职业的主流观点的一般看法。

始服从工人阶级和其他群体(如日渐变得重要的社会服务职业人士,见 Perkin,1989)的需要。因此,事务律师是用一个特定的形象去定义社会、塑造社会的一个更大范围的斗争的一部分。然而,随着事务律师们认识到这股潮流在两次战争期间日渐违背了自由主义(见 Polanyi,1957),随着他们认识到国家扩张如果控制得当也可能会对自己有利,他们会,至少部分地会改变其忠诚。

干涉主义国家与事务律师——向新型积累迈进

两次世界大战发生的那段时期真正开始让人看到了自由主义的临死挣扎(伴随着 20 世纪 70 年代即已开始的衰落)。正如在第一章所论述的,正是在这一时期,一些主要的社会群体参与到了福特制的社会变革中来。这一变革既是大规模资本所追求的,也是劳工运动所追求的(见 Hayek,1944 从右翼的立场对这一过程所做的观察,以及 Gordon 等人,1982 从左翼立场所做的分析)。

在第一次世界大战期间,国家空前地走向干预主义,导致创立了许多计划组织或委员会,它们往往由职业人士所控制(见 Hanlon,1994:35—75 对会计师在这一个过程中的作用的论述,以及 Slinn,1984,1987 对律师的作用的论述)。诸如土地登记之类的问题因此也被暂时搁置了起来。第一次世界大战结束后,随着劳工运动势力的日渐强大和一场重大的全球性的经济危机的到来,这些政策在许多领域越来越不受欢迎,要想返回到一种完整形式的自由主义已经十分困难。所以,20 世纪 20 年代和 30 年代是诸多国家干预政策缓慢继续的一段时期。然而,尽管法律协会在同"官僚作风"的斗争中渐处下风,但是它觉得它应该让人知道它愿意在给那些付不起相关法律费用的人提供法律援助方面开展合作。1923 年,它向劳伦斯委员会(the Lawrence Committee)递交了开展这一计划的设想(Kirk,1976:165——它在 1913 年也这样做过)。简而言之,该职业极不情愿地开始作出让步,在某种形式的公民身份的基础上提供法律援助。然而,与这一态度有些矛盾的是,法律协会在1925年告知当时正在对郡法院系统中给穷人提供法律援助的情况作出检查的芬莱委员会(the Finlay Committee)说,这种境况,即穷人几乎得不到任何的法律援助应该保持不变(Kirk,1976:162)。它拒绝穷人律师运动(the Poor Man's Lawyer movement)以及呼吁国家援助的其他形式的"官僚作风"的请求。国家同意了法律协会的观点,操纵该委员会去保证作出他们双方都希望得到的建议(Goriely,1996)。同时,国家也考虑执行苏格兰的法律援助制度(the Scottish Legal Aid system),这一制度比英格兰和威尔士的都要广泛,但是出庭律师和法律协会却拒绝参加。这些相互矛盾的立场足以反映出该职业对穷人的一贯憎恶以及它在公民身份权问题上的摇摆不定。然而,他们也集中反映了该职业是如何力图——虽然有些力不从心——同正在出现的、认为必须尽力提供某种集体主义的法律服务的观念作斗争的。这种力所不及的斗争在很大程度上是对来自法律协会之外的群体的压力作出的一种回应。

在1926年,法律协会同意启动拉什克里夫授意产生的法律援助制之前(pre-Rushcliffe inspired)的那种法律援助制度,政府准备用它来帮助贫穷的离婚诉讼者。然而,法律协会只是在其业务经费得到保证的情况下才表示同意的。尽管法律协会同意了,但是各个律师个人却不愿参与这一制度,因为他们觉得报酬太低。例如,只有10%的伦敦律师参与其中,致使这一计划在20世纪30年代几近破产,因为离婚案件只由位于伦敦的高等法院审理(见Abel-Smith和Stevens,1967:135—164)。这里有两件事情值得注意。第一,到20世纪20年代的时候,法律协会准备支持"官僚作风"的扩张,如果官僚作风不惜以牺牲国家为代价来扩张自身的权力的话。第二,事务律师和其他职业一样(见第一章),他们大多数人只是在有利可图的情况下才愿意提供服务。这在事务律师中间产生了一些摩擦,因为有些事务律师要求应该由公共财政付给律师报酬,他们因此同意(至少在某种程度上)以公民身份为基础提供法律服务的观点。但是其他事务律师却反对这一观点,认为该职业应该避免和国家纠缠在一起。例如,威尔士的事务律师在20世纪

30年代后期退出了为离婚诉讼提供法律援助的计划。因为他们没有工资,因此要求收取一定的费用(Abel-Smith 和 Stevens,1967:164)。法律协会拒绝了这一要求,因为它不想让一项慈善性的服务变成一项由国家资助的、低报酬的服务(Goriely,1996:222)。

在 1942 年,法律协会不得不成立自己的离婚服务部以给士兵(及其他人)在离婚方面提供法律咨询,因为随着需求的增长,准备参加这项服务的私人执业者人数远远不够。由此可见,国家扩张如果对事务律师有利,便会部分地受到欢迎。但是如果它在物质上不能给事务律师们带来好处,他们就不会给穷人提供服务,即使是在战争期间团结一致的时候也是如此。同样,律师们一般也不愿意与刑事诉讼有任何关联,它被看做是一件地位低下的工作。刑事诉讼中的法律援助仍然由法官自行决定,法律协会并不急于将法律服务扩展到这一领域(见 Abel-Smith 和 Stevens,1967;Kirk,1976)。尽管存在这样一些限制,该职业仍然开始勉强参与到以公民身份为基础的司法救济活动中来。

战后的法律服务

在 1949 年,一项更加全面的法律援助计划被提了出来。在战后时期实施法律援助计划是更一般意义上的福利国家扩张的另一种表现(见 Perkin,1989;Goriely,1994)。同其他一些与法律职业有关的立法部门一样,法律协会也深入地参与到法律援助计划的创建问题之中。如前所述,起初这一职业拒绝提供法律服务的号召。然而,由于政府改革的总体推进和来自公民咨询局(Citizens' Advice Bureaux,CABx)及其他群体对法律援助的呼吁,这一立场注定以失败告终。面对这样一些压力,法律协会转变了它的立场以作出回应,并寻求获得法律援助的控制权,避免出现像公民咨询局那样的广受欢迎的群体获得预算控制权的局面(Goriely,1996)。事实上,法律协会的这一策略是如此成功,以致在这一计划被贯彻执行的时候,它成了休格曼(Sugarman,1996)和威尔莫特(Willmott,1986)曾经论及的那种职业和国家相互依赖关系的典型例证。

为检查法律服务的供给而在 1944 年成立的拉什克里夫委员会对法律协会所倡导的那种法律援助计划或多或少表示赞同。随后,法律援助和咨询法(the Legal Aid and Advice Act)在 1949 年获得通过。柯克(Kirk,1976:163)声称它可能是为律师制定颁布的最具重大意义的立法。该法律规定,事务律师有权控制预算,有权控制非法律人士在管理法律援助服务的供给和代表公众监督惩戒程序或冤情等方面的作用。起初,非法律专业人士被准予参加的唯一委员会是咨询委员会。由此可见,律师们几乎完全控制了这一制度。律师们对于法律援助的控制权是参与福利国家建设的其他群体所难以匹敌的(见 Abel-Smith 和 Stevens,1967:315—349,Hansen,1992)。

该法律援助计划的实施是逐步进行的。首先它只是在最高法院施行,虽然它包括正在快速增长的离婚诉讼在内(见 Abel-Smith 和 Stevens,1967:315—349)。从 1956 年开始,它陆续在郡法院施行,在 1960 年,开始为刑事案件中的法律服务提供报酬。该计划受到事务律师职业的欢迎,到 1954 年,在所有的执业事务律师中有一半已经签名加入这一制度,尽管他们在早些时候曾经对国家扩张表示反对。在 20 世纪 50 年代,法律咨询也被包括在法律援助制度中。这种咨询将由事务律师在其私人执业中提供。事务律师职业曾经对此表示过强烈的支持,并且拒绝了其他机构性安排,如其他群体所提倡的由法律中心提供法律咨询等(Abel-Smith 和 Stevens,1967)。可见,该职业愿意同国家扩张的某些方面保持合作,在这些扩张被置于它的控制或影响之下的时候。

但是,当国家提议在其他方面增加自己的责任的时候,该职业拒绝了这些建议,尤其是当它觉得这些建议可能会损害律师的物质利益的时候。比方说,在 20 世纪 40 年代和 50 年代,法律协会拒绝了将中产阶级也包括在法律援助计划之内的要求,因为它相信,如果将这些群体排除在法律援助之外而不得不由他们自己私人付费,该职业将会更加有利可图(见 Abel-Smith 和 Stevens,1967;Goriely,1994:547)。鉴于法律援助的实际价格比市场价格要低,这种假定因此很可能是对的。法律协会可能向医疗业学习过经验，医疗业的经验表明，国家经由提供一种统一的卫生服务而变成了一个垄断性的购买者，因而能够更好地控制医生的工资（LeGrand, 1991）。通过拒绝一种共同的法律援助服务，法律协会很有可能会因此能够给国家施压，迫使它努力去提供资金以补足私人消费者需要负担的高昂的市场价格（见 Abel-Smith 和 Stevens, 1967: 315—349）。鉴于过去的五十年左右的时间里法律援助费用的增长，这一说法很可能是对的。大法官办公厅最近要求打破市场价格和实际的法律援助价格之间的联系，似乎是以假定存在这样一个过程为基础提出的（Hansen, 1992; LCD, 1996）。

刑事工作并没有被完全包括在这一制度之中，直到 1960 年代。事务律师避免涉足这些案件，并不是很爽快地表示愿意接受刑事案件，因为他们渴望获得尊重。埃贝尔-史密斯和斯蒂芬斯（Abel-Smith 和 Stevens, 1967: 347）已经指出，刑事法律服务的缺乏是国家的耻辱。他们指出（1967: 339），"在 1963 至 1964 年，在所有因刑事罪而草率受审的人中只有 6% 的人被给予法律援助"。刑事法律帮助是应法院的吩咐提供的，而且与法律援助的其他领域不同的是，其经费预算不受法律协会的控制，一直到 1960 年代。法律协会默认了这一境况，因此不愿意与刑事法律工作有太多的关系。同样，该职业似乎也对立基于公民身份的法律援助的某些方面表示认同，只要这种法律援助让其成员受益。但仅此而已，除了这种司法活动之外，他们没有更进一步——在 1963 年，在所有的法律援助中，有 80% 是关于离婚和家庭法的，因此一般来说，律师们都避免参与刑事工作（见 Abel-Smith, 1967: 315—344）。

根据该职业，法律援助不会是一项以公民身份为基础的统一权利。它总是带着维多利亚时代的回响，带着那个时代关于值得的穷人和不值得的穷人（deserving and undeserving poor）的观念，带着与权利相对的施舍观念（Abel-Smith 和 Stevens, 1967）。这是因为律师已经差不多完全控制了该制度，并利用这种控制建立起了一种适合他们自己而不是公众的制度。这种由律师控制的制度成为战后集体法律工程的强大支柱:它使得律师能够参与到更广泛的公共资助的诉讼和咨询市场中去。它潜在地将来自于诸如中上层阶级之类的群体的丰厚额外收入置身于这种公共资助的计划之外,从而让私人市场对法律援助的公共资助保持一种上升的压力。它忽略了,如果它的确不是直截了当地避免的话,可能会降低该职业的可尊敬性的刑事工作,一直到它觉得对政策作出可能会对其有利时为止。它通过获得对这一计划的控制权和扩大自己的市场的方式削弱了诸如像公民咨询局这样的潜在的竞争者。所有这一切都是通过使用(以及策略性地不使用)国家资源实现的。

然而,尽管事务律师们不愿意承认统一的、以公民身份为基础的法律援助供给的合理性,但是他们对于法律援助的参与改变了这一职业。因此,到20世纪80年代,在这一职业内部形成了一个相当强大的法律援助事务律师利益集团。舍尔(Sherr,1994)指出,在1980年法律援助带来了大约15%到20%的服务费收入。的确,该利益集团从整个法律援助预算中获得的份额越来越大,以致格拉瑟(Glasser,1990:5)指出说,这2500个执业者大约占到了整个法律援助收入的三分之二。这一群人是法律职业中的一个重要部分,他们赞成不断地提高对于法律援助的资助。然而,尽管法律援助经费不断增加,但是事务律师们的利润收入却越来越少。因此在20世纪90年代越来越多的律师开始放弃这一领域(Abel,1989;Glasser,1990;Sommerlad,1995)。这一趋势是该职业在90年代出现两极分化的重要特征之一(见第三、四章)。

法律援助和法律援助律师在1945年到1980年这段时期的不断发展,加上该职业对国家赋予的土地转让垄断权的依赖,促进了事务律师职业内部一些传统的、以社会服务为基础的职业特征的发展——假定的公共服务,假定对金钱没多大兴趣,对客户—职业者关系的控制,等等(见第一章)。当然,法律援助不是影响这一发展的唯一因素(兴许甚至不是基本因素),但是它会促进这一发展。正是在战后的那段时期,以社会服务为基础的职业主义在一般领域和在法律领域都达到了顶峰。事实上,到20世纪60年代时,劳工律师、市民意见办和慈善庇护所联合在一起,呼吁成立由国家资助支付工资的法律咨询中心,以致法律协会担心这会是法律服务国家化的第一步(见 Goriely,1996;但亦见 Burrage,1996 和 Paterson,1996 对法律中的职业主义的社会服务属性的考察)。但是,随着20世纪80和90年代土地转让和法律援助业务的衰落,以及法律市场的日益多样化,这种形式的职业主义日渐受到威胁(见 Abel,1989;Sommerlad,1995;Burrage,1996;Paterson,1996 和 Hanlon,1997a 等,以及第三、四章)。

  干预主义国家也在其他方面为该职业带来了好处。譬如,国有化计划为律师带来了业务。在1902至1903年间,年利达律师事务所为伦敦市的供水城市化项目收费4万英镑(其中利润是2.1万英镑)——该所帮助城市供水管理委员会(the Metropolitan Water Board Establishment)完成了私营公司的市有化改造(Slinn,1987:85—86)。同样,大型律所在战后也参与到国有化的进程中(Slinn,1984,1987)。在其他一些领域,国家的扩张也为律师创造了业务。例如,税收制度的扩张性(部分是为了给福利国家提供资金)导致1945年以后税收部门的增长。年利达事务所在1945年后只开设了一个税收部(见 Slinn,1987:177—185)。而今税收是律师和会计师工作的一个重要领域(见 Slinn,1984,1987;Hanlon,1994;McBarnett,1994)。同样,地方政府的扩张也给一些事务律师带来了权力,他们扮演着地方政府文官的角色。据柯克(Kirk,1976:188—199)估计,到1956年,有80%的城镇文员是由事务律师担任的。因此,事务律师和国家之间关系复杂,其中包括事务律师们慢慢转变了自己的立场以适应环境的变化,在对一定的扩张模式表示欢迎并从中受益的同时,拒绝或力图改变其他一些扩张模式。

福特制、律师与市场——日渐增长的平等性

  同样,事务律师和市场之间也存在着一种复杂的关系。正如已经表明的那样,在19和20世纪的那段时期,事务律师在两个方面更加依赖于国家。与各种市场力量的慷慨认同形成对比的是,

第二章 自由放任主义信念的捍卫者与福特制集体主义的拥护者

事务律师和出庭律师都拥有土地转让业务的垄断权,以及随后事务律师慢慢地开始从商业活动的其他领域撤退;这两个职业也都开始日益依赖国家资助的法律援助业务。

在 1800 年,土地转让为事务律师带来了大约 20% 的服务费收入,到 19 世纪 50 年代,它已经成为该职业的重要支柱。格拉瑟(Glasser,1990:4)指出,到 20 世纪 60 年代,土地转让已经占到了该职业服务费收入的 60%,即使是伦敦精英律所的一小部分人,他们的土地转让收入也占到其总收入的 50%。由此可见,一个受到保护的市场是一个职业的主要收入来源,他们常常把自己看做是该市场的保卫者和自由资本主义的保护者。

如上所述,事务律师们在加强土地转让垄断的同时,逐渐退出了其他市场领域。这并不是说他们完全放弃了他们在这些市场中的位置,相反,他们允许其他职业群体参与竞争。其结果是,会计师开始控制了破产业务(见 Skordaki,1997),银行日渐涉足抵押市场(见 Offer,1981),会计师和银行已经开始控制了金融咨询市场的大部分领域,会计师同律师共同分享税务咨询市场(见 Hanlon,1994),等等。但是律师仍旧在这些市场中发挥作用,或者说他们只是在 20 世纪才被挤出这些市场的。确实,一如我们将在第四章所见,他们已经开始力图重建他们在其中一些市场中的位置。但是事实上仍然可以说土地转让市场是这一职业的生命之源。

从两次战争时期一直到 20 世纪 70 年代,向土地转让市场撤退促进了该职业内部平等性的增长。如果所有的事务律师都依赖于土地转让,如果土地转让或者作为一个市场不断扩大,或者与此相反,那么法律协会将逐渐通过考试和限制性措施限制该职业的发展[8],它能够让这一职业变得更加平等。因此柯克(Kirk,1976:88)指出,在 19 世纪早期,当这一职业不再那么依赖土地转让业务

---

[8] 例如,法律协会试图将妇女排除在该职业之外的理由之一是对人浮于事的担忧(Kirk,1976:111)。同样,任何时候只要出现业务量的下降,执业者就会限制新加入者的数量(见 Kirk,1976:106—124,但是亦见 Abel,1988 和 Anderson,1992)。

的时候,该职业开始出现了高度的两极分化现象,一些人赚取了高额利润,而另一些人则只能勉强度日。即使是在20世纪初,他认为,这一职业的两极分化仍然相当严重,在所有的事务律师中有四分之一的人年收入不足185英镑,而排在前面的10%的人,他们的年收入则超过了1400英镑(Kirk,1976:90—91)。

与此形成对比的是,他也有力地证明了在1910至1970年这段时期该职业内部收入的平等化趋势,虽然该职业的收入与其他群体相比有所下滑(Kirk,1976:94—97)。这和土地转让的主导地位相一致。和其他群体相比,事务律师们遭受损害,究其原因似乎是因为其他群体更好地利用了市场中的机会(见Hanlon,1994提到的一个关于会计师们是如何在这一时期得到发展的例子)。由于所有的事务律师开始在不同程度上依赖于土地转让市场,从而减少了不同个人和群体充分利用可供他们使用的优势的机会,该职业的内部收入因此也趋向平等。该职业在战后对法律援助的日渐依赖很可能进一步促进了这种收入的平等化(和相对下滑)。

因而,到20世纪70年代,事务律师日渐变得容易受到伤害,尽管在那个十年中地产业务十分繁荣。他们在公共资助的法律援助领域和在土地转让的垄断权方面深深依赖于国家。实际上,甚至在1990年格拉瑟(Glasser,1990:5)就曾指出,这两个市场资源为商业区大街上(High Street)的事务律师提供了50%的服务费收入。一如我们将要看到的,由于公众和国家试图与福特制危机和70年代的经济衰退作斗争,这样两个市场在20世纪60年代和70年代开始日渐受到攻击。有鉴于这些情况,似乎可以公正地说,在20世纪的大部分时间里,该职业在整体上只是部分地投入到了这一市场领域当中。

精英律师事务所——从自由放任资本主义到福特制

必须强调指出,虽然事务律师们沉浸于土地转让业务——他们之所以这样做,是因为这类工作简单、安全并且有利可图(见Offer,1981)——但是在这一职业内部,仍有一些重要的律所继续在本国的主要商业领域从事相关的法律服务。这些律师事务所虽然与众不同,但却十分重要,因为他们是这一职业的精英,其执业范围主要集中于伦敦市。也正是这一群体常常控制着法律协会(Kirk,1976;Anderson,1992;Sugarman,1996)。这些律所一般在一些特定的领域开展业务——在商业性土地转让领域,他们购买大块土地,然后进一步将其划分给土地开发商和铁路公司并推动所需要的法案在国会通过(Slinn,1984,1987;Sugarman,1993);他们积极投身于随之而来的诉讼和谈判之中(Slinn,1987:58—78);他们从事投资信托业务,被大的公司继续用作法律顾问(Slinn,1987:71—75);他们与银行和金融领域密切合作(Slinn,1984:29—52,1987:30—57);他们也为国外客户提供服务(Slinn,1987:52)。

就该职业的精英分子而言,他们对于这一市场的积极参与也是一件十分复杂的事情。如上所述,这些律所和法律协会的成员关系密切。我曾经在其他的地方(见 Hanlon,1997a)提到虽然这些律所的市场基础总是有些不同于省级(以及事实上一些较小的伦敦市的)律所,但是他们的职业者—客户关系在很大程度上是一样的。也即是说,在 19 世纪和 20 世纪的大部分时间里,客户们一直把精英律师事务所看做是法律咨询服务的当然提供者(虽然在价格问题上他们之间可能存在分歧,例如有些时候,建筑协会试图压低土地转让的价格。见 Anderson,1992;Offer,1994)。精英律师常常被个人而非公司所雇用,因为如汉纳(Hannah,1976)曾经描述的,直到 20 世纪 60 年代,英国的公司在很大程度上就一直是作为个人帝国来经营的。因此,客户—职业者之间的关系仍旧是以个人关系为基础的。在这种环境下,律师受到雇用,因为他们被看做是这个精英层的一部分,或者接近于精英层。

斯林(Slinn,1984:29—52)指出,客户和律师常常组成相互交叉的群体。因此,例如,富尔德律师事务所(Freshfields)常常为一些作为私人个人的客户公司董事提供服务,其合伙人常常作为个别公司的指导者和/或顾问发挥着重要的作用。不同的客户公司常常在整个相互关联的管理事务中雇用同一个顾问,如此等等。这样说似乎也是公平的,即虽然法律专家可能重要,但是社会网络同样必不可少。例如,英国央行(the Bank of England)在19世纪早期是为数不多的几个请求通过法案拆解成不同部分的机构之一(Slinn,1984:36)。然而,尽管存在这种严谨性,英国央行依旧对富尔德保持忠诚,即使是在富尔德的一名初级合伙人对一位私人客户的资金处理不实,并且有迹象表明他对英国央行的资金也不诚实的时候(Slinn,1984:71—78)。

相互联系和相互熟悉的重要性在19世纪早期并没有结束。在19世纪80年代和90年代的美国,凯威律师事务所(Cravath)的主要合伙人通常都非常重视与威廉·富尔德(William Freshfield)保持联系,他们与他有密切的工作关系(见Swaine,1946:445—454在这方面的一个例证,但是它贯穿于本书的许多内容)。同样,在19世纪末,客户需要从英国央行获得一份介绍信,富尔德才会接受他们(Slinn,1984:115—119)。因此,相互联系对开拓业务而言十分重要。

精英律师们深深地知道相互联系和关系网络的重要性,因此他们常常把自己的儿子送往最著名的学校就读。故而在1850至1900年这段时期,年利达律师事务所和潘恩(Paine)律师事务所的高级合伙人都将他们的儿子送往拉格比(Rugby)或牛津,富尔德的合伙人将他们的儿子送往剑桥的三一学院(Trinity College, Cambridge)(见Slinn,1984,1987)。其中的原因之一似乎是,在这些学校中,他们会和那些有钱有势的潜在客户的后代结交。例如,斯林(Slinn,1984:111—138)指出,在剑桥读书期间,詹姆斯·威廉·富尔德二世与一些银行家的儿子们在一起厮混,这些银行家拥有或掌管着汉姆布鲁司银行(Hambros)、罗斯柴尔德银行(Rothschilds)、巴克莱银行(Barclays)银行和劳埃德银行(Lloyds),等等。鉴于英国央行是富尔德最有声望的客户,银行家庭之间的关系网络对一名潜在的合伙人而言是一份重要的业务资源。

这些律所的合伙人也经常把一个儿子送进律师业(Bar),一个儿子送到公司(firm),并且/或者他们给那些富人的后代提供工作和关系,他们相信这样做终会带来收入(Slinn,1987:36)。精英律所之间的这些关系比血缘关系更进了一步。当赛尔本勋爵(成了一名上议院大法官)还是一名初级出庭律师的时候,富尔德给他提供了许多业务,因为他是他们的最重要客户——英国央行的一位董事的侄子。斯林(Slinn,1984:100—104)接着指出,当赛尔本勋爵成了一名成功的出庭律师,进入公共生活之后,他报答了这一恩惠。这些精英律师与出庭律师之间的关系也涉及婚姻方面。比如,富尔德的执行合伙人的一个女儿嫁给了与他们有业务往来的一名出庭律师做妻子(Slinn,1984:100—104)。

这些律师事务所的地位是如此之高,以致它们吸引了职业社会的精英分子,并因此被看做是进入英国法律生活上层的恰当工具。例如,年利达律师事务所在19世纪60年代的威望高到足以招募哈罗德·布朗,一个杰出的丝绸商的儿子以及詹姆斯·埃迪森,一个零售商的儿子加入其麾下的程度(Slinn,1987:33—36)。鉴于出庭律师那时认为自己高出事务律师一筹,以及事务律师事实上才刚刚开始摆脱名声不好的标签,这些联系的建立是一项相当了不起的成就,表明了一小部分律师事务所正在开始成为法律协会的一部分。

除了这些关系网络之外,还有这样一个过程,即退休后的合伙人常常在加强关系的努力中作为顾问加入到客户的公司中去。例如,在1840年,一位富尔德的合伙人作为一名顾问加入到"全球公司"(the Globe company),在1899年,另一位合伙人作为顾问加入"半岛及东方公司"(P&O)。托马斯·潘恩爵士成为"伦敦和兰开夏人寿保险公司"的顾问,同时也是"年利达事务所"(Linklaters & Paine)的先驱合伙人之一(见Slinn,1984,1987关于关系和网络建设的论述)。这些律所中的高级合伙人常常给国会委员会和皇家委员会提供证据,因此有助于法律结构的形成。同时,他们也代表客户进行游说,在法庭中检验法律,等等(见Slinn,1984)。除此之外,这些律所的创始人还和管理者与那个时代的地产、商业和工业精英私交甚笃。

上述内容表明,在事务律师职业的精英层和这一职业的其他人之间存在着巨大的鸿沟。在出庭律师、政治精英、商业精英以及杰出的事务律师之间存在着社会平等性(亦见 Sugarman,1993,1996)。简而言之,有些事务律师是那个时代的法律世界、管理世界和商业世界的关键人物——他们正在成为政治的或社会的集团或等级(Establishment figures)。正如我们所见,这一过程意味着该职业的精英层、该职业的其他人和国家之间的关系极其复杂。

这些关系似乎被小心翼翼地保护了起来,正是那种能够带来此类关系(并由此带来收入)的个人能力似乎是合伙人地位的有力保证。在这种情况下,作为一名合伙人的儿子,由于其出身和家庭背景、学校教育以及其他一些随之而来的社会关系等原因,显然具有各种优势。一个人不能生产收入,就意味着他不可能成为合伙人。斯林(Slinn,1987:54)揭示了年利达律师事务所在其早期发展阶段是如何拒绝一名员工成为专职合伙人的,因为有两个主要合伙人的儿子年龄和他相仿,将要在律所中执业。被他们拒绝的那个人一直都没有成为全职合伙人,因此最终离开了该所。这样说也许是公平的,即他可能没有多少有影响的关系,因为当他离开的时候,没有一个客户随他而去。同样,在 19 世纪后期,合伙人的收入是建立在"自食其力"(eat what you kill)的政策基础上的——即是说,合伙人最后分享的利润是建立在他(总是一个男性的"他")所产生的收入的基础上的。1854 年,年利达合伙人协议被重新签订,以反映某些合伙人日益增长的收入生产能力。在 1863、1870 和 1881 年,该协议随后被再次予以调整,以进一步在收入生产方面作出变动(Slinn,1987:30—57)。美国的富尔德律师事务所(Slinn,1984)和凯威律师事务所(Swaine,1946)也都有同样的经历。只是在 20 世纪 60 年代,各律师事务所才开始在体制上变得因循守旧,在这些体制之下,合伙人相互之间更加平等,根据一个人的资历而非收入的生产能力分配利润(Chambers 和 Baring,1995)。

第二章 自由放任主义信念的捍卫者与福特制集体主义的拥护者

因此,拥有合伙人身份在19世纪是一件竞争激烈而又人人向往的事情,只有当一个人能够创造足够的收入并且/或者是家族成员之一,才能够获得这一身份。例如,在1800到1927年间,富尔德家族的8名家族成员被任命为该律师事务所的合伙人(Slinn,1984:55)。因此,在自由资本主义时期,一些叫得最响亮的自由放任政策的捍卫者(例如,见Slinn,1987:37—40)在高度受保护且/或高度依赖于家庭以及其他关系的市场中存活了下来。这些律师并不是在一种纯粹自由的市场中开展业务的,尽管他们反对"官僚作风"及其对市场的干预。

在20世纪大部分时间里,这一状况并未改变。例如,年利达律师事务所继续以收入生产能力为基础分配利润。在1918和1919年,有两名合伙人离开了该律师事务所,分别加入了劳埃德银行(Lloyds Bank)和拉扎德兄弟银行(Lazard Bros)(Slinn,1987:113—116)。这些律师事务所继续在许多领域形成关系网络。年利达的一名合伙人曾经和汤姆森·麦克林托克(Thomson McLintock)会计师事务所的主任一起在公司法修订委员会(Company Law Amendment Committee)密切合作过,这两个事务所也开始在业务上相互照应(见Slinn,1987:130—131)。事实上,干预型国家的发展有利于这些律师提高他们建立各种关系的能力。1921年,政府希望给工业提供贷款,并建立起了一个委员会以保证这件事情能够顺利地完成。年利达提供了两名合伙人作为这一委员会的成员(见Slinn,1987:131—132)。

这些律师事务所所服务的客户也继续以他们所熟悉的方式行事。因此,关系依然十分重要,正如服务的连续性依然十分重要一样。因此,客户们很少更换律所。比如,在20世纪30年代,英国央行一直雇用富尔德律师事务所以保证从他们那里获得专业服务。富尔德则带着所有新合伙人面见该银行的行长以寻求加强这一关系(见Slinn,1984:159—167)。正如已经表明的那样,精英律所通过鼓励合伙人和前合伙人担任客户顾问一职而巩固相互之间的关系。因此,这种职业—客户之间的关系似乎是一种长期的相互了解和亲密交往的关系。这些相当亲密的关系只是在20世纪70年代和80年代才开始受到人们的攻击(见第三章)。

由此可见,精英律所似乎随着他们大客户的命运而升降起伏。所以在20世纪20年代和30年代,当这一职业的其余部分正在经历一段相对繁荣的时期的时候(见Offer,1981:68—87),精英律所的收入却因为大萧条中工商业的受挫而停滞不前(Slinn,1984,1987)。该职业整体上向土地转让市场的退守似乎至少部分地成了精英律所的追求。如前所述,到20世纪60年代,该职业有60%的收入源自土地转让业务,即使是那些精英律所,土地转让市场的收入也占到了50%。这反映了这样一个事实,即这些精英律所仍旧从事着大量的土地转让业务,以及事实上还包括一些个人的客户服务(见Slinn,1984:167—173)。这一事实意味着虽然这些精英律所比其他一些律所更加繁荣昌盛,但是他们所从事的业务市场在很大程度上是一样的(虽然,如早些时候所述及的,他们之间存在一定的差异,尤其是精英律所更多地从事与金融资本、合并和收购有关的工作,亦见Slinn,1984,1987)。事实上,在战争一结束的战后时代,这些不同的法律市场可能正在变得更加相似、更加没有差别,这有助于律师收入的平等化。

如上所述,干涉型国家通过国有化(Slinn,1987:171;Slinn,1984:159—167)、增加税收(Slinn,1987:179—183;Slinn,1984:167—173)以及通过鼓励收购和合并以创建大型的商业实体的方式为精英律所带来了业务。事实上,商务公司不断增长的掠夺性也给精英律师们带来了诸多业务(Slinn,1987:184—185;Slinn,1984:167—173)(这一过程同样给会计师们创造了业务。见Hanlon,1994:35—76)。然而,这些律所对于干预型国家的某些方面仍心存敌意。因此,在1943至1945年间,一位年利达的重要合伙人出现在科恩委员会(Cohen Committee)上,公开反对修改公司法,反对强迫公司经由统一的账簿披露更多的金融信息。年利达在1957年也为"捍卫伦敦"而行动起来,当时他们成立了一个审判委员会以调查英国央行的主任们是否将政府正在试图提高银行利率这一事实透露给了某些客户。年利达认为,捍卫伦敦市的名誉(这一城市可以提供大量的商业)和自我规制政策十分重要,他们因此免费展开行动(Slinn,1987:190—191)。

因此似乎可以这样公平地说,和这一职业的其他人一样,精英律师们与干预型国家之间也存在一种复杂的关系。当国家政策带来业务的时候,他们支持国家的政策。但是当这些政策对他们的利益和/或者他们的客户的利益产生负面影响的时候,他们可能并且会去反对这些政策。然而,随着福特制在20世纪60年代忍受着越来越大的压力,该职业与国家之间的关系,该职业与其客户基础之间的关系也开始处于压力之下。正如我们将会看到的,这些压力已经大大改变了这一职业的各个组成部分,使其变得面目全非。

结论——律师与社会民主危机

在20世纪70年代,所有这一切都注定要发生改变。正如第一章所示,20世纪70年代的英国经历了经济和政治危机,这一危机在60年代即已显现。对国家和资本来说是这样,对律师们来说也是这样。20世纪60年代见证了五十多年来对土地转让市场的第一次实质性的威胁。柯克(Kirk,1976:146—154)揭示了土地转让垄断在60年代和70年代是如何受到媒体、国会和市场的攻击的。在1960年,全国屋主协会(the National House Owner Society)成立,以绕过事务律师和鼓励非专业人士完成土地转让业务。尽管曾经被起诉至法庭并遭受罚金,但是该组织以及这一组织的幕后人在这二十年的余下时间里一直对该职业进行跟踪调查。有鉴于此以及其他一些压力,国会开始对土地转让垄断提出质疑。

像上个世纪的情况一样,法律协会不断受到自己成员的攻击,因为它没有有力地保护好他们的利益。1964年,这一职业出现分裂,英国法律协会(British Legal Association)成立。该协会虽然存在的时间不长,但是仍然受到了各省事务律师的大力支持,因为他们再次觉得法律协会(the Law Society)和伦敦事务律师并未认真对待土地转让市场的威胁。1966年,英国政府成立了价格和收入委员会(the Prices and Incomes Board),该委员会在其最后的报告中对土地转让的价格大肆鞭挞。到1972年,希尔斯政府(the Health government)——正如我们所见当时正在转向右翼——免除了自1883年以来一直执行的按比例收取土地转让费的政策。尽管出现了上述所有这些情况,20世纪70年代出现的土地转让高潮依旧让事务律师们能够应对变化,并重新让他们相信,这种变化和高潮将为他们可预见的未来提供收入上的保障。正如我们将要看到的,这种乐观的态度缺乏合理基础。

就公司方面而言,形势也在发生变化。在20世纪60年代,英国的各个公司都转变了他们的组织结构,以致他们日益由一些外来的职业人士管理,并按照大型的、多部门系统组织在一起(见Hannah,1976)。这部分上是由这样一个事实造成的,即这些公司现在要比过去大得多。比方说,在1957至1967年间,在英国所有的公共报价公司中,有30%被其他报价公司所收购(见Slinn,1987:193)。但是这种变化也是由于英国经济日趋激烈的竞争性和全球性造成的,它使得这些公司企业不得不用新颖的、革新性的方式进行管理(见Hannah,1976)。随着这些客户公司慢慢变得更加苛刻、更具侵略性,这一转变对职业服务的供给产生了影响。简而言之,经理们开始将职业服务与任何其他商品等同视之(见Spangler,1986以及Rosen,1989对美国的这些管理特征所做的例证)。这导致了两种结果:一是,公司增加了他们的内部专家服务;二是,他们要求其职业服务提供者改变他们提供服务的方式。这些变化虽然缓慢,但是到20世纪80年代,它们已经开始发生效用(见第三、四章)。

最后,在20世纪70年代末期英国政府向右翼的转向意味着法律援助预算遇到压力只是一个时间问题。80年代和90年代法律援助在某些方面已经陷入困境之中。譬如,在1979到1990年间,据估计,大约有1100万成年人丧失了获得民事上的法律援助资格(Hansen,1992:88;亦见Goriely,1994和第三章)。最近所提出的改

第二章 自由放任主义信念的捍卫者与福特制集体主义的拥护者

革方案将取消对一些主要的业务范畴如主张债权等提供民事法律援助。

因此,在20世纪70年代和80年代这段时期,该职业开始在三个阵线上遭到攻击:其一,对土地转让市场的垄断,它在1980年仍然占到其总收入的60%(Sherr,1994:6),从1960年代以来时不时地受到攻击,并最终于1983年被撒切尔政府所取缔。其二,法律援助,它在1980年占到该职业服务费总收入的15%至20%。随着国家力图限制开支、鼓励法律援助的私人供给,它开始日益遭受到财政上的压力。其三,大规模的资本开始改变职业与客户之间的关系,这一关系在过去的一个世纪中或多或少地保持着原状。

为了对所有这些压力作出回应,该职业开始改变。这包括精英律所开始变得更加商业化,放弃了住宅转让和法律援助市场(虽然他们并未真正成为法律援助市场的一部分)。为了促成这一转型,这些律所改变了他们的组织结构和职业意识形态,以满足来自于客户的日渐苛刻的要求(见第三、四章)。同样,国家,作为法律援助提供者以及作为变化的工具(见第一、三章),也开始要求律师的行为(以及其他方面)作出改变。事实上,随着对该职业日渐依赖于法律援助的担忧的出现,有些律师在20世纪70年代可能已经预见到了国家提出的这些要求(Goriely,1996)。但是如果说国家和资本的要求越来越多,那么他们真正想要的是什么?这正是我们下面将要转而论述的问题。

第三章　律师、国家与市场：
进退两难之境

　　第二章的内容表明，20世纪70年代和80年代是律师职业的变化时代，认为国家和资本都要求该职业改变其提供服务的方式。本章将给那些建议性框架添加一些血肉。本章的一个基本观点是，国家和资本都在该职业的意识形态和实践方面寻求变化。因此，他们开始着手改变对所提供的服务作出评价的方式，他们对这些职业人士的服务方法提出质疑，他们偏爱在他们看来能够对客户的需要作出积极回应的律所，等等。总之，他们要求职业事务所内部以及整个职业在更一般意义上作出改变，从而导致出现围绕职业主义的定义而展开的争论。然而，出现这种争论并不意味着这一职业反对这些进步改革。该职业中有些人反对它们，而另外一些人则从中发现机会，并急切地伸手抓住这些机会。该职业的反应并非是同质性的，应该说，这也并不是说国家或者资本在这些变化之后是完全团结在一起的。一个合理的假定似乎是，在所有这三个群体中都有一些人提出了变化的要求，而其他人则对此表示反对。鉴于国家和这一职业之间的关系在过去的二十年中是如此强大有力，因此从20世纪80年代的国家—职业关系问题着手兴许有所帮助。

强大国家与律师职业

　　如第一章所示，在过去二十年左右的时间里，国家的意识形态特征发生了变化。简而言之，对大多数战后出生的人而言，这个国家是一个福利国家,以满足完全就业和统一市民身份的需要作为自己的立国基础。然而,随着全球经济走向低迷,国家也陷入危机之中,危机时刻导致了新右翼的崛起。新右翼国家观的根本内容是,追求国际竞争力,追求通过市场的规制,追求小国家。在这种国家氛围之内,公共财政必须消减。这意味着公共领域的职业以及那些依赖于公共资助的私人领域的职业进入了一个困难的时期。律师便属于其中的这样一个群体。

对律师职业的进攻

正如第一章所示,社会民主导致了一种受立基于社会服务的意识形态驱动的职业主义的产生。这种形式的职业主义当然是自我服务性的,但是它经过了很长一段时间的演化发展,并导致了大量职业群体的产生,它们对于任何试图改变这种职业主义的企图都保持警惕。这种意识形态强调公民因公民身份而有权享受各种服务,以及在个人不能或者不愿为这些服务支付报酬的时候,呼吁一些外面的机构对这些个人提供资助。这种观点在公共领域尤为突出,但是,正如在第一、二章所揭示的,它并不限于这一领域。职业人士极力认为,他们应该是许多这些服务的提供者,也应该有权通过自我规制管理自己(见第一、二章)。他们这样做,实际上是在和国家讨价还价。说得简单点,这种讨价还价从根本上看是对国家资源的一种呼唤。而作为回报,他们将保证服务的质量,保证不滥用国家的信任而毫无必要地去把钱花光(见 Brazier 等人,1993;Paterson,1996)。

到 20 世纪 80 年代,这种讨价还价的交易陷入了困境。在各个不同的领域——医疗、法律援助、教育等——各项开支大量增加,国家也因此处于财政压力之下,事实上也处于意识形态的紧张之下,于是要求作出改变。因此,卫生、教育、法律援助、地方政府、民政服务以及其他各个不同领域都被认为需要作出急剧的变革。鉴于它们对上述各个职业所造成的影响,这些改革从根本上看是要试图改变社会化进程以及各种相关群体的意识形态观。在一篇富有启发性的论文中,布尔雷奇(Burrage,1992)认为撒切尔政府发动职业改革的初衷是把它当作是破坏职业自我规制的一种手段,因为它导致了一种新右翼既不能理解也不能忍受的意识形态的出现。虽然本书作者并不同意布尔雷奇的论题或争论的某些方面——例如,布尔雷奇声称不同职业在根本上是利他性的——但是他的文章在分析撒切尔夫人对各职业的进攻方面作出了真正的贡献。新右翼的目标在于打破这些职业对于社会民主和统一市民身份的忠诚,为了实现这一目标,他们需要改变这些群体的工作实践、社会化进程及其意识形态信仰。这些反过来又要求对控制和评价这些群体的方式作出彻底的改变。

这一点必然要求将市场和国家用作控制机制。反过来,这又意味着去为那些对新政权心怀同情之心的群体提供便利(Burrage,1992;Brazier 等人,1993),去削弱那些继续坚持社会服务型职业主义的群体(Burrage,1992),一有机会便对那些脆弱的社会服务型职业群体实行非职业化改造。如果这些都是目标所在,那么国家又是怎样着手其破坏性任务的?回答这一问题的最适当的方式是去快速地浏览一下一两个例子,然后再接着对事务律师这一职业进行一番深度的(虽然依旧是不完整的)考察。

医疗业——试图改变医疗职业者[1]

国家为试图改变卫生服务,提高对医生的控制而努力的核心是创建准市场。第一次出现这种转变的信号是在 1983 年,当时政府指定具有零售业背景的罗伊·格里菲思(Roy Griffiths)去对现存的管理结构作出评价,他认为英国国民保健服务中心(NHS)并未明确区分管理性控制与责任之间的界限。考虑到格里菲思习惯于线性管理组织以及英国国民保健服务中心是以学院为基础进行管

---

[1] 最近的政府健康文件——《新国民保健服务》(*The New NHS*)——的目标是进一步改革英国的国民保健服务制度,并似乎正在将权力归还给一些已经成熟起来的职业者,并赋予其他还不太成熟的职业者以一定的权力。

理的,其中所有重要的职业性群体都是经由选举代表组成管理委员会,这些管理委员会试图就一些重大的政策性问题达成共识,因此这种观点的提出也许并不让人感到奇怪。在最后的报告中,调查小组的建议是,恰当地组织好线性管理结构,其成员由一名主管经理以及地区经理和单位经理组成。布尔雷奇(Burrage,1992:7)指出,这份立即得到执行的报告利用一切机会赋予经理以权力,同时也削弱了在这一服务领域工作的职业群体(虽然 Fitzgerald 等人认为该过程并不是如此这般直线前进的,见 Fitzgerald 等人,1995)。这种结构性转变也意味着,为了制定出适用于他们的评价措施,不得不对一般执业者(general practitioners,GPs)和门诊医师的就业条件、责任作出重新协商。

对一般职业者而言,这种重新协商意味着让病人对他们所需求的一般职业者有更大的选择权,要求给病人提供更多的信息,将一般执业者的报酬更多地和他们的工作表现联系在一起,提高一般执业者之间的竞争,减轻对广告业的一些限制,对咨询时间的长短作出强制性的规定等(Burrage,1992)。同样,在 1990 年,门诊医师被迫同他们的总经理们就"工作计划"问题展开协商。协商后的工作计划规定了他们的义务和责任,以及典型一周的工作安排等。这些新的合同由门诊医师的管理监督人接管,而不是由区卫生局(the district health authority,DHA)接管。由此可见,在此之前人们一直要求卫生局停止干涉门诊医师的医疗自主权。总之,这些职业者开始更多地受管理当局的控制而日益不能实现自我规制(Burrage,1992)。

1989 年,卫生部(the Department of Health)开始朝着一般执业者的公债持有人的方向发展。这意味着一般执业者们拥有自己的预算,然后他们可以自己决定怎样最好地将钱花在他们的病人身上。这一点有别于过去,过去是由区卫生局为包括一般执业者在内的本地人制定医疗服务供给计划。这种改革意味着一般执业者在新近成立的卫生服务准市场中是买家(LeGrand,1991;Bartlett 和 Harrison,1993)。布尔雷奇(Burrage,1992)认为,管理预算和购买服务的需要把他们变成了小型的商业企业。并不是所有的一般执业者都变成了公债持有人。这让人们难免担心会出现卫生服务的两极分化，其中有些病人比那些依赖于他们的一般执业者的共有债权人地位的病人能够获得更好的治疗。

这种准市场的另一方面是，医院托拉斯的成立。医院可能会选择脱离当地的区卫生局的控制而自己成立托拉斯。这些托拉斯拥有自己的财政预算，他们对提供服务、就业条件和环境以及该如何使用资金等拥有更多的自由裁量权（见 Maynard，1991）。这两种转变都削弱了地方当局的结构，同时也赋权给一般执业者和托拉斯，使得他们能够直接向中央政府负责。这两种转变同样使得参与者更加注意开支问题，更加注重预算导向，同时也对统一公民身份的观念进行了攻击。从今以后，专业服务只有在资金预算充足的情况下才能被提供。专业人士和管理方不得不对顾客的不同要求作出衡量，决定用何种方式提供服务才是对其预算资金的一种最明智的花费。

这些准市场的引入似乎正在影响着医院及其职业人士执行任务的方式。惠廷顿等人（Whittington 等，1994）曾经集中论述过这些医院托拉斯是如何将其服务总量从他们认为当地居民所需要的东西上移开，而转向卫生服务购买者通过卫生保健想向当地居民提供的东西上。同样，随着出售服务变得日益重要，英国国民保健服务中心的门诊医师们也开始改变他们的行为（Whittington 等人，1994）。让日渐强大的一般执业者中的一些公债持有人满意的需要正在给一般执业者—门诊医师关系制造紧张，这些公债持有人希望确保他们的病人优先于其他的病人。菲茨杰拉德等人（Fitzgerald 等，1994）也具体论述过这些问题中的一些问题。他们详细阐述了一般执业者中的公债持有人是如何因为改革而变得更加强大的。譬如，门诊医师和咨询师现在向一般执业者问的问题是，他们想给他们的病人提供什么样的二级服务。这一工作是作为提供一种更好的服务的手段完成的，其目的是为了让客户（一般执业者）保持忠诚。而据推测，随着预算与产生业务之间的关系日益紧密，这可能会改善预算（虽然劳埃德和塞弗特对此稍稍作出限制，认为预算是由历史发展和所提供的服务水平决定的。见 Lloyd 和 Seifert,1995)。这种买方—卖方的分离因而迫使医生作出一些改变。这似乎给一般执业者带来了好处,同时也在一般意义上让医生们对这一市场更加敏感、保持更加清醒的认识。

这并非是一种不受限制的好处。菲茨杰拉德等人(Fitzgerald 等,1995)论证了一群来自不同急救医院的、已经形成了一个固定的圈子从而能够经常聚集在一起就相互关心的问题展开讨论的医疗专家,一旦医院获得了托拉斯的地位并被视为相互竞争,他们将不得不痛苦地将这个圈子解散。菲茨杰拉德等人(Fitzgerald 等,1995)和惠廷顿等人(Whittington 等,1994)也都描述过职业人士是如何慢慢开始担任新角色的,诸如从事市场销售、日渐增多的管理性任务、标准的界定以及管理同事和对同事的工作作出评价等,因为这些角色日渐成为评价他们的标准的一部分。因此,更像一个商家一样行动的需要正在改变着一般执业者中的公债持有人,也同样在改变着托拉斯医院以及在其中工作的那些职业者们。

劳埃德和塞弗特(Lloyd 和 Seifert,1995)曾经认为,国民保健服务中心(NHS)的改革由两个不同但却紧密相关的部分组成。第一个部分是削减成本,第二个部分是服务供应的重组。两个部分合在一处又是一种让服务变得更加有效率、更加受市场引导的策略的一部分。然而,由于国民医疗服务(NHS)领域的劳动力在其整个成本结构占有如此大的比重,以致任何试图使这一服务变得更富效率的努力必然意味着对其员工要求更多——要么提高生产力,要么降低工资。过去的十五年主要是这样做的。因此,一些独立的托拉斯医院已经为从国家工资协议中脱离作出了努力,他们力图通过降低特别是护理人员的资格、使用冗余人员以减少职工数量等方式改变职工队伍混杂的状况。

这些策略和之前所述及的那些策略结合在一起使用,目的是为了让国民医疗服务领域的职业和非职业人士能够更加"有效地"提供服务。我认为其影响表现在如下五个方面。第一,它攻击了国民医疗服务领域内部那些最脆弱的群体,要求降低他们的工资和工作条件。第二，随着托拉斯和一般执业者公债持有人开始对卫生部负责而不是对区卫生局负责，它因此削弱了国民医疗服务领域之内的地方管理结构。这一点是和新右翼想要创建一个强大的中央政府的渴望是一致的。第三，它因此使得职业人士更多地向经理人负责，减少了他们的自主权。第四，它力图让职业者们更多地由市场导向，更多地响应付费客户的需要。有证据证明，随着医院转变了他们的服务理念，以满足一般执业者中的公债持有人的需要以及他们所认为的服务需求，这一点已经取得了成功。第五，略微简单点说就是，这些改革已经赋权给一般执业者，同时也削弱了以医院为基础的职业者，因此可能会加剧医生职业内部的分裂，因为一般执业者可能会认为这些改革是好的，而以医院为基础的医生们则可能认为这些改革是坏的。这些改革也让诸如地区护士和卫生访视员之类的群体进一步处于从属于一般执业者的地位。这种分裂如果继续，将会使英国医学协会以及其他人对这些改革所做的任何反抗变得相当有问题。

因此，对医生来说，这些改革似乎凸显了新右翼所持有的一些主要意识形态原则。也即是说，它们是对社会服务型职业主义的一种攻击，是为强迫医生变成更加由市场导向、更加具有资源意识所作出的一种努力。随之而来的，是卫生保健方方面面的逐渐私有化。例如，私人卫生保健迅速增长，诸如老年人疗养院之类的卫生保健机构日渐推向私营市场，等等（见 Mohan,1991）。这些改革的目的是试图控制医生及其他职业者，让他们更多地向上级管理者负责。在（以一种哈耶克（Hayek,1944）很可能会反对的方式）削弱地方当局的同时，它们往往也授权给中央政府，提高中央政府对该系统的控制。

教育业——力图改变职业者

和医疗业一样，在过去的二十年中，教育系统也是改革的对象。这些改革指向的是教育的结构性供给，以及所供给的教育类型或性质。也正因为如此，他们一直是对教育职业的自治性的一种攻击（Burrage,1992;Sinclair 等,1996）。

这些变革已经成为新右翼的一项长期运动的一部分。1980年的教育法为增加家长选择权作出了适度的规定。1983年,政府决定出版学校教育视察报告以将这些学校向外界曝光,接受外界的某种形式的详细审查。1986年的教育法允许家长将他们的孩子从一些科目中退出,例如性教育课程,同时它也允许他们参与到学校的课程设置中来,以便削弱那些被视为危险的"渐进性教育"的教学方法(Burrage,1992)。1986年,政府取消了国家协商机构(伯纳姆委员会,the Burnham Committee)并将更加详细地规定了教师义务和责任的新合约强加给教师,新合约规定:他们必须遵照校长所要求的小时和天数工作;他们应该参加进一步的训练,接受评估等。这些改革在1988年的教育改革法中达到极致,格伦内斯特(Glennerster,1991)称该教育改革法是"对英国传统的教育管理政策的一次决定性的突破"。

1988年的教育改革法必然要求努力在教育领域创建起一个准市场。该法也削弱了地方当局对于教育的控制权。这一新型体制背后的基本原则是,当一名学生选择某一学校就读的时候,这就自然意味着地方教育局(the Local Education Authority, LEA)必须向该校支付费用。其中的一部分(最高占该费用总额的15%)可由地方当局保留,以便给当地教育系统提供共同所需的服务,例如,提供教育心理师等。但是,余下的部分将由学校掌握,用在他们认为合适的方面。另一方面,学校也可以选择完全脱离地方教育局的控制。这也就是说,每一名学生入学都将直接给学校支付费用,加上专续本课程的学费(a top-up fee),以弥补由于没有地方教育局给学校提供的重要资助而造成的损失。格伦内斯特(Glennerster,1991)正确地指出,这不是一个完全市场化的体制。譬如说,所有的资金仍然由公共系统所掌握,新的资助者不可能很轻易地进入到这一系统中来。作为这一预算的最大一部分的教师工资仍旧由国家规定,等等。然而,有趣的是,格伦内斯特(Glennerster,1991)同样指出,如果这些改革纯粹是由市场推动的,那么家长就会在课程方面有更大的选择权。尽管事实上对于什么是良好的教育这一问题,不同家长(或者学生)之间可能根本就不存在任何共识,但是政府仍然设置一套全国统一的课程,在所有的学校讲授。总之,从全国统一的课程设置来看,父母的选择是有限的,因为政府虽然自我宣称是自由选择的拥护者,却认为只有它才知道学校的课程应该是怎样的。

然而,存在市场驱动的方面,以及事实上也包括转变中的强大国家的一些方面在内。首先,父母现在被假定在他们的孩子应该上什么样的学校问题上拥有更大的控制权(不过,这里存在反向选择的问题,即"好的"学校只接受"好的"学生。见 Glennerster, 1991)。这一点按照推测能够让父母为他们的孩子选择更好的学校。这样一个过程意在提高学校的教育水准,因为各个学校会为招揽学生而相互竞争,以努力维持他们的收入生产能力。国家认为,这种竞争将通过提高教育水平而为公众带来好处。其次,父母可以迫使学校脱离地方当局的控制而日渐获得对学校的控制权。因此它也将提高国家的控制,因为那些选择脱离地方当局的学校将直接和中央政府打交道。再次,中央政府被赋予权力,因为它决定着全国统一的课程设置应该是什么样的,且削弱了地方当局和在过去作为地方当局中的一方当事人的教师的作用(Burrage, 1992:10—11)。不用说,这里和前面论述到的卫生领域的改革有着相似之处。

然而,作为另一改革的一部分,政府在 1991 年引进了国家认证教师制度。经国家认证的这些教师都是一些没有受过大学教育学院的专业培养,只是接受过一些在职训练和在业余参加过两周一天次的大学教育专业课程学习的个人而已。这一制度使得那些受过大学教育或拥有专业资格的人加入到这一职业中来,而无需通过大学教育学院的专业训练。它被看做是国家所希望避免的"渐进教育"的发源地(Burrage, 1992)。正因为如此,随着该职业中传统培养体制被超越,它进一步打击了这一职业。

专科学校不是教育系统需要改革的唯一方面。综合性大学也成为攻击的对象。政府的信念是,综合性大学效率低下,浪费公共资源,因此该是节约公共开支,为提高公共领域的效率作贡献的时候了。公共领域效率的提高在国家努力提升英国的国际竞争力的过程中必不可少。在1981至1984年间,综合性大学经历了一次资金上的削减,平均削减了13%(Burrage,1992:13)。作为这种效率推进运动的一部分,校长、副校长委员会(the Committee of Vice-Chancellors and Principals)又指定一个由一名纸业实业家带领的调查队负责检查综合性大学的管理结构。布尔雷奇(Burrage,1992)认为,检查结果报告对大学的管理提出了批评,建议加强线性管理,要求提高各部门、各个更小的单位以及各院系的责任感。它要求制定出一系列的共同计划,以对各综合性大学在当前学术市场中的位置何在,五年之后他们希望处于什么样的位置等作出评价。布尔雷奇(Burrage,1992)指出,该委员会在最后的报告中所提出的建议很像英国国民保健服务中心管理改革委员会所提出的那些建议。

作为对这一报告的回应,校长、副校长委员会(the Committee of Vice-Chancellors and Principals)开始就如何对个人的学术表现作出评价制订计划。1986年,大学基金委员会(the University Grants Committee)开始出版各个大学科研成绩排行榜。这些排行榜现在已经为人们所熟知,各个院校在私下里根据他们的单项成绩被排定座次,然后将这些单项成绩综合在一起作为一个院系的总体成绩,与其他综合性大学的类似院系进行比较之后得出排名。出版社是在将各个大学的院系成绩集中在一起并将各个大学相互比较排定名次的基础上出版排行榜的。相似的作业也曾针对综合性大学的教学工作开展过。

除了这些变化之外,政府还试图拉近综合性大学与商业世界之间的距离,使他们的教学和研究更加关注私营企业的需要。1988年,大学开始更多地对政府负责。大学基金委员会被取消而由大学基金理事会(the University Funding Council)代替。理事会由大学教师和非职业人士组成(所有人都由国务大臣挑选。那些非职业人士如果被认为具有"工业、商业或金融事务或者任何职业实践方面的经验并表现出这些方面的能力,也被挑选进来")(Burrage,1992:15)。这一新成立的机构没有向国会提供报告。在此之前,(本应通过使开除教师变得极为困难,如果不是不可能的话,而保证大学教师的独立性的)大学教师的任期制度于1987年被取消。[2]

对学校和大学体制所做的这些快速且不完整的考察表明国家试图在教育领域内部提高市场和准市场的力量,以及提高其自身对这一领域的控制力量。这些变化干净利索地概括了新右翼创建一种"自由"经济和强大国家的企图。这一过程的核心是削弱职业群体的力量。同医疗群体一样,国家改革似乎至少部分地获得了成功。辛克莱等人(Sinclair等,1996)认为,在过去的二十年左右的时间里,教师们已经亲眼目睹了自治性的下降、技术要求的降低、劳动灵活性提高以及工作强度的增加。

综合性大学也发生了变化。随着那些拥有永久教职和数量日渐增多的临时雇用教工之间的差距的拉大,大学教师可能会逐渐分成"富人"和"穷人"两类。这种不平等因为这样一个事实而日渐加剧,即随着综合性大学试图以一种更富效率的方式管理其人工成本,短期雇用合同正慢慢被经常性地使用。1998年,据大学教师协会(the Association of University Teachers,AUT)估计,在各个大学,约有40%的大学教师和相关教学人员正在定期合同制下工作(AUT,1998:12—13)。同样,在那些主要从事教学工作的教师和那些主要从事研究的教师之间的分野也可能开始凸显出来。这种分野可能会随着引进受欢迎的创新性课程、增加学生数量和吸引研究经费等内容的重要性日渐提高而日益扩大。大学教师从事上述所有三个方面工作的能力是有限的,因此可能会出现两种甚或

---

[2] 在我写作本书的时候,经迪林委员会(Dearing Committee)提议,工党政府同意,国家开始对大学教育资助制度进行根本性的变革。这一变革的中心原则是取消学生的生活补助金,代之以银行贷款;引入学费制度,依照学生父母收入的多少向每位学生收取1000英镑或少于1000英镑的学费。毕业的学生在他们的年收入达到10000英镑左右的时候开始偿还国家贷款。

三种不同的教师群体(Nicon,1997)。

　　这些变化在很大程度上是这两种教育职业对新的市场和日渐出现的管理主义所作出的一种回应。由此可见,国家已经取得了某种成功。这两个教育职业都认为市场、预算、管理能力等对他们的工作生活及其为之服务的组织机构而言日渐变得重要。随着这些问题的重要性不断提高,教育者们可能会慢慢放弃社会服务、普遍市民身份以及职业自治等理念。当然,大学教师之间出现的分化表明,它将不仅仅是一门同质性职业完全排斥其为努力转向福特制未来而实施的改革的一个例证(见 Nixon,1997)。

　　诚然,上述对医疗业和教育业的考察并不完整,但是它揭示了政府政策中的若干趋势。布尔雷奇(Burrage,1992:23—24)指出,一项活动可被规制的方式有三——通过市场的方式、通过国家的方式或者通过职业自身规制的方式。然而不管采用何种方式,政府总是选择前面两种而以牺牲医疗和教育领域的职业者为代价。政府之所以如此,是因为它的意识形态使命要求它是去摧毁社会民主,而社会民主最强大有力的追随者之一就是那些公共领域的职业人士,他们以社会服务职业主义和立基于需要而非支付能力为提供服务作为自己的职业理念。为了改变这种社会民主意识形态,新的工作实践将不得不予以贯彻执行。这些新的实践将鼓励一种市场或准市场导向、预算限制、企业家主义、效率以及成本有效性等,并且将有希望摧毁旧有的职业意识形态,代之以一种更加商业化的变体(见 Burrage,1992:25;Hanlon,1994,1996,以及第四章对商业化职业主义的讨论)。就此而言,这些改革强调了一个力图提高其国家竞争力的弹性国家所要求的所有价值。

　　这些策略在医疗和教育领域取得了怎样的成功尚存争议。然而,似乎有理由认为,它们已经对这两个领域产生了若干影响。首先,由于在每一职业内部不同的群体以不同的方式对这些变化作出反应,这些职业可能正在显现出分裂的迹象。也即是说,这些职业当中有些人已经看到了这些变化中所蕴含的各种可能性,而另外一些人则将它们完全抛弃。这样一个过程将会使得职业群体方面对这些变化作出任何反抗变得更加困难。其次,这些变化似乎已经削弱了各个职业,加强了中央集权化国家和管理群体的力量。

注意到这一点十分重要,即变化并不是可以如此简单化的,其中有些职业人士已经成为了新的管理结构的一部分,因此正在对变化发生着影响。但是不管这些职业人士是否正在提倡一种商业化的职业主义,一种社会服务型的职业主义或者一种直接的管理主义的计划正是关键之所在。如果他们正在提倡一种商业化的职业主义,那么职业主义和职业意识形态可能已经发生了变化,政府改革可能已经取得了成功。鲍威尔(Powell,1985)指出,职业内部的分化是国家和/或其他群体能够改变他们的行为和结构的关键因素。因此看似正在出现的职业分化可能会促进由国家发动的各项改革。

然而,本书是关于事务律师的,因此在我们看来真正的问题是,律师们在和国家打交道的过程中是否依旧安然无恙。答案显然是否定的。

律师与强大国家——强者的进一步便利?

在过去的二十年中,国家对事务律师职业的影响表现在两个方面。第一,国家攻击了这一职业的垄断权和那些神圣不可侵犯的领域,诸如法律援助和土地转让等。第二,同样十分重要的是,国家政策似乎已经在律师中间创造出一个界限分明的胜者群体,并且将他们紧紧地捆绑进,或者更加准确地说是进一步推向新右翼的意识形态中。这一群体主要是由大型的、通常以伦敦市作为基地的律所和大量的、以企业为基地的事务律师组成。

攻击神圣不可侵犯的领域

尽管当时的地产市场呈现出一片繁荣的景象,但是随着国家慢慢侵占了律师们的调控机制,20世纪80年代对律师们而言仍然是一段困难时期。1984年,法律协会解除了对律师广告的禁令,该禁令的实施是为了阻止律师招徕业务,阻止律师降低他们在业内期望的行为标准。三年后,律师广告得到了进一步的解放。对律师广告的攻击主要是起源于20世纪70年代垄断与合并委员会(the Monopolies and Mergers Commission)所做的工作(Stephen等,1994)。另一次攻击的浪潮是在1985年的时候,伴随着司法管理法案(Administration of Justice Act)的制定实施而出现的(该法案是迫于奥斯汀·米切尔(Austin Mitchell),一位工党的下院议员的压力而对土地转让作出的一次攻击)。该法案通过创造一个新的半职业群体——注册土地转让人而解除了对土地转让市场的垄断。这一变化导致土地转让价格在80年代中后期下降了30%(Sherr,1994)(虽然斯蒂芬等人(Stephen等,1994)认为,到90年代土地转让价格已不再下降,而且土地转让市场在英格兰和威尔士可以按照地理位置划分为更小的区域,在每一区域其价格几乎不相上下)。从根本上看,对土地转让市场的垄断已经被打破。

1990年,情况可能会变得更糟,因为1990年的《法庭和法律服务法》(the Courts and Legal Services Act)规定银行和各个建筑协会可以对他们的客户提供土地转让服务,尽管上议院大法官不得不提出借助必要的法规手段去贯彻实施该法律中的这一规定。因此,到1990年,事务律师在土地转让市场显然面临着来自于注册土地转让人的威胁,以及一种潜在的、源自各银行和建筑协会的威胁,这后一种威胁要更加可怕得多。事实上,在1994年,斯蒂芬等人认为,银行和建筑协会应该被引入到这一市场中来,以阻止事务律师和职业土地转让人之间达成共谋。让事务律师更加痛苦的是,他们还失去了对遗嘱勘验和遗赠的垄断权。银行和建筑协会被获准有权在这些市场中开展业务。

由于在1985年失去了对土地转让市场的垄断权,法律协会因此要求扩展他们在法庭上的听讼权,从而与出庭律师之间发生了冲突(Burrage 1992,Brazier等,1993)。法律协会参与到一直所谓的"法庭战争"中,并适时地获胜,1990年的法案准予将法庭听诉权扩展到事务律师身上。这主要是法律协会为了给该协会成员开辟一片新天地而作出的努力,尽管事实上他们似乎对此并不怎么感兴趣——到1995年,在英格兰和威尔士,只有312名事务律师具备资格并接受了这些权利(Willis等,1995)。在1990年的法案中还存在着另一种潜在的威胁——其他职业协会,比如职业土地转让人委员会(Council for Licensed Conveyancers)或专利代理人学会(Institute of Patent Agent)也可能会寻求这种出庭的授权。实际上,已经有越来越多的其他群体正在进入这一领域(Zander,1997)。哪一群体会获得这种授权主要由新成立的法律教育与操行大法官咨询委员会(Lord Chancellor's Advisory Committee on Legal Education and Conduct)决定。该委员会的16名成员中有9人是非专业人士,有1人是在职法官(Brazier等,1993)。此外,哪一群体会获得这种授权也由上议院大法官和该国三位最重要的法官决定。因此,国家/市场对这些领域的控制经由这一法案而大大增加,却以牺牲律师们的利益为代价。

然而,在1990年的法庭和法律服务法(the Courts and Legal Services Act)中也有一些令法律协会更加难以下咽的东西。1986年,法律协会被迫设立事务律师申诉机关(the Solicitors Complaints Body)以回答公众对该职业的申诉。以此为基础,1990年的法案新设立了法律服务调查官(Legal Service Ombudsman)一职。这一职位的设立是为了监督律师们的行为,防止律师对公众行为不端。调查官直接对上议院大法官负责。显而易见,这是为控制该职业内部的行为标准而作出的努力,因而是对自我规制的一种攻击。

由此可见,随着我们步入1990年代,法律职业已经经历了其他职业所经历的那些极其相似的变化。同教育和医疗领域一样,国家也试图在土地转让和发表意见权方面激起竞争和更大的市场力量。至少在刚开始的时候,这些改革可能已经取得了一定的成效。正如我们已经说到的,在1980年代中期,土地转让费有所下降——下降了30%。然而,土地转让市场仍然是一片繁荣景象,故而能够承受1980年代后期的这种削减,因为当时有150万套由地方当局营造的简易住宅上市销售(Pierson,1994:104),因此从更一般的意义上看,整个地产市场呈现出一片繁荣景象。到20世纪90年代,当土地转让市场开始衰退的时候,出现了共谋和限价的迹象,这表明1990法案可能并没有像一开始所期望的那样获得成功(Stephen等,1994)。同样,在听讼权领域,英格兰和威尔士对这种权利的接受微乎其微,以致它是否已经对该市场产生了任何重要的影响仍尚不可知(Willis等,1995)。然而,这些失败并不能改变这样一个事实,即国家试图提高以市场为基础的规制。

同教育和医疗领域一样,国家也着手提高其对法律职业的控制和权力。在这一点上,国家似乎取得了更大的成功。到20世纪90年代中期,夏普兰德(Shapland,1995)曾经问及职业共同体内部发生的变化及其规制方法是否真的是一种自我规制,抑或是一种强制规制。简言之,它是某种类似于约翰逊的调和职业主义的东西,在这种职业主义中,一个强大有力的外部团体,通常是国家,定型了某个职业的规制方式(Johnson,1972)。因此,尽管事实上在绿皮书为法律职业所作的宣告和1990法案的实际规定之间存在着巨大的差距(事实上这种差距是如此之大以致有人曾经提出政府应该下台的要求,见Burrage,1992:20),但是在其他领域,事实依然与趋势保持相当的一致。国家试图更多地使用市场的力量作为规制活动的一种手段,国家也力图改进其对相关职业的控制。但是到目前为止,我们还没有涉及国家可能会对律师业真正产生影响的另一领域,即法律援助领域。在这一领域中,正如我们将要看到的那样,改革是激进的,法律援助管理方面的变化在很大程度上成为转型中的国家—职业关系性质的缩影。

20世纪80年代和90年代的法律援助改革

如在第二章快要结束的时候所指出的,法律援助已经遭到政府的攻击。这几乎不令人奇怪,因为政府所期望的就是减少公共开支,希望从它所认为的一种负担过重的公共领域中离开。如果从表面上看,对法律援助的攻击似乎多少有些令人困惑不解。在1981到1991年间,用于法律援助的费用每年以17%,或者说以10%——如果将通货膨胀率排除在外的话——的速度增长。这种增长的 60% 被假定是由于所处理的案件数量的增长所致,而余下的 40% 是因为单个案件的平均成本的增长所致。除此之外,还有这样一个事实,即诸如税务事务律师计划之类的项目的引入,这些项目反过来又需要各种资源的支持(Hansen,1992:87)。在 1981 至 1982 年间,法律援助的预算金额是 1.918 亿英镑,到 1995 至 1996 年,法律援助的预算金额则高达 14 亿英镑(见 Hansen,1992:87 和大法官办公厅,1996:7)。因此,在 1980 年从英国内政部(Home Office)被转向一个更小的部门即大法官办公厅(Lord Chancellor's Department,LCD)的法律援助预算正在快速增长,而且也正因为这样,开始引起人们注意。

从表面上看,这些发展中让人感到困惑不解的方面是,在法律援助预算额快速增长的同时,有资格从事法律援助服务的人口比例却下降了。因此,法律援助虽然从来都不是像,例如,卫生服务那样以普遍公民身份为基础,但是却开始更多地受到限制,尽管它在预算上的增长是绝对的。在 1950 年,80% 的律师有资格从事法律援助方面的服务(Goriely,1994:547),到 1979 年,汉森(Hansen,1992:89)曾经指出,这一数字是 79%,而到 1996 年,大法官办公厅认为这一数字则大约是 50%(LCD,1996:7)。这意味着仍有 50% 的律师不得不自己掏钱或者通过第三方,比如工会的帮助提供法律服务。随着有资格从事法律援助服务的人数的减少,法律服务成本的增加超过了收入的增长,这一事实进一步限制了法律服务的享有。汉森(Hansen,1992:89)指出,在 20 世纪 80 年代后期,公共系统中的法律成本增长了 60%,相比之下,律师的薪水却只提高了 38%。也许有理由这样认为,就像汉森所认为的那样,在个人出资的案件中,法律服务费的增长率高达 60%,如果不是更多的话。因此,随着有资格从事法律援助服务的人数的减少,法律的成本却增长迅速,最终导致其中很多人无缘享受法律咨询服务。

贝文等人(Bevan 等,1994)曾经指出,导致法律援助成本增长的原因之一是由供应商引发的需求。戈里耶利(Goriely,1996)认为,贝文等人的这篇论文对当时的大法官麦凯勋爵(Lord Mackay)

有着十分重要的影响。贝文等人在文章中认为,在20世纪80年代,当地产市场崩溃并开始走向衰落的时候,法律援助为事务律师和出庭律师提供了一种颇受欢迎的业务资源。他们阐明了法律援助作为事务律师收入来源的一部分是如何在1989至1990和1991至1992年期间增长了26%的。因此,法律援助为事务律师贡献的收益从其纯收入的9.4%上升到11.8%(Bevan等,1994:9)。贝文等人还追溯了在过去的七年中,即从1987—1988到1993—1994年间法律援助业的增长情况,以及对花在法律援助案件上的时间、费用和这些案件的数量等进行了一番考察。在进行这样一番考察之后,他们得出结论说,随着事务律师所处理的法律援助案件的增长以及他们用在这些案件上的时间的增加,每一案件的费用也有所增加,并开始出现了由供应商引发的需求(Bevan等,1994:11)。他们接着又得出结论道,"如果不去改变现今的体制而要求对法律援助投入更多的公共资金,是毫无用处的。当前的体制需要一次彻底的检查,增加职业类型和能够处理争端的法庭的数量或许不失为是一剂良方"(Bevan等,1994:20)。他们利用一般执业者公债持有人在卫生系统的经验作为例子去分析应该怎样克服供应商引发的需求问题以及道德风险问题(对贝文等人的论文提出有力质疑,见Wall,1996)。鉴于法律援助预算的增加,以及贝文等人所作的分析与国家的优先考虑和国家处理卫生服务事项的方式之间的重合,鉴于麦凯勋爵发现这一证据"十分具有说服力"(Goriely,1996:215)的事实,大法官办公厅在1996年为事务律师提出了一种类似于一般执业者公债持有人计划的计划或许也就毫不奇怪了。

如果说福特制/社会民主国家牵涉到福利和公民身份,弹性积累/后福特制国家牵涉到国际竞争力和为自由市场创造合适条件,那么大法官办公厅(Lord Chancellor's Department,1996)的文章《打破平衡》(*Striking the Balance*)则绝对是来自于后福特制国家的一种贡献。该文导论的第一页清楚地阐明了本文的目的所在。该文的目的是去平衡"那些要求在承担法律服务费用方面获得帮助"的人的"需要"(而非权利)与其没有得到法律援助的对手以及那些受害人、证人的"权利"(而非需要)之间的关系。此外,该文在这一页之前的内容中通过强调政府必须对公共资金的各种竞争性要求作出权衡而昭示了这篇文章的根本性质。由此可见,法律服务的预算金额是有限的,对于司法救助的享有和利用也不是不受丝毫的限制。鉴于在西方自由民主制度中通过法庭追求平等和正义所具有的道德分量,这是一份相当深刻的官方声明或认可。它与1995年的那份声明,即宣称在将来去给之前没有任何限制的法律援助预算设定一个上限是政府的意图所在是一致的。由此可见,这两份关于大法官办公厅政策的声明简要表述的意思是,作为财富创造者的公众不会持续不断地加大公共资金的投入,同时认为那些依赖于公共资金的人的权利不再是以公民身份为基础的权利,而是在被视为必要的情况下可能会被忽略的需要(关于这一见解与约翰·格雷所描述的自由主义的见解之间的相似之处,详见第一章,注2),这一观点在该文的第7页得到了进一步的阐述,文章第7页认为"法律援助的未来必须放在更加广泛的公共开支压力这一语境之下加以考察。政府承诺要维护并提高国家经济的竞争力。因此我们决定抑制总体上的公共开支。"这是后福特主义国家向法律世界渗透的一个例证,也是杰索普等人所谓的两个国家的进一步显现(见第一章)。

大法官办公厅是如何去意图减少这种公共支出的?答案似乎是,通过控制律师。该文是针对法律职业和法律援助作出的更加广泛的政策的一部分。于是在1986年,政府切断了法律服务的市场价格同公共价格之间的联系,富有成效地使得法律服务沦为二流的工作(Hansen,1992:90)。1987年,法律援助经费预算从法律协会移除而改由法律援助委员会(the Legal Aid Board)负责(虽然法律协会作出了太多的反抗。见 Goriely,1996)。在1990年代初期,授权制度被引入,到1985年,戈里耶利(Goriely,1996:240)已经指出,有相当数量的律师事务所已经提出授权申请,但是只有少数律所获得授权。据计划,将有2000家专家律师事务所拥有授权去提供法律援助,这些律所必须在达到一定的管理和法律标准之后才能获得授权。

《打破平衡》进一步支持了授权的做法。事实上,被授权去提供法律援助的律师事务所是法律援助委员会建议的核心。该建议意在让法律援助委员会和不同专业的律师事务所签订合约,只有那些得到授权的律师事务所才有签订法律援助合同的资格。有人认为,签订这样的合同会给法律援助委员会带来五点好处,而这五点好处是法律援助委员会迄今为止尚不具备的。

1. **对成本的控制**——合约将预先规定服务的价格。
2. **目标定位**——合约将限于特定案件的服务,以便能够让法律援助委员会去满足国家和地方优先性的需要。
3. **质量**——执业者将不得不满足质量标准以便有资格订立合约,其工作将受到监管。
4. **效率**——服务将以最好的价格被购买。
5. **确定性和公平性**——合约将有助于确定成本会是多少,并有助于将这一信息传达给对手。

根据合约,法律援助服务提供者将保证获得一定数量的收入,政府以分期付款的方式支付给他们。然而,要成为法律援助服务的提供者,各个律师事务所不得不相互竞争,把自己的管理制度和法律知识跟在同一行业中的其他律所进行比较。只有在这种竞争中获胜才会获得一项合约。法律援助委员会(LAB)也往往会和这些服务提供者建立起一种长期的合作关系。据推测,这会使得法律援助服务提供者根据一定程度的确定性制订计划,同时限制服务提供者为了获取短期利润而降低其服务质量的可能性。作为法律援助服务提供者的律师事务所,还应该按照他们获胜的几率对案件作出评估,评测案件的重要性以及与可能的收益相较其可能成本为何。因此,事务律师在接手一项案件之前,会对案件进行一番成本—收益分析。

在这种情况下,成本高昂的案件将会被区别对待。如果一项案件被证明是高成本的,那么事务律师们将不得不把它提交给法律援助委员会,法律援助委员会将从一项单独的中央预算中拨款支付费用。不过,在这样做之前,法律援助委员会会对该案件的价值作出评估,如果他们认为该案件值得一做,他们会把该案件公示出去,独立招标。这意味着各律师事务所,包括合适的法律援助专门小组在内,可以通过对自己的案件管理计划作出概括描述的方式去就该案件的法律援助服务项目竞标。因此,最后去帮助客户的律师可能不是该客户原先接洽的那位律师。同样,如果一项案件结果证明成本高昂,律师事务所将不得不告知法律援助委员会,并向他们提交一份关于这一案件其他内容的概述。然后,不得不等待法律援助委员会就该案件是否继续下去作出批示,之后才能采取相应的行动。

这些改革提议,加上先前的改革措施,显然是意图在事务律师的职业内部成立一个由法律专家组成的法律援助队伍。据史密斯(Smith,1993)估计,在1992年,有11000家事务律师事务所获得过法律援助报酬,但法律援助委员会只想颁发2000份授权许可证。史密斯提出质疑说,对该职业而言,这是否是一件好事尚未可知。授权改革以及在《打破平衡》一书中所论及的改革将强化这样一种趋势,即法律援助服务将由越来越少的专家律师事务所提供。早在1990年,格拉瑟(Glasser,1990:5)就已经估计到,有66%的法律援助服务项目是由2500家律师事务所完成的。但是,如果法律援助服务是二等的工作,且不和市场费用联系在一起,那么那些获得法律援助授权许可的2000家律师事务所以及在这些律所工作的那些事务律师们,跟那些私下里和个人打交道的律师事务所或者那些在大型律师事务所工作、和企业客户打交道的事务律师们之间还有何共同之处?此种情形一旦出现,还有什么能够将业已四分五裂的律师职业紧紧地团结在一起?(见 Hanlon,1997a对这一问题的讨论)

正如我们将会看到的那样,律师职业已经是四分五裂,那些分裂后的不同群体而今表现出不同的业务兴趣。如第四章所示,有些律师非常愿意成为法律职业中的羔羊,不顾其他法律群体的反对而甘愿任由社会服务职业主义宰割(关于社会服务职业主义的一项声明的例证,见 Smith,1993)。这些建议的改革在新近当选的工党政府所实施的变革的冲击之下已经显得有些多余。然而,工党的变革广泛追求这同一议程。国家将会通过如下措施进一步对法律援助作出激进的变革:引入一项"若不赢,则不得收费"的民事案件收费制度;规定索赔或赔偿案件不适用法律援助;规定除刑事、家庭和社会福利事务之外的案件不适用法律援助;规定只有在案件被认定有 75% 的胜诉率的情况下才给律师提供法律援助;以及最后,引入调整国家和法律援助律师之间关系的新机制(《卫报》(*Guardian*),1997;《星期日独立报》(*Independent on Sunday*),1997)。

从法律援助的情况看,似乎有理由这样认为,这些改革具有在医疗和教育领域所实施的那些改革的所有特点。这些改革极大地削弱了(或者说如若得以实施将会极大地削弱)该职业的自我规制能力。法律协会不再控制法律援助事务;事务律师们所在的律师事务所成为法律援助委员会审查的对象,以确保他们的管理和法律专业知识是够格的,如果他们在这些方面被认为不够格,他们将得不到一丁点的法律援助;法律援助费不是按照服务的时数支付,而是按照标准合同规定的每一案件的收费标准支付。成本高昂的案件只有在法律援助委员会而不是代理该案件的事务律师觉得它是对公共资源的一次很好的使用的情况下,才会得到处理;法律援助受到了限制;律师事务所将不得不相互竞争,证明它们在法律援助市场上具有竞争力,如果它们想继续获得法律援助业务的话,如此等等。这和一开始所创建的制度很不相同。按照原先的制度,如果律师们不愿意,他们没有在当地承接案件的义务,他们也没有义务非得开门办公到一定的时数,法律援助律师只对他们接受的客户承担义务,而不是对这一制度承担义务(Hansen,1992)。而今,上述所有变化削弱了这一职业的控制权而有利于国家和市场,尽管对于市场的巩固和加强不是那么明显。在法律援助的世界里不存在任何自由市场。对相对贫困的一部分人而言,以法律援助委员会为代表的国家是一个垄断性购买者,事务律师们若要获得法律援助,不得不满足它的一些标准。这不是一个自由的市场,一如在卫生和教育领域一样,它是一个由国家主导的准市场。

另外一些改革也支持了这一以牺牲法律职业人士的利益为代价去强化国家和/或市场控制的过程。律师们因之不得不在土地转让、发表意见权和遗嘱检验领域开始面对更多的竞争或者潜在的竞争。除此之外,他们受到日渐增多的、经由政府巡察官(Ombudsman)、法律教育与行为顾问委员会(Advisory Committee on Legal Educaiton and Conduct,ACLEC)等表现出来的国家规制的支配。总而言之,该职业已经暴露在市场力量和国家监控之下。这些改革到20世纪90年代开始初见成效。如前所述,在1980年,土地转让/财产和法律援助收入占到了事务律师总收入的约75%到80%的份额。到1993年,可能只有30%的服务费收入来自于这些专业领域,如果将商业性的土地转让业务排除在外的话(法律协会,1994:表5)。格拉瑟(Glasser,1990)指出,土地转让业务在1960年代后期贡献了60%的服务费收入,但是到1993年,这一数字却只有26%(其中国内土地转让的贡献率是11%,商业性土地转让是15%,见法律协会,1994:表5)。这并非意味着由国家独自对这些变化负责,但是国家的各项改革很可能帮助了(并且继续帮助)这些变化的发生。

到目前为止,本章还只是考察了国家是如何开始去刻意改变它与这一职业之间的关系的。然而,有人可能会认为,国家已经间接地给法律职业造成了最大可能的影响。也即是说,随着国家开始着手改革社会的其他领域,开始为提升其国际竞争力奠定基础,它已经不可逆转地改变了这一职业。国家作出这种改变的途径之一是借助于20世纪80年代的地产市场的繁荣,它给这一职业的大多数成员带来了好处。但是这不是本书所要考察的领域,因为本书作者并不认为它是最重要的途径。国家改变事务律师职业的最重要的途径在于其对大型律师事务所的发展所做的推动工作。

推动商业化的、大型律师事务所的发展

如在第一章具体论及的,撒切尔政府和后撒切尔政府通过引

进一系列的政策,在过去的二十多年的时间里极大地改变了英国的面貌。在这些政策当中,有些政策已经对法律职业产生了深刻的影响,虽然这些政策的实施并不是为了实现这一目的。这些政策尤其让那些大型的、商业中心主义的律师事务所从中受益。

后福特制国家所关注的首要问题是国家的国际竞争力问题。在为提升国家的国际竞争力创造条件的过程中,新右翼势力开始着手摧毁以相当封闭的国民经济为基础的社会—民主型国家。由于国际竞争日趋激烈,这些国民经济从20世纪60年代起就一直处于压力之下。新右翼开始让公开透明成为他们经济复苏政策的关键要素。如第一章中所概述的,在英国,这样一种策略往往会惠及伦敦市、金融资本、国际导向的制造业和一些私营领域,而不会惠及公共领域等其他部门。20世纪80年代和90年代更多的是关于这些好处和因这些好处而生的痛苦是如何分配的故事。伦敦市以及伦敦市的许多职业顾问,例如会计师、律师、银行家等,是一些主要的受益人。从这种对于国际竞争力的强调和对公共领域的抑制中获利之后,这些群体可能会要求获得更多的相同利益。这是当代服务业阶层内部出现的重要分化之一(见第五章)。

伦敦市、国家导向的制造业等是如何从中获利的?通过两种途径。第一,他们在意识形态方面从对企业家主义和竞争的强调中获利。业已产生的神话表明,这些群体是我们社会中的财富创造者,他们创造财富,并通过他们的改革以及同世界上其他群体之间开展竞争将这些财富用于福利国家的建设。因此,在整个20世纪80年代,企业家和伦敦市的职业者们开始被看做是令人羡慕的人物。与此相反,供职于公共领域或不具国际竞争力的工业让一个人变成了社会的消耗者,因而相比之下不是很令人羡慕(见Keat和Abercrombie,1991)。第二,而且可能更加重要的是,这些领域从国家的经济政策中获得商业利润。这第二点是下文所要论述的重点,因此在这里我将对这一点是如何发生的进行一番简单的描述。

20世纪60年代,欧洲美元市场开始启动(它是在美国之外,主要是在欧洲建立的一个美元市场,是在石油和跨国公司利润的刺激下形成的),从此以后,金融资本被快速国际化了。新右翼在20世纪80年代早期放松了对资本流动的控制,从而进一步加速了这一过程。经由金融大爆炸(Big Bang)*解除管制,经由1986年的《金融服务法》(Financial Services Act 1986)以及其他措施重新实施经济干预,英国重申了伦敦市作为第一金融中心的地位。虽然伦敦在全球金融市场中的主导作用已经日渐消退,但是英国政府所采取的一些措施仍然巩固了它作为欧洲金融中心以及和纽约、东京一道作为全球三大金融中心之一的地位(见Lash和Urry,1994:285—292)。

伦敦市金融活力复苏的原因之一是基于这样一个事实,即外来的投资者觉得英国优待伦敦。金融大爆炸(Big Bang)从根本上消除了对各种各样的金融服务的供给方式的限制。这一点在本质上允许银行——无论是国内的还是国外的——收购证券经纪公司,从而可以给他们的客户提供一站式的金融店铺服务(Flood,1989:569)。这些变化导致金融产品交易的大幅攀升,以致到20世纪80年代后期,伦敦每天的外汇交易额高达6000亿美元,或相当于全球一年的货物贸易总额。此类外汇交易的80%是经由外国银行完成的。除此之外,以未来利润担保的债券价值也高达100亿美元(Lash和Urry,1994:289)。

这些金钱都是私人的,相形之下让诸如世界银行之类的公共机构所能提供的任何东西都如小巫见大巫一般。纳什和乌里(Lash和Urry,1994)指出,这种金融资本日趋流动不定,只关心短期利润。因此,如果一个国家执行的政策不会带来这些利润,它可能就会流走,正因为如此,此类资本迫使西方各国采取低膨胀、抑制公共领域等政策。也即是说,私人金融领域的这种无规制的国际市场限制了国家自治,鼓励了后福特主义国家的形成。

---

* 系指1986年英国伦敦股票交易所的自由化改革和由此引发的整个英国金融体系的改革,它是撒切尔政府改革计划的重要基础之一。英国、日本、美国都曾有过金融大爆炸。——译者注

伦敦市的快速发展可以从位于伦敦市的外资银行的扩张中看出。在1961年,整个伦敦市只有100家这样的银行,但是到80年代后期,则发展到了450家。在同一时期,外国证券交易所的数量也从原来的10家发展到120家。伦敦市之所以被再次肯定为主要的金融中心之一,部分上是因为它的历史,同时也因为人们感觉到英国及其调控体系对这种国际活动持一种优惠的态度。之所以会产生这样一种感觉,其原因在于英国放松了(或取消了)对汇率的控制,取消和解除了对国内银行和建筑协会等机构的限制和管制。也就是说,这种全球市场深受地方性事件和地域感觉的影响(Sassen,1991,1994;Lash 和 Urry,1994:285—292)。

然而,一个再次复兴起来的伦敦市并非没有自己的问题。比方说,随着伦敦市变得越来越大,随着外国公司的涌入,古老的、绅士般的调控与规制日渐消失,因为人们不再那么持守这一大都会的非正式规则。集体主义的自我规制以及大都会规则被一种对自我利益的更加积极、个人主义的追求所取代,规则因此被破除。到1990年,得到确认的诈骗案件的数量在1960年的基础上增长了一百倍。第二个结果是,个人在非常年轻的时候就被赋予数额巨大的财富。因此,随着人们追求拥有乡村别墅、昂贵轿车和其他一些财富标志,个人财富的增加成为人人梦寐以求的东西(Lash 和 Urry,1994)。

所有这些活动对以伦敦为导向的职业顾问都是有好处的,因为他们在这一新兴的环境中日渐变得重要。会计师事务所和律师事务所因之快速发展(见 Hanlon,1994 对会计师事务所的考察)。如第四章将要论述到的,一些最大型的律师事务所常常和这些客户打交道。伦敦市的律师事务所对于伦敦市的行政管理而言一直处于核心地位,在传统上和英国央行(the Bank of England)的位置相近。如第二章(以及 Slinn 的著作,1984,1987)所示,一些精英律师事务所参与金融活动的历史超过百年。当上述变化发生的时候,他们和其他人一道在侧翼等待。这些金融活动为律师带来了许多业务,因为新产品需要设计,交易者之间的合同需要草拟,以及随着伦敦市地产的繁荣,地产需要购买或租赁,需要和依金融服务法产生的新的监控机构进行磋商,等等。律师们参与到这些活动当中(伦敦经济学有限公司,1994:16—17)。事实上,新国际主义——金融大爆炸只是其表现之———是考沃德·强斯(Coward Chance)和克利福德-特纳(Clifford-Turner)之间合并的一个主要影响因素(见Flood,1989)。这种国际化和管制解除的重要性不应该被低估。而今,英国五大律师事务所收入的50%来自英国之外(伦敦经济学有限公司,1994:2)。

给大型律师事务所带来诸多业务的政府政策的另外一个领域是非国有化计划。在过去二十年中,英国放弃了诸如英国航空、英国电信、英国煤气、英国钢铁、英国石油、英国航空航天、英国有线与无线之类的一些家喻户晓的名称(见Kavanagh,1990:表8.2)。非国有化计划的规模十分庞大,在非国有化计划真正启动之前的1979至1981年间,英国政府出售了价值7.82亿英镑的国有资产(Gamble,1994:114)。然而,这样一个数字与英国航空的非国有化资产数额相比,或者和用于英国电信或英国石油非国有化的二期付款相比,只能算是小儿科,它们仅在1985至1986年期间的产值就是25亿英镑(Kavanagh,1990:221)。随着那个十年的过去,政府更是加快了这一进程。

非国有化进程是在大型律师事务所的帮助下进行的。这些大型律师事务所参与发放计划书,组织公司股票的发行,创建用以约束这样一些新兴私有垄断企业的规制机制等。这些活动使得这些大型律师事务所进一步投身于国际性业务中,因为许多非国有化计划对他们而言具有国际性特征,而且在北美、欧洲和其他一些地区,投资者还可获得股权收益。所有这些工作都需要协调,而这种协调工作常常是由律师们完成的(Flood,1996)。随着非国有化在其他一些新兴的后福特制国家的流行(Redwood,1990),也随着前苏联和东欧一些国家开始甩卖他们的国有资产,英国的律师们能够从中获利,因为他们被看做是在该市场领域具有工作经验的一群人(Flood,1996)。非国有化工作在律师们看来并不能带来高额利润,但是它的确给他们带来了声誉(Flood,1996)。事实上,有人可能会认为,它为这些律师事务所开辟了新兴的、非国有化财产的国际市场。

这些律师事务所也随着政府政策的其他方面的展开而得到发展。例如,斯坦利(Stanley,1991)认为,在过去的二十年中,立法的发展推动了诉讼的增长,而这一点被企业家律师所利用。弗拉德(Flood,1996:185)也认为,在过去十年左右的时间里,商业诉讼增多。他重点提到一份报告,该报告表明,位于伦敦的中、大型律师事务所的诉讼业务增长了47%。毫不奇怪,上述两位作者都认为,诉讼和替代性纠纷解决的增长已经给律师们带来了好处。很多这样的工作都涉及与一些新兴的、位于伦敦市的监控机构之间展开磋商。而此类工作常常是劳动密集型的,且成本高昂。

伦敦市的扩充、M4走廊的开发、公共权威启发下的伦敦港口住宅区开发公司的成立、由国家推动私人投资的海峡隧道建设以及其他一系列的开发项目,也导致了20世纪80年代金融财产的繁荣,而在所有这些活动中都有大型律师事务所的参与(Flood,1996),这导致了诸如环境法、发展与建设法之类的专业领域的发展。

律师们也日渐参与国家税收和国际税收事项。律师们力图从会计师那里赢回这一市场(Flood,1989,1996;McBarnett,1994)。随着国家鼓动的经济繁荣在20世纪80年代晚期和90年代早期走向衰退,他们也开始涉足破产业务(Skordaki,1997)。

最后,大型律师事务所的视野也开始日渐变得国际化。正如上面提到的,大型律师事务所有50%的服务费收入是来自非英国的资源,因此他们格外地和一种开放的经济紧密地结合在一起。弗拉德(Flood,1996)曾详细论述到,随着那些大型律师事务所将自己的业务范围定位在国际市场而不是国内市场,国际法律市场对他们而言正在变得有多么重要。这一点对那些在撒森(Sassen,1991)所谓的世界城市(global cities)中的精英领域工作的参与者而言尤为典型。这些城市与国际经济体之间的牵连比其与国内经济体之间的牵连要多,它们依赖于向全世界提供资金和服务。然而,这些城市并不仅仅只是相互竞争。它们在新的世界体系形成过程中还紧密地相互联系在一起。英国的大型律师事务所,尤其是那些位于伦敦市的大型律师事务所,在这一过程中相互息息相关。这部分上——虽然决不完全——是因为国家政策的缘故。1990年的《法院和法律服务法》(The Courts and Legal Services Act 1990)确认并加快了这一过程。该法取消了对跨国合伙的禁令,因此为经由合并和合资的方式创建国际律师事务所铺平了道路(Brazier等,1993:210)。跨国合并是一项强大有力的扩张手段,它推动了世界性律师事务所的创建。它也是在会计实务中用到的一种非常有效的方法(见 Hanlon,1994:35—76)。有意思的是,年利达律师事务所当前正在使用这一策略向欧洲扩展。

可见,国家政策已经对大型律师事务所带来了巨大的收益。对法律市场以及其他领域解除管制根本不会给大型律师事务所造成任何恐惧。事实上,他们欢迎它。国家政策和解除管制对该职业中的其他群体而言是一种威胁,但是大型律师事务所却不同,他们将这些看做是一种机遇。李(Lee,1992)指出,他们(指大型律师事务所——译者注)是该职业中不反对国家政策的一群人。在过去的二十年中,这种情况导致了该职业中出现了这样一部分人,他们的兴趣与开放经济、国际竞争、有限公共支出以及对诸如货币交换、金融服务、跨国法律执业、多科性执业等领域的解除管制息息相关。总之,大型律师事务所对后福特国家以及一种弹性经济的创建会持一种赞同的态度。因此,他们的利益可能会直接与该职业中希望返回到福特制福利国家时代以继续享有对土地转让的垄断和基于某种公民身份的法律援助的那些人的利益发生冲突(见 Sommerlad,1995 从小型律师事务所的角度对类似于这种观点的表述)。

因此,一如鲍威尔(Powell,1985)所认为的,该职业反映了外部的发展变化。社会其他领域出现的分化因此常常会在一职业内部有所表现。他证明了在美国,诸如消费者运动、劳工运动等之类的运动是如何推动了律师们对该职业的结构发动进攻的。他详细论述了某些律师在追求自身利益的同时是如何利用这些运动以及被这些运动所利用以实现该职业内部的变革的。上文叙述到的情况与此类似。国家实施了某些律师——特别是伦敦市的律师——为了追求自身利益而非常愿意利用的变革。

这些变革的确帮助实现了他们的自身利益。例如,仅以高伟绅(Clifford Chance)律所为例,它在1988年有168个合伙人(Flood,1989:表2),而到1994年,它拥有224个合伙人,共计有1237名赚取服务费的律师,其1993年的服务费收入是2.1亿英镑(Flood,1996:表1;伦敦经济学有限公司,1995:表3)。由此可见,大型律师事务所在20世纪80年代和90年代发展迅速。如第一章所示,在1968年,整个律师职业的服务费收入合计是2亿英镑,没有一家律师事务所其合伙人超过20人。如今,情况已经大大发生了变化,而这些变化是由国家促成的。英国的律师事务所从其规模上来看,在整个欧洲的律师职业中居于主导地位,排名前20位律所中有16家是来自英国。所以说,国家措施对有些律师事务所是有利的,而对另一些律师事务所造成了痛苦。除此之外还有这样一个事实,即,与1930—1975年这段时期律师职业内部的工资收入均衡相比,20世纪80年代和90年代律师收入快速出现了两极分化。譬如,大型律师事务所的合伙人申报的收入超过25万英镑,而一个主要在日益艰难、日益受到管制的法律援助与土地转让市场开展业务的普通执业者,其申报的收入是2.9万英镑(见Hanlon,1997a)。

然而,律师职业的这种钳形运动还有一翼,即资本。如第一章中所述,资本也正在经历着剧烈变化的过程,包括专业服务的购买在内。在20世纪80年代和90年代,资本变得空前地苛求,并开始将职业服务视为商品,就像许多其他商品一样可在市场上购买和销售。

作为商品的职业服务——资本的观念[2]

第一章认为,随着向一种弹性经济的转向的发生,职业服务对跨国资本的运作而言开始变得日益重要。对金融大爆炸和其他一些变化提供给律师的机会所做的一番简短的分析,进一步证实了这一观点(亦见 Sassen,1991,1994;Hanlon,1994,1996)。然而,随着职业服务开始变得更加重要,资本也开始日益力图对其加以控制,既在服务的质量上,也在服务被购买的价格上。这不只是英国才有的现象,美国也正在经历这样一种转型。事实上,美国可能先于英国 10 年即已开始了这样一场赌博(见 Nelson,1988;Rosen,1989;Galanter 和 Palay,1991)。

同样,这种试图控制执业者及其服务质量和价格的企图并非法律职业领域所独有。对于该过程是如何正在会计业界兴起的,我已经在其他地方有过详细的讨论,在此就不再赘述(Hanlon,1994,1996,1997b)。工程与科学职业者似乎也正在经历这样一个过程。兰德尔(Randle,1996)证明了随着药品工业竞争日趋激烈,随着他们一次次地削减成本、收购与合并,药业研发部门的科学家在他们的工作条件、别人对他们的期望等方面是如何经历一种变化的。这些外部的压力导致管理者们对职业者的劳动过程投以更多的关注,以确保获得更大的生产力、日渐灵活的工作条件和合约。管理者也越来越不愿意赋予这些职业者以传统水平的劳动进程自治。

与工作表现挂钩的薪酬制度也用来约束这些职业者,确保他们日益以市场和利润为中心:一个人要想在律所立足,他或她不得不赶在最后期限之前完成工作,不得不对预算作出管理。一个人

---

[2] 本章余下部分赖以展开的研究是更广泛的苏格兰办事处项目的一部分,关于这一项目,我在本书的致谢部分和研究方法论部分有所提及。我只是想再次感谢同我一道从事这一研究的约翰·杰克逊(John Jackson)和苏格兰办事处,感谢他们给予我的所有帮助。

要想成为一名资深大律师,他或她不得不将组织的目标而不是职业的目标内在化,如此等等。这些职业者被期望着越发以市场为中心,越发以客户的需要作为工作的动力,更加灵活地适应项目团队的工作情况,更有能力和不同类型的职业者、客户公司的人合作共事,等等。总而言之,这些人被期望着认同自己所在的组织,尽量满足组织的需要。而他们为之工作的组织则力图控制他们的工作和活动。

同样地,科瑟尔和琼斯(Causer 和 Jones,1996)也集中论述到一些这样的问题,指出职业者作为其他职业者的管理者变得越来越重要,以及这两种角色之间的差异正如何变得日益模糊。他们还集中论及个人主义的薪酬制被用作一种控制的手段,以及项目团队作为开展具体工作的一种手段日渐兴起。项目团队当然可能会削弱职业者的忠诚,因为它是学科交叉的,由来自不同学科的职业者组成,因此它往往会摧毁一些传统的知识层级。

所以,似乎可以公平地说,对职业者及其劳动加以控制的欲望十分普遍——对英语世界的很多地方而言是这样,对各种各样的职业而言是这样,对公共领域和私人领域而言是这样,对那些工作在"纯粹的"职业公司和更加"一般的"组织机构中的职业者而言也是这样。这可能会导致许多工作的非职业化,如果我们接受弗莱德森(Freidson,1986,1989)的观点的话。弗莱德森(Freidson,1986,1989)认为,正是职业者对自身劳动进程的控制以及他们经历过书本知识的强化学习的事实,使得专业性职业有别于其他职业。虽然非职业化的话题十分重要,但它不是我们在此所要关心的内容。相反,我们将对有钱有势的客户是如何试图控制他们从其律师那里获得的那种服务作出考察。

控制律师

认为消费者已经控制,或者更准确地说,已经极大地控制了职业者—客户关系的观点与关于这一职业的传统的主流观点不合拍。职业者在传统上被看做是公正无私的,是各种服务的专业提供者，为有利害关系的、不懂专业的客户提供服务（他们通常拥有一种超出其客户之外的义务）。从某个方面看，这种关于职业者—客户关系的观点已经由大多数对这一职业进行社会学研究的主要理论家传播开来（见 Marshall, 1939；Parsons, 1954；Goode, 1957；Hughes, 1963；Wilensky, 1964）。然而，这样一种观点开始日益泛滥成灾。

的确有很多职业领域，它们的个人客户软弱无力、消息不灵（见 Bottoms 和 McClean, 1976；Baldwin 和 McConville, 1977；Heinz 和 Laumann, 1982；Cain, 1983；Porter, 1990；Ingleby, 1992；MacMillan, 1995）。但是，即使是在英国，随着社会变得日益具有反身性（reflexive），随着个人对自己试图学会并适应快速变化的努力日渐怀疑（Giddens, 1991），对职业者—个人客户关系的这一描述是否会自我变化，仍是一个值得争论的问题。然而，在这种传统观点肯定已经被发现的地方，需要对职业者—组织客户关系作出分析。[3] 在美国，许多作者，其中有 Heinz 和 Laumann(1982)，Chayes 和 Chayes (1985)，Nelson(1988)，Friedson(1989)，Macdonald(1989)，Rosen (1989)，Flood(1991)以及 Galanter 和 Palay(1991)等，认为企业客户很有势力，能够塑造职业者—客户关系的本质。他们影响着服务的供给，影响着职业主义的本质。在英国和欧洲，Abel(1989)，Flood (1989)，Dezalay (1991, 1997)，Hanlon 和 Shapland(1997)，Hanlon(1997a)，以及其他一些人都曾经暗示或者公开地提出了同样的观点。因此，这些企业客户是如何施加控制的？他们力图从如下三个方面实现这一目的。

其一，他们建立起了自己的内务部门（Chayes 和 Chayes, 1985；Rosen, 1989）。这一观点和科斯（Coase, 1937）、威廉森（Williamson, 1975）以及钱德勒（Chandler, 1980）所提出的关于交易

---

〔3〕 从这里开始，我将把组织客户称作企业客户，因为接下来的内容主要是关于企业资本的。然而，这并不是说其他大型组织，例如公共部门组织或非赢利组织，没有表现出和职业服务领域相类似的特征。

成本的观点相一致。他们从根本上认为,公司通过内部化活动对自身所处的环境获得更多的控制。交易成本的根本问题是,市场中的购买者和提供者相互之间缺少信任。科斯(Coase,1937)指出,对公司而言,存在一种将市场用作资源分配者的成本。这种成本是建立在这样一个事实的基础之上的,即市场通过价格机制分配资源。然而,对公司而言,要确定相关价格是多少并非易事,且成本高昂。在法律方面,成立自己的内部法务部门是减少这一成本的途径之一。公司内部的律师可以从两个方面减少成本。第一,他们可以在公司内部完成许多法律事务,而且显然比私人的法律执业者要便宜。第二,他们更有条件去发现针对不同品质的服务而言,其相关价格为何。也即是说,这些律师知道,不同的品质水平,其市场价格是多少,因为他们是律师,他们能够对服务品质作出评估。因此,他们被看做是有成本效益的(划算的,cost-effective)。

在公司内部个人试图对服务提供者施加更多控制的第二种途径是,利用关系网络。格兰诺维特(Granovetter,1985)指出,经济活动常常根植于个人关系的网络之中,这一点超出了雇佣组织的控制范围,因此可能会不利于去有效地发展产品的内部提供者或者购买者。格兰诺维特(Granovetter,1985)基本上认为,在组织内部工作的个人可能会利用他们的外部关系网络以保证为他们的雇用组织获得商品或者服务。他认为,组织对这些行为的控制能力是有限的。总之,内部化功能可能阻止不了机会主义,因为雇员会借助他们的关系网络追求实现自己的目的,而且有些时候,虽然不是常常,这些目的可能会跟他们的雇用组织的那些目的发生冲突。但是,关系网络的建立和利用几乎不可避免,其后果很难为各组织所掌控。从组织的观点看,它们可能是积极的,也可能是消极的。正如我们在第四章将要看到的,内部律师的确会创建和利用关系网络。不仅是内部的律师,外部的律师也会发展关系网络。一如我们将要看到的,它们是"个人团体"(cult of the individual)成长背后的诸多因素之一。

客户公司借以发挥控制的最后一个途径是,使用价格机制和市场。例如,他们将一些工作项目发布出去以供招标,试图借此获得最具成本效益的服务。

内部律师和市场控制

企业客户使用内部团队去通过市场施加控制。这些组织机构认为自己足够成熟完善,可以像购买其他商品一样购买法律服务。这主要是,虽然并不完全是,因为他们拥有内部法律团队。立基于美国研究,柴叶斯和柴叶斯(Chayes 和 Chayes,1985)和罗森(Rosen,1989)都认为,内部律师的功能主要表现在如下三个方面:

- 他们参与公司的计划和策略开发。
- 他们处理、完成公司内部发生的、数量越来越多的法律事务。
- 他们管理外部律师。

接下来的内容将表明,管理外部律师是一项日渐重要的角色担当。内部律师决定:一项工作应该在内部完成还是外部完成;如果在内部完成,该由谁去完成,内部律师和外部律师之间的责任如何划分,以及应该对这项工作施以多大力度的监管(Chayes 和 Chayes,1985)。汉隆和杰克逊(Hanlon 和 Jackson,1998)在苏格兰所做的研究指出,英国的内部律师似乎拥有同样的责任:

> 我们处理公司自身的所有事务,例如,合并与收购等。我们帮助筹集资金,我们管理经理的各项合同,比如,合资领域,有些时候在公司办公室里完成一些重要的合同,在许多情况下利用了外部律师的帮助……相当多的工作是在内部完成的,但是也有很多工作由外部事务律师完成。如果我们对土地作出担保,我们一般使用外部事务律师,利用他们专业的借贷服务。我们在很多时候用到外部的事务律师,我们在收债案件、破产管理、债务清算、公司重建等事务中也用到事务律师。小额债务托收案件也常常涉及零售信用服务。显然,一些专业部门也相当广泛地用到法律服务——结构金融、发展

第三章 律师、国家与市场 129

资金、财政部以及公司银行业务往往使用事务律师来帮助他们对事情作出安排……现在由于依赖于此类工作,而且在很大程度上这也正是我们需要该部门的地方,我们会反复地向那些正在考虑将一些工作付诸招标的部门或领域说,我们会说"嗯,谁能做这项工作"?(G.B.,公司秘书)

因此,公司法律顾问的工作似乎是去决定哪些工作应该由内部律师来做,哪些工作由外部律师来做,去决定外部律师应该找谁来担任。从其工作的后一个方面来看,他们似乎非常成熟老练了。公司律师和他们的客户之间建立起来的长期而古老的关系随着客户对价格变得空前敏感并渴望他们的律师随时准备采取行动而逐渐走向破裂(Nelson,1988;Galanter 和 Palay,1991;Hanlon,1997a)。从大多数受访的企业客户来看,情况看起来的确是这样。在他们中间存在这样一个共识,认为"逐店选购"(shopping around)是一件好事,公司应该将他们的法律需求分派给不同的供应商——虽然这些供应商常常为受访者所熟知:

> 是的[我们逐店选购]。我们是一家商业公司,我们必须保证我们所花的钱能给我们带来价值。我想我有义务这样说,我们已经雇用,并将继续雇用两家大型律师事务所,这应该而且也的确意味着我们在他们身上花钱是值得的。大型律师行、大型伦敦律师事务所并不是经常提供最廉价的服务,但是我们认为价钱不是我们选择律所时考虑的唯一的,或者可能甚至不是主要的推动因素。我们还必须看有关合伙人的知识广度和深度。我们使用无数个律所。在苏格兰,由于受苏格兰地理条件的限制,诉讼的处理可能会相当集中。依所涉及的案情而定,如果只是简单的收债工作,当然完全没有必要使用大型律师事务所。我们正在使用——而且已经使用了一段时间——其他律所以处理非常简单的郡法院的收债诉讼。我们之所以挑选那些律所,或者说我之所以挑选那些律所,主要是因为他们是我大学时的朋友,去过苏格兰的各个地方,现

113

在是很多地方律所的合伙人。我知道我要找一个我亲自接触过的人，某个我一个电话打给他便可为我效劳的人。他们知道自己是在代表一家大型公司行动，常常想到我们是他们这个小小池塘里的一条大鱼。我们以相当合理的价格获得良好的服务。如果我们在税务立法，或者养老金立法，或者信托方面需要很专业的意见，我是不会去找这些律所的。那么，我们必须看哪里会有这些知识，我们常常发现自己会回过头再去找过去的那些人……但是我们也使用一些位于爱丁堡的律师事务所。我们使用了一家律师事务所专门负责产品设计[这家律师事务所**不是**我上面谈到的那两家大型律师事务所之一]。他们拥有税务方面的专家，我们发现他们很有帮助，因为我们的许多产品在某些方面是为避税设计的，避免遗产税诉讼，或者收入税诉讼，依照产品的种类而定。（J. R.，法务专员）

我认为，对我们近期在英国事务律师方面发生的变化所做的历史记录的确相当有趣。事实上我是从两个完全不同的角度论及这一问题的，他们碰巧相互一致。第一个方向是，在英格兰为我们从事代理业务约一百四十年之久的那家律师事务所很久以前（from the year dot）曾经在伦敦市场上处境艰难。他们拥有28到30个合伙人，这种规模在某种程度上可能不是很适当，它们在伦敦市场上基本上处于受挤兑的地位。它们的规模之大不足以涵盖所有的专业领域，规模之小不足以提供一项恰到好处的服务。实际上我着手关心我们正在获得的服务的质量而不是他们所处理的事情——商业财产——很长时间了。他们十分擅长处理这样一些事情，但是如果我们进入其他领域，我就开始有些担心他们所提供的建议在质量上有没有保证。同时，我们也正在转向这样一些其他领域，我们按照伦敦市的市场价格付费。如果这一价格被证明是合理的，如果所要处理的事情非常重要，如果所提供的建议达到了要求的标准，那也没有什么。所以在那种情况下，我们首先会问：它正是我们要找的律师事务所？他们拥有那种专业知识吗？他们真的会提供长期的服务吗？等等。其次我们会问，我们真的是付费太高吗？我们的决定是，在我们需要处理的许多事情上，我们不必雇用像富尔德这样的律师事务所。但是我们还是需要一家合伙人遍及各地的大型律师事务所，我们决定去到各省，看了看伯明翰、曼彻斯特和利兹的一些较大型的律师事务所。他们组织了一次大约由五人组成的选美游行，觉得不管你如何努力去控制它，它都算是一次相当碰运气的过程。我们完成了这一过程，最后找到了利兹的一家事务所。如果某个特别的问题发生了，我们仍然想去其他地方找找。我们公司是一家公有公司，有效地实现了去公有化改革，我们没有使用也没有考虑使用原先的事务律师或者各省的律师事务所。我们直接找伦敦市的律师事务所，准备在对我们当前的福利绝对重要的一些事情上多花一些钱。(J. M., 公司秘书)

因此，这些公司似乎都是一些见多识广的消费者。虽然费用是他们所要考虑的一个因素，但常常不是最重要的因素，尤其是当所要处理的事务被认为对于公司的业务策略十分重要的时候。这表明，许多这样的组织觉得，他们对于法律服务性质的了解和掌握足以让他们去要求对服务费用作出某种控制，要求具备某种形式的价格敏感：

是的，费用会是一个因素，对此毫无疑问。我们还得和他们(一家新指定的事务律师事务所)讨论费用结构问题，但是我们首先需要为一般的咨询服务领域确定一个基本的费用结构，然后我想我们要做的是为特定的事务确定一种费用结构——比方说，我们正在从事一项收购筹资的业务，我们决定不在内部进行。我们不一定想就这件事情进行招标，但是我们想在开始的时候就费用结构达成一致，而且如果我认为这一费用太高，我会很乐意去挑它的毛病。我相信这样一句话，

"如果你能定义一项工作,那么你就能确定该工作的最高费用。"这有点像是说,法律完完全全就是一种商品。例如,我可能会说,"如果你给我的起居室刷上油漆,我给你 100 英镑。在这 100 英镑的价格之内,你愿意给餐厅也刷上油漆吗?"这样说是不公平的。但是下面的说法则完全不同,即"如果我给你 100 英镑,你给我的起居室刷上油漆,我再给你 50 英镑,顺便把餐厅也油漆一下,你愿意吗?"如果我们定义该工作的结构,说"这项工作的费用是 2 万英镑",如果在这项工作之外再增加一些什么,那么我们觉得必须为此另付报酬。但是如果我们定义该工作的结构,那么该律师事务所应该能够提出一个最高费用,他们应该就这一出价是对是错承担风险,并管理该项交易。(D.G.,公司秘书)

这是一则极有趣的引文,它从许多方面总结了企业客户对法律事务所持态度的当前属性。关于这一引文(以及事实上其他一些引文),有三件事情值得注意。第一,法律服务和其他任何商品是一样的——甚至类似于叫人装修你的房子。第二,内部律师为外部律师定义工作。这意味着由他们决定什么样的工作应该由外部律师来完成,因此他们觉得他们更能评价该工作做得是否令他们满意。第三,由于工作的指派是由内部团队完成的,因此他们可以要求对费用作出限制,因为他们知道,或者至少觉得他们知道,这项工作具体涉及哪些任务。除此之外,还有这样一个事实,即他们一直要求该律师事务所按照企业家的方式行事,要求它接受对所涉及的工作量可能作出误判并因此可能作出过高预算的风险。这一点看似不同于过去。

然而,重要的是,不要在"区别"这个布丁里放入太多的鸡蛋。企业客户已经发生了变化,而今他们希望律师们去招标业务,在费用上更具竞争性,对他们的需要更加具有反应力。但是他们还没有走向一种纯粹的、交易基础上的购买法律服务的市场模式。相反,他们创造出了一种立基于长期关系和以交易为基础的行为的策略性使用之上的混合模式,以让其法律服务供应者随时准备行动。总之,他们使用一两个律师事务所来处理他们的大多数业务,却将其法律事务中技术要求不高的部分分派出去,甚至可能会让其他律师事务所来竞标一些复杂的业务以确保他们的主要供应者能够继续提供优质的、成本效益性强的服务。制定这样一种策略使得客户们能够在这一关系中居于主导地位,准许他们通过把自己的多数工作分派给一群精选的律师事务所来做而在成本上优于使用市场或交易模式,优于使用关系和与生俱来的信任的方式。这种混合型策略是与过去的一种断裂,赋予客户以权力,但它不是向市场领域的一次贸然突袭。贝克(Baker,1990)曾经详细论及美国的投资银行业中与此类似的情况。他认为这种"串联策略"(tandem strategies)在客户与其银行交往中给客户带来了权力和效率。在英国,法律当然看上去是这样运作的。正如上文 D. G. 所言,客户使用一两个主要的律师事务所。但是,正如下面的引文所示,他们也使用交易策略去降低成本和控制律师。这种新的结合是职业者—企业客户关系中的一个重要转变。

> 就我个人而言,我可能是一个拥护者——事实上我认为,每年你都应该向人们说"你必须尽力寻求业务"。例如,当我同 X 交谈的时候,我对他们说"我希望我们所有的供应者为我们增加 5% 的服务,或者减少 5% 的成本"。这是我处理这一事情的方式。(G. M.,人事经理)

> 我不得不说,甚至在我们的商业交易中,我们控制着成本。向我们收取在我们看来完全不合理费用的那些事务律师们不可能得到指导,我们,例如,在我们的商业证券交易中,执行一项政策,如果涉及两家律师事务所,我们想提前将费用问题提出来,以致在此之前,如果我们开始这样一种交易已经有两个月了,突然每个人都感到吃惊,顾客也感到吃惊,因此我们试图预先将这一问题提出来。我们鼓励我们的事务律师和顾客们的事务律师相互交谈,说"我们认为这一交易的一个合理的费用大约是这么多,我们想收取的也就是这么多"之类的

话，这样每个人都知道了，也就不会有任何的惊奇了。我想如果你正在处理一项讼案，还是在采用类似于出租车计费器的方法。如果你正在进行一项商业交易，你知道，我们想购买广场对面的那栋大楼，我们会说，"我们想买那栋楼——你收费多少？"如果他们说"X 千，"我们可能会走向另一个人，说"你会收费多少？"如果是 X 千减去一千，我们可能会和第二个人成交。所以在大多数的商业交易中，我们不会遇到任何困难，我们自然会按照我们一般不会采用的方式运作，对我们而言，没有在费用问题上达成一致就进行一场重要的交易是非常、非常罕见的事情。(G. B., 公司秘书)

而且我们也——我们已经开始和事务律师一起做据我所知过去从来没有做过的一件事情是，事实上是试图把关于费用的一些想法预先提出来，"做这桩交易，你准备收取多少费用？"(P. A., 公司秘书)

因此，这些公司从两个层面上解决费用问题——他们正在寻找更廉价的服务，并要求终结古老的类似于出租车计费器那样的方法。他们正在试图将费用问题预先提出，将一部分风险推向律师事务所，虽然公正的说法是，诉讼，鉴于其不可预测性，在某种程度上不受这些过程的影响。另外，除了在谁提供什么和提供多久以及费用和收费政策等问题上改变自己的行为之外，客户们在他们想要雇用的律师类型以及他们所拥有的技能方面也日渐变得苛刻起来。

购买个人的抑或律师事务所的技能？
商业知识、网络和内部律师

而今，企业客户既需要法律技能，也需要商业技能。大型客户很可能总是从他们的律师那里寻求这些技能（例如，Slinn, 1984, 1987; 以及在美国，Swaine, 1946, 1948, 两人都给出了许多关于律师以一种非常商业导向的方式行事的例子。亦见第二章）。然而，如今的差别之一可能在于，随着客户变得日益苛求，随着律师事务所日益朝着大型化的方向发展，这些技能很可能需要通过公开的社会化结构的方式得到培养和实现机构化，而不是像过去一样让其"自然"演进。但是大型客户十分清楚在一种弹性积累的政体中需要具备哪些技能。

不是因为她好，是因为她出类拔萃。事实上在过去的一段时间中，从最高水平的智力和能力方面看，她都是十分优秀的。如果你问她一个问题，她绝对不会回答说"我查查看，待会儿再告诉你"。这个女人对各种事实会信手拈来。但是因为她和我们合作的时间是如此之长，以致在我们进行一项交易的时候，我们还没有问她那些问题，她就已经有答案了。因此你会得到按照我们的意图加以裁剪的合同。她是商业敏感型律师，而不是像有些律师那样将大量时间浪费在我们完全不需要的文件上面。这是她这个人的全能品质，事实上，律师不只是把一些文书工作推来推去。我们……比如，我们的一个部门经理将完成一项收购的交易项目。后来，公司秘书为了完成文书工作，将这一任务交由我处理。然后，在准备文书事务的过程中，十有八九你会遇到僵局。现在，有一半这样的时候，从经理到经理，这一问题得以解决。但是更多的时候是没有得到解决，在这种情况下，律师会围绕这一交易进行磋商，你不得不找个人参加磋商，找一个会玩扑克牌，能盯着对方看，能和对方展开艰难的谈判但是也知道什么时候该作出让步以达成交易，同时又不激怒对方的人。不管我们在不在场，我们都会毫不犹豫地向这个女人说，"你去和他们谈判吧。"她知道该怎么做，她是我们的无价之宝。但是，在过去的这些年中，她自己在这一方面也有所发展。为了拥有一种很高的商业意识以及……我认为没有那种商业意识，你不会找到一个成功的律师。（G.S.，公司秘书）

我认为,当你和人交往的时候,很重要的一点是同你正在交往的人轻松相处,你感觉你自信他们知道自己正在干什么,你自信他们会尽力去发现你正在经营的是什么业务,自信他们并不冷淡和迟钝。我们想在商业上得到指引。我们不想事务律师一方面说事情应该是这样,另一方面又说事情应该是那样。他们的确不得不告诉我们他们认为我们应该在干些什么……[这名受访者在采访的后期不停地说着]……律师可能想将最后的决定权留给客户,但是我们希望由事务律师作出最后的决定——我们希望他们给我们提出商业意见,看他们是否有其他的处理问题的方式——也即是说,对正在发生的事情能够提出新的、前沿性的观点,这正是我们期望从那两家律师事务所获得的东西,因为他们是在和商业巨头们打交道。(P. A.,公司秘书)

毫无疑问[我们需要商务知识],这是不去和公司内部的一些关键人物交往会带来危险的原因之一。在公司内部建立起关系之后,合伙人会知道业务运作的方式,知道我们所要负责的是哪些调整者——企业精神,因为事实上我们在很大程度上正处于目标确立和使命声明的时代。(J. R.,法务专员)

势力强大的客户给其法律服务提供者强行施加某种商业导向的愿望应该毫无悬念地到来。在美国,罗森(Rosen,1989),菲茨帕特里克(Fitzpatrick,1989)以及弗拉德(Flood,1991)都曾经表明这种商业意识是如何日渐变得珍贵的。的确,弗拉德(Flood,1991)对一个具有很强的商业意识的高级合伙人应该怎样为其客户谈判交易描绘了一幅非常详细的图画。该图画与上面引述的 G. S. 的观点相同,他们都认为,在交易谈判的过程中,有必要步步逼近,然后再稍作松懈,以便一个人能够得到一个人想得到的,同时又不激怒他人。

从上述这些评论中而来的第二个有趣的观点是,律师们必须对客户的业务有深入的了解。同样,这并非只是对英国法律职业作出的要求。会计师日渐被组织起来,以致他们对其客户的业务有一个深入的了解。事实上,这一点是他们力图训练其职员去加以改进的事情之一(Hanlon,1994,77—152)。的确,如我们将在第四章所见,律师事务所正在不断地进行重组,以努力增进这种知识。在客户们看来,这是律师们试图提高他们的商业吸引力的一种刻意努力,因之能够通过锐意改革等方式从他们的竞争者中脱颖而出。

第三,最后一段评论触及这一过程内部日渐增长或重新被认识到的个人的重要性。某些个人日渐被看做是与调整者交往的智囊团,法律知识和商业才干等方面的宝库。事实上,今天的个人更多地在一个公司和另一个公司之间流动,日渐增长或者重新被认识到的个人的重要性正在导致某种类似于"个人团体"的群体的产生和发展。其原因可能在于,而今某些个人加大了在市场中的力量,在组织上他们正在使律师事务所更加容易受到他们的影响,事实上更加容易受到他们不够忠诚的影响(见第四章对这些问题的进一步论述)。

如上所述,对商业才能的更大需求对许多读者而言应该一点都不感到奇怪。这种需求可能和这样一个事实有关,即内部律师把自己看成是一个商业性的角色,一如他们把自己看做是一个法律角色一样,如果不是更多的话。他们努力实现内部律师和外部律师工作的最佳组合,努力控制律师,并努力确保一些保护性法律措施得到落实,等等。虽然他们获得法律意见方面的帮助,但是他们执行商业决定。这些决定的商业属性甚至扩展到了诉讼领域:

> 我们规定了这样一种制度,即所有的超过一定金额,即5万英镑的诉讼都必须报告给我,我每月向(在另一个国家的)组长报告一次。稍后你会发现,我发现有一次我们正在进行一项超过6000英镑的诉讼,花了8000英镑,最后终于搞定。即便是我们胜诉了,还是给那人写了一张支票。那一次,费用问题完全被忽略不计。我们为何需要一名律师参与价值6000英镑的诉讼?那家律师事务所只是通知一下律师而已,但是在我看来,这只是一种逃避,他们表现得就像一个邮筒一样,

向两边收取费用。(D.G.,公司秘书)

  他们原先在起诉的时候要求赔偿的金额要高得多。这个数字到我们这里,实际上只有 1500 英镑。为了给一个 1500 英镑的索赔做辩护,到目前为止我们已经花费了 5000 英镑或 6000 英镑。直到那天上午,在我们走进法庭之后,我们才知道我们正在处理的是一个大约 1500 英镑的索赔。现在看来,尽管事实上我们完全没有任何责任,但是如果我们在一开始就答应给写 1500 英镑的支票,其结果对我们而言可能会更好,因为作为法律援助申请人的代理人,没有人会为我们的付出买单。(G.B.,公司秘书)

这种精明而又实际的通向法律的商业之路同样扩展到了外部律师的报酬问题上。如果工作做得不令人满意,或者被认为太过昂贵,那么那些账单或者会被拖欠支付,或者会被减少支付:

  也许,从我的一些具体经历中,我可以给你举一个在某些方面干得不对的例子。由于依赖于相关特定的计划方案,我们公司的内部法律部门可能没有参与其中。律师事务所内部有许多事务律师并不和我们的法律部门往来。在人力资源部有一名事务律师,负责处理所有与就业有关的事务以及一些与养老金有关的工作。此外,我们还有一位专门处理养老金业务的事务律师在我们所谓的技术支持部门工作,负责处理养老金立法方面的事务。在去年一年中,位于伦敦市的一家很大的、名列前十的律师事务所被通知过来为我们提供法律咨询,他们之所以接到通知,是因为他们在我们原始个人养老金产品推出之初为我们提供过咨询。我们想对此作出一番回顾,但是没有一个合伙人有空,因此抽出两个助理来。养老金部,即我们的内部技术支持部的事务律师告诉我说他们所接受的咨询建议不仅是错误的,而且是极其错误的,且代价高昂。因此而生的账单没有支付。(J.R.,法务专员)

因此,这些律师事务所似乎在职业者—客户关系方面发挥了极大的控制作用。它反映了这样一个事实,即这些律师事务所自身拥有专业知识,因此能够监控所提供的咨询服务的质量。这使得他们能够对工作的具体规划、成本的严格控制等作出设计,要求所提供的法律咨询必须是商业驱动的,并对所提供的咨询服务的质量进行评估。在他们中间似乎存在这样一种共识,即企业客户正日渐愿意运用这些权力。我在本书第一章以及在其他地方(Hanlon,1994,1997b)已经指出过,这一情况的出现和如下事实有关,即向一种弹性的国际经济的转向将更多的注意力放在了花费上,同时也使得客户更加依赖于外部服务提供者。这样两个因素交织在一起,使得他们力图对这些服务提供者实施更大的控制。

势力强大的客户正在通过对职业者—客户关系施以一种更加积极进取的管理而要求律师事务所作出变化。这种日渐强烈的积极进取的姿态已经对那些大型律师事务所产生了影响,正在迫使它们重新调整其组织机构。这一重新调整的过程正是本书第四章所要考察的内容。第四章将集中关注大型律师事务所,虽然也会在一定程度上对较小型的律师事务所作出考察。这样做的原因有两点:第一,本书作者收集的资料主要是关于大型律师事务所的;第二,向新型的、商业化的职业主义转化的主要是那些大型律师事务所——因此他们是一群正在试图为下一个世纪树立新的、职业主义霸权形象的职业者。鉴于这一点,集中对他们的意识形态断言和组织结构作出论述似乎至为有利。

结　论

本章旨在详细论述两个势力强大的角色——国家和资本——在过去的二十年中是如何形塑法律职业的。似乎可以公正地说,这两个角色影响巨大。国家对小型律师事务所进行了攻击,解除了他们对土地转让业务的垄断权,力图控制他们的工作和组织结构;干预职业团体的经营管理,消减从事法律援助的资格,使之成为一个法律内部少数人的市场,同时也将法律援助领域向其他群体开放;取消了自我规制的重要方面,如此等等。在这些变化中有很多变化是和其他职业群体所经历的变化一样,反映了国家通过减少花费和公共开支而不是立基于公民身份的福利来实现国家所期望实现的国际竞争力提高的目的。总而言之,国家正力图重新定义职业主义,以便让它变得更具商业意识、以预算为中心、具有管理型和企业家型等特征。这一企图打击了那些被研究该职业的社会学者看做是职业主义根本的支持者们。

然而,国家的行为对该职业而言并不完全都是消极的。譬如,大型律师事务所从国家对国际竞争力、解除管制、大爆炸、准许跨国执业以及非国有化的强调中获利颇丰。如果这些趋势倒转回去,那些大型律师事务所将和位于会计、银行和房地产领域的大型职业事务所一样,损失惨重。在20世纪80年代和90年代,尽管出现了经济衰退,但是对这类组织中的职业者而言仍旧是个好年头。因此,似乎可以这样说,在该职业内部,对于国家的行为,很难发现有共识存在。尽管大型律师事务所会对国家的许多行为表示赞同(Lee,1992),但是国家在很多方面给那些小一些的律师事务所带来了恐怖(Sommerlad,1995)。

在过去的二十年中,企业客户对该职业的态度也发生了变化。资本变得更具侵略性、更加关注成本、更加苛求于其律师的商业意识、准备货比三家,等等。简言之,它正在力图控制职业者—客户关系,对所提供的服务进行监管。再说一遍,这一变化给该领域的职业者带来了类似于问题的东西。第四章将阐明,鉴于这些变化,大型律师事务所的律师已经通过对律师事务所进行结构调整、重新界定其角色和职业主义的方式回应了这一问题。与资本和国家的要求相一致,他们正在以一种商业化的姿态重新界定其职业主义。然而,尽管在资本、国家和一些律师之间存在明显共识,但是我们不得不去询问,这种转变对谁有利?它是一件好事吗?多数律师和职业者愿意选择这一道路吗?本书的余下部分将紧紧围绕这些问题展开。

第四章 弹性积累与"商业化职业者"的出现

　　第三章述及的问题之一是说,考虑到势力强大的客户的需要,律师事务所正在改变它们的组织结构和控制过程。该章指出,这些客户已经开始建立起了强大的内部法律部门,这一趋势是在力图控制外部律师的驱动之下产生和发展起来的。也正因为如此,这种努力代表了限制市场不可预测性的企图。客户们正在通过攻击价格和质量问题试图让市场变得更加具有可预测性。本章将要论及的正是后者——给质量强加一个定义。换言之,现在,什么被看做是好的律师服务?律师事务所如何提供这种服务?第三章还考察了国家作为法律服务的客户和管理者的情况。然而,因资料欠缺,本章将不去分析国家对律师事务所的结构所产生的影响。相反,本章将集中论述大型律师事务所是如何回应日益苛求的企业客户的需要的。

　　本书第二章阐明,在过去,伦敦市律师事务所和其他律师事务所之间存在不同。该章还认为,从这些律师事务所与其客户之间的关系来看,他们之间可能并不存在质的差别。在这两种情况下,人们认为律师们大体上只和个人交往而不和公司团体或者内部专家团体交往,这是过去和今天的公司和商业机构之间的一项重要区别。过去,似乎可以合理地设想,伦敦市律师事务所[1]和非伦敦市的律师事务所都拥有相似的客户经历,在19世纪后半叶他们两

---

〔1〕 必须记住的是,伦敦市的律师事务所在20世纪70年代之前并不是很大。例如,在1930年,富尔德律师事务所只有6名合伙人,在1931年减少到5个(Slinn,1984:附录3)。

者常常被看做是公民客户的社会对等物（而且可能被看做是社会的劣等品）。律师们主要是和能言善辩的中产阶级客户、土地主、商人交往。这些客户甚至商人以一种"个人的"方式而非"官僚政治的"方式经营自己的业务（见第二章）。由于人们几乎不会更换他们的职业顾问，律师们因此也和这些客户建立起了一种长期的个人关系。虽然这一观点可能被认为尚有争议——例如，科菲尔德（Corfield,1995）认为律师交往的客户范围十分广泛——然而，我认为，只是随着法律援助和更大范围的家庭所有权的出现，该职业中的一些人才开始和教育程度与社会地位都普遍不及律师的非法律人士交往。

再次重申，重点是尽管伦敦市的律师事务所和非伦敦市的律师事务所的市场基础不同，但是在这些律师事务所中工作的律师们很可能在19世纪的大部分时间以及20世纪的很大一部分时间里都有过相似的职业者—客户经历。随着大型律师事务所和/或者伦敦市律师事务所将更多的精力放在扩张其律所规模和商业利润上，随着他们对那些业已成为该职业中其他很大一部分人的支柱领域的法律事务加以贬低或者排除（Hanlon,1997a），这一点在20世纪60年代和70年代发生了急剧的变化。大型律师事务所的职业者—客户关系之所以会发生改变，是因为律师事务所方面发生的这种市场转向，同时还因为（而且可能更加重要），正如我们所见，客户们改变了他们同其职业咨询者之间的既有关系。

导致职业者—客户关系转向的一个重要因素是法律的日渐商业化——诸如公共服务之类价值的贬低、立基于需要和公民身份之上的而非以人们的支付能力等为基础的服务供给，等等，以及支持市场价值压缩预算控制、经由创业技能生产利润的能力、向付费客户提供他们所需要的服务，等等。斯坦利（Stanley,1991）指出，法律在20世纪80年代发生了不可逆转的变化，而导致这种变化的一个最为重要的因素是法律服务内部关注的重点从正义商讨转向强调为这一市场服务。这导致了该职业内部社会服务问题的地位降低。萨姆拉德（Sommerlad,1995）也认为，正义不再被视为立基于需要而供给的一种权利(虽然,如我们在第二章中所见,法律协会从来就没有想过法律服务以需要为基础完全由国家提供),而是被视为在有利可图的市场活动中供给的一种商品。这些作者关心的重点是,一种有助于更多的商业化特征形成的社会服务精神的作用日渐下降。

本章试图阐明在过去的二十年中,这种新兴的商业主义精神以及客户角色变化之间相互关联的本质所在。本章将会论述到,这两种力量综合在一起,导致了该职业的两极分化。用布迪厄(Bourdieu,1977)的话说就是,存在一种法律习性的分裂,而这种法律习性在19世纪的很多时候通过赋予法律职业以一系列共同的内部化信仰和行为实践而将这一职业紧紧地团结在一起。这些信仰和行为实践随着法律领域(一种活动领域,它受到以潜在有用的和可用关系为基础形成的边界的限制)分裂为至少两个具有极不相同的客户关系、极不相同的职业主义类型、极不相同的业务范围的部分而走向分离。布尔雷奇(Burrage,1996)和帕特森(Patterson,1996)两人都曾指出,从1930年到大约1980年的这段时间里,法律职业拥有一种共同的特性,该特性以社会地位的提高、受限的竞争和一种社会服务精神为基础。对这一份清单我还要加上一点,用市场用语来说即所谓的一种松散的同质性(见第二章)。今天,这些特征都遭到了破坏,而这种破坏是经国家和企业客户之手完成的(见第一章和第三章,以及Hanlon,1994)。

商业律师事务所——它们真的如此不同?

如在研究方法论(见附录)中列示的,本研究所用到的范例不同于整个法律职业的情形,其原因在于它只是对不足二十名合伙人的十个律师事务所中的一个律师事务所作出的考察,它没有考察独立职业者,并且只是集中关注那些声称从事商业事务的律师事务所。但是尽管如此,本研究的结果在某些方面同以前的研究者的发现相同,虽然也存在一些重要的差别。表4.1从律所规模的角度表明了我们所使用的范例的构成情况。

表 4.1　不同合伙人数目的律所所占的比例(%)

合伙人数量	律所(%)
2	31
3	17
4—10	41
11—19	9
20 或更多	4.2

来源：Hanlon,1997a:表1。

如表4.1所示,有48%的商业律师事务所包含2个或3个合伙人,这一点与法律协会(Law Society,1994)提出的有43%的律师事务所拥有2个到4个合伙人的说法形成极好的对比。然而,当其他律所规模范畴与对其他律所所做的研究相比较的时候,就会出现大的差异。法律协会(Law Society,1994)的统计目录显示,在英格兰和威尔士,只有13%的律师事务所拥有5到10个合伙人,1988年埃贝尔指出这一数字是约15%。然而,本研究所收集的资料表明,在商业法律服务领域,这一数字实际上是41%。这种差别表明,从更一般的情况看,商业律师事务所的规模大于一般律师事务所。这一假设通过表4.1的其他数字得到了进一步的证实。因此,虽然我发现有9%的商业律师事务所拥有11到19个合伙人,但是法律协会和埃贝尔的研究数据表明这一数字要低得多(法律协会的数据是5%,埃贝尔著作中的相关数据是3.3%)。在大型律师事务所的层面上同样可以发现这种差异。本研究表明,有4%的商业律师事务所拥有20个或者更多的合伙人,但是埃贝尔(Abel,1988)却认为,对所有的律师事务所而言,这一数字更加接近于1%。总之,也许并不奇怪的是,从合伙人数量上看,商业律师事务所看似比一般的律师事务所要大得多。

鉴于从更一般的情况看商业律师事务所比一般的律师事务所要大,因而它们更有可能展现出美国研究者(Heinz 和 Laumann,1982;Glanter,1983;Nelson,1988;Galanter 和 Palay,1991)所概括的那种大型律师事务所趋势。这些趋势可被归结为这样一点,即重视盈利能力和商业问题,而不去强调一种更加传统的、包含诸如对公众和/或法庭的义务、组织职业者—客户关系的能力、对市场价值的一种相对消极或者冷淡的态度等价值在内的职业角色。简言之,美国大型律师事务所的这些特征同第三章中由客户们集中论及的特性极其吻合。如我们将要看到的,英国大型律师事务所似乎认同美国律师事务所及其企业客户的商业主义,这一点不同于那些较小的英国律师事务所,后者似乎对这样一种特质更加不能接受(Sommerlad,1995)。

创造下一代

如果检查一下大型律师事务所对更广泛的法律就业结构所作的贡献,我们就会发现商法领域的大型律师事务所的重要性日益明显。拥有20个以上的合伙人的律师事务所(占抽样律师事务所总数的4%)占到商法领域所有合伙人的30%,所有实习律师的63%,所有律师助理的75%。这些律师事务所看似是整个律师职业的训练场,或者,至少它们是商业律师的训练场。这些律师事务所在英格兰和威尔士雇用非合伙人律师和私人执业律师(Lee,1992)。如果我们将这样一个群体进一步划分,只考察那些拥有55个或者更多的合伙人的律师事务所(排名前13的律师事务所),那么这一图景甚至更加明晰。这13家律师事务所(大约占抽样人数的0.7%)雇用了所有合伙人中的12%,所有实习律师的35%,所有律师助理的45%。换言之,大型律师事务所在商法的就业结构中占据主导。注意到美国律师事务所表现出类似的趋势也是一件十分有趣的事情(见Curran,1986)。

因此,虽然为数不多,但是大型律师事务所通过训练律师职业新生代中的许多人而对整个律师职业产生了特别的影响。很大一部分未来的商业律师正是在这些最大型的律师事务所中得到训练的。事实上,6%的律师事务所(12家律师事务所)训练了所有抽样实习律师的59%,其中有四家律师事务所各训练了一百多个实习律师,占抽样实习律师的 30%。居于另一个极端的是,76% 的律师事务所只雇用了 11% 的实习律师,在这些律师事务所当中,60% 的拥有不到 10 个合伙人的律师事务所没有雇用一个实习律师,剩下 40% 的拥有不到 10 个合伙人的律师事务所每家雇用的实习律师不超过 10 人。一种双重职业似乎正在商法领域兴起。有那样一些律师事务所,他们训练明天的律师,他们可能会继续雇用许多正在雇用的人,但是并不训练他们。这一点与过去不同。例如,埃贝尔(Abel,1988)认为在 19 世纪 70 年代,有三分之二的实习事务律师是在伦敦之外的其他地方接受训练的。鉴于伦敦市的律师事务所在商法领域中的主导地位,现在的情况已经不再是过去的那个样子。如果我们在商法领域的这一划分之外且将律师职业中的其他一些划分也考虑进来,诸如大型郡级律师事务所和大型伦敦市律师事务所、法律援助特许代理人和非法律援助律师事务所、以土地转让业务为主的律师事务所和以非土地转让业务为主的律师事务所等等,那么我们最后会发现律师职业是一个高度分化的职业。

这些大型律师事务所在律师训练领域的主导地位从实习事务律师协会(the Trainee Solicitors' Group,TSG)给法律教育与操行大法官咨询委员会(Lord Chancellor's Advisory Committee on Legal Education and Conduct,ACLEC)所属的《法律教育评论》(Review of Legal Education)的答复中可见一斑。在这一答复中,实习律师协会建议,法律执业课程(Legal Practice Course,LPC)应该用法律执业基础(Legal Practice Foundation,LPF)的课程代替,法律职业课程中的一些核心科目如土地转让、遗嘱和遗嘱勘验、诉讼和辩护应该作为法律执业基础课程下的选修课,因为他们不是大多数实习律师工作的核心部分(Moorhead 和 Cushley,1995)。并不奇怪的是,在这些课程当中应该继续作为法律教育核心要素的是商法。这一建议反映了大型律师事务所在律师职业训练中的主导地位以及这样一个事实,即,这些律师事务所并不在传统的法律市场中开展业务。例如,在过去,鉴于土地转让在市场中的主导地位(见第二章),实习律师会不得不把土地转让业务当作一门核心课程来做。

今天,土地转让业务的这种主导地位似乎正在被打破(以致宅基地转让在1993年只占到整个律师职业服务费收入的11%(法律协会,1994))。如我们将要看到的,土地转让不是大型律师事务所法律服务的主要部分(见表4.2),虽然它对小一些的律师事务所而言仍然十分重要(Sherr,1994)。

表4.2 不同执业范围的律所规模(%)

	抽样总数	小型律所	拥有20—55名合伙人的律所	排名前13位的律所
诉讼	75.5	70.3	100	100
商业	55.2	49.4	100	100
财产	38.3	11.7	92	100
属人法	33	41.2	15	0
土地转让	32.3	43.8	5	0
私人客户	24.3	11.0	50	40
信托与遗嘱勘验	19.2	19.6	0	10
税收	9.5	0.8	14.5	70
专业赔偿	9.5	10.2	8.4	0
其他	9.5	10.1	0	10
银行业	8.4	0	17.5	60
金融服务	7.4	0	14.5	60
知识产权	5.1	0	8.5	40
环境	4.1	0	8.5	30
娱乐	3.7	1.6	8.5	10

来源:Hanlon,1997a:表2。

两极分化的职业?——律师事务所的业务范围和部门结构

本研究也考察了受访者的执业领域,以及他们部门结构的性质。在抽样调查的律师事务所中有80%的律师事务所说他们拥有某种形式的部门结构。然而,由不同部门组成的149家律师事务所罗列了99个不同的部门名称。为了分析的需要,这些名称被综

合为如下几类:

1. **商务部**(由这样一些名称组成,如商务、公司、商务和一般事务、公司和公司财政)。
2. **诉讼**(由所有的诉讼名称组成)。
3. **财产**(由财产、商业财产组成)。
4. **金融服务**(集体投资计划、资本市场、资产金融、金融服务、国际项目金融、金融、航空/资产金融、国际金融、金融事务所)。
5. **信托与遗嘱勘验**(信托与遗嘱勘验、遗嘱勘验、财产转让与遗嘱勘验、信托管理)。
6. **银行业**(银行、建筑协会单位、银行与海运)。
7. **私人客户**。
8. **知识产权**。
9. **属人法**(刑法、属人法、婚姻法、婚姻法与刑法、儿童保健、心理健康、住宅、移民、福利、家庭)。
10. **专业赔偿**(医疗疏忽、专业赔偿)。
11. **娱乐业**(广告、电影、剧院与电视、音乐、娱乐表演)。
12. **税收**(税收、企业税收、国际税收、税收与信托、税收与财产、养老金与税收)。
13. **环境**。
14. **土地转让**。
15. **其他**。

正如一个人会预料到的,在任何一个律师事务所中各部门的数量深受律所规模的影响(表4.2)。

律师事务所的规模似乎形构了该律所的执业范畴。大型律师事务所的执业领域主要是一些公司主导的领域(例如,金融服务、银行业、税收),但是,小一些的律师事务所则和个人客户一道在诸如土地转让、家庭法等领域开展业务。除此之外,显然还存在着一种交叉的律师事务所群体,他们的业务运作同时针对上述两种客户群。这一观点与 Heinz 和 Laumann(1982:表 3.1,表 3.2)所提出的证据甚为吻合。Heinz 和 Laumann 两人集中阐明了各种各样的公司业务是如何经由大型律师事务所得以完成的,但是独立职业者以及小型律师事务所却往往从事一些私人客户的业务。表 4.3 支持了这一结论。

表 4.3 不同客户类型的律所规模(%)

	大型公有/ 国有组织	中型公共或 私营组织	小型组织/ 个人
排名前 13 位的律所	61.5	38.5	—
拥有 20—55 名合伙人的律所	17	78.7	4.3
小型律所	7.9	30.5	59.8

来源:Hanlon,1997a:表 3。

似乎可以肯定地说,很少有"普通的"个人会去雇用超过二十名合伙人的律师事务所。这一说法进一步证实了认为在律师职业内部正在出现两极分化的观点。这种两极分化现象是紧紧围绕律所规模、经营业务以及客户范围三个核心形成的。为了极大地简化对这一情况的描述,我们可以这样说,大型律师事务所现在似乎正在金融法专门领域和一般领域为大型企业客户提供法律服务,而小一些的律师事务所则致力于在一般的商法领域,以及较多地在其他法律领域为个人客户提供法律方面的服务。显然,这是一种多少有些简化的说法,因为它忽视了一些特殊领域以及中型规模的律师事务所。然而,随着中型律师事务所数量的减少,这一趋势可能会在未来十年有所加强。例如,在 1985 到 1993 年间,中型律师事务所(根据法律协会的定义,指有 5 到 10 名合伙人组成的律师事务所)的数量减少了 7%。而与此相反,小型律师事务所的数量则增长了 26%,由 11 名或者更多合伙人组成的律师事务所增长了 32%(法律协会,1994:表 2)。这种发展将会进一步强化市场分化的状况。在会计和其他职业领域也正在出现与之相似的趋势(见 Hanlon,1994:58—61;Steinmetz 和 Wright,1989)。几乎没有任何理由去假定在未来的十年中型律师事务所数量的减少会有所缓和。

如表4.2和表4.3所示,如果从那些最大型的律师事务所的情况看,向企业客户发展的趋势有所加强。抽样中排名前十三位的律师事务所都涉足成熟老练的客户所要求的一些业务,例如金融服务、银行、环境、知识产权等。甚至和其他大型律师事务所相比较,这十三家律师事务所似乎组成了一个企业客户精英群。但值得注意的是,除了私人客户以及信托和遗嘱勘验部门之外,这些律师事务所根本不从事任何个人客户的业务。Heinz 和 Laumann(1982:324 n. 9)曾经指出,就此类规模的律师事务所而言,私人客户的业务主要是作为企业客户业务的一个分支和作为为企业客户内部的高管服务的一种手段而加以完成的。从事个人客户服务的那些部门规模不大,为个人客户提供服务的律师属于另一种类型,他们声誉不高、少有"精英"背景,不同于为企业客户提供服务的那种类型。访谈证据似乎表明英国的情况与此相似。一家大型律师事务所的合伙人说道,"我们从事私人客户服务的唯一原因是,它是作为为我们的重要企业客户服务的副产品而存在的。"他接着说道,这种私人客户的法律服务数量很少、同主要律所分离且不牵涉公司业务。

与大型律师事务所相反,那些小型的律师事务所并不如此沉浸于商法领域。他们更多地迎合个人客户而非企业客户的需要。因此他们设有土地转让事务部、个人法律服务部、信托和遗嘱部,等等。所有这些都表明从律所规模以及他们所经营的业务范围来看,我们正在目睹至少两种事务律师职业的兴起。有些事务律师高度集中于商事法律服务(在此领域内部有些差异需要区别),有些事务律师则为个人客户和小型商户提供一般性的法律服务,仅做一些数量有限的商业法律服务工作。上述两类法律执业分别在极不相同的市场领域展开运作,各自拥有许多互不相干的、事实上可能还相互冲突的业务兴趣。比如,一些事务律师可能需要一个得到充分资助的法律援助计划,而另外一些事务律师可能更加倾向于一个税收更低的小型福利政府(关于一些这样的冲突可以通过何种途径得以解决,参见第五章)。概而言之:商事法律市场常常被更大型的律师事务所所占据,而不是由一般意义上的律师职业所占据;商事法律市场常常会在大型律师事务所里训练下一代商事律师(以及可能是更一般意义上的律师)。这些大型律师事务所经常涉足的市场不同于较小的商事律师以及该职业中的其他人的业务市场。

对律师职业而言,这种境况可能在律师的社会化方面存在困难。这种困境表现在两个方面。第一,在大型律师事务所的执业中,受到嘉奖的价值有哪些?在律师职业的这一领域,职业主义的含义是什么?第二,这些"职业"价值和该职业其他领域的那些价值是相同的吗?如果不同,那么这两套(或者更多套)价值之间相互冲突吗?简言之,大型律师事务所和律师职业中的其他部分对于什么是一种优质的服务的定义是相同的吗?如果不是,那么在大型律师事务所中训练出来的职业者与那些在律师职业的其他领域中产生的职业者相互兼容吗?在回答这样一些问题之前,我们需要对大小不等的律师事务所之间的一些不同点作出进一步的考察。

"为商业化职业者的出现进行结构调整"

除了在法律执业领域和客户规模方面的不同之外,大型律师事务所和小型律师事务所在部门结构方面也存在着差异。表 4.4 表明在律师事务所内部对一种部门结构的使用也是有所区别的。

表 4.4 下设部门的律所所占的比例(%)

	拥有 20 名或 20 名以上的合伙人	业务涉及 4 个或 4 个以上商业法律领域	业务涉及 3 个或少于 3 个商业法律领域
设有不同部门	100	79.5	56
没有设任何部门		20.5	44

来源:Hanlon,1997a:表 4。

如果我们将抽样分为三组——那些有 20 个以上的合伙人的

律师事务所、那些合伙人少于20人并声称至少在四个商事法律领域开展业务的律师事务所、那些合伙人少于20人并声称至少在三个商事法律领域开展业务的律师事务所——那么，一些十分重要的差别就出现了。一如我们会预料到的那样，律师事务所的规模越大，以及/或者律师事务所所从事的法律服务领域越广，该律师事务所就越倾向于使用一种部门结构。所有未设立任何部门的律师事务所其合伙人数量均少于5人，在这些律师事务所中有33%的律所没有使用一种部门模式。这是相当合乎逻辑的，因为合伙人是律师事务所经理层和首脑机关的最高级别，因之合伙人的数量越少，即意味着律所内部各部门的数量越少。

这次调查也显示出了所有抽样律师事务所各部门的实际数量。只有3家律师事务所设有10个以上的部门。在所有规模不等（少于20名合伙人；20至54名合伙人；55名合伙人或者更多；这些分类似乎分别包括拥有个人和企业客户的律所、拥有大型和小型企业客户的律所、大型和极大型企业客户的律所——见表4.3）的律所中，最常见的部门数量是，拥有20个以上合伙人的律所是4个，小型律所是3个。因此，在部门数量和合伙人数量之间似乎不存在任何实质性的联系，部门数量并不必然能告诉我们多少关于该律所的确切规模和/或复杂程度方面的东西。

然而，访谈结果显示，导致这种情况出现的主要原因是近来在大型律师事务所内部发生的转向，即那些拥有20个或20个以上的合伙人的律师事务所从以法律专业结构为基础划分各部门向以市场领域为基础划分部门的组织结构类型转向。这些律师事务所实现了结构重组以提供一种更多地以客户为基础/市场为基础的服务。大型律师事务所已经开始重新组织自己，或者创建由各种法律专业人士组成的、完全自主的市场主体群，或者创建一种其各部门内部若干半独立的小群体组成的有限的部门结构。

律师事务所正在朝着这种结构形式发展，因为这种结构据信会大大有助于这些律所展现其商业技能。一如我们在第三章中所见，对于这种商业特征的需求日增。在理论上，比如说一位专门从事保险诉讼服务的诉讼人对保险类业务逐渐熟悉,因而能够将商业上的重点和法律上的重点分开(如果它们有所不同的话),并在寻求解决的过程中优先考虑前者。另外一个假想的好处是,通过和那些专注于工业服务的项目团队共事,律师们能够逐渐加深对某个特定的工业及其同事的专业知识的了解。这在假想上能够让他们通过发现客户有哪些困难是其同事以后可以解决的,从而为他们的同事的专业技能找到市场。这一点提高了律师事务所跨领域出售其专业服务的能力。这种变化已经发生,因为大型律师事务所正在力图变得更多地以客户—市场为导向。对于这种商业逻辑及其与客户的日渐成熟老练之间的关系,大型律师事务所相当清楚明白:

> 这种变化的好处是,你可以给客户提供更好的服务,因为你的服务将更加以具体客户为导向,满足客户的需要。你将发展你迄今为止未曾获得的关于他们工业的专业知识和技能。如果你只是代理建筑协会处理相关法律事务,那么你就得知道在那个行业中正在发生的一切,你就得知道该行业的发展趋势,你就得能够明了他们正在什么事情上试图做得更好。(J. S. 执行合伙人,大型律所)

> 在策略上,从我们的市场和未来计划考虑,我们接受这一观点,即认为部门力量是我们想在市场上让自己与众不同的方式之一。大多数律师事务所都把自己看做是以技能为基础,我认为这样说是对的。我们只是对此稍稍做了一些修正,认为部门力量可以给客户以及给我们带来各种好处。它能够使我们紧紧地和某个特定部门的利益、网络和知识联系在一起。如果我们正第一次和来自那个特定部门的一名新客户合作,它意味着我们可以更快地处理客户的业务,因为我们正沿着学习曲线向下运动,无需学会所有的高超技能。我们发现它是一种相当强大有力的方式,一种可以为客户所理解的、展现我们自己和在市场上推销我们自己的方式。(R. S. 主任,大

型律师事务所）

134 　　　关于以行业为基础的部门方法的最佳例证是我们的保险部，三、四年前我们甚至还未被看做是一家保险业律师事务所。而今，我想我们已经有二十名律师专门从事保险业务。特别是，我们正在为劳埃德市场（Lloyd's market）筹集企业资本的事情上提供专业的高质量的服务。我们毫不怀疑，我们获得这一工作的原因是因为我们为进入保险市场所做的努力，并拥有一支跨学科的专业队伍。诉讼人和公司律师正共同努力，去充分利用这些机会。（J. S.执行合伙人，大型律所）

　　我们正在试图获得的是所有世界最好的东西。我关心部门结构，因为我们有两个很大的部门。而且要想让整个律所保持一种态度，很难。你可能会发现律所之内有律所……它影响到公司跨界推销的策略等等。我想那些部门太过庞大，我倾向于设立小一些的团体，我们正考虑将我们商业财产部的一些律师分开，分成一个松散的商务团体，去处理一些和交易相关的、主要以英国国民健康保险为导向的非财产商业事务。我们也可能将其他一些部门分成若干较小的团体。我们现在所追求的是一种三重矩阵，出于管理的目的……由此你将整个律所分成不同的团体或者部门或者随便你把它们称作什么的东西，由一些自治团体管理其自身的生活，雇用自己的秘书，等等。但是它们将在许多方面相互依赖，并依赖于一个强大的中央管理核心。但那将是我们组织自己的方式，为了学科的目的，为了秘书的目的，如此等等。因此，它是三条腿板凳的一部分。另外一部分是客户发展部——我们还没有选好名称。我们将选择去做的事情是——为了我们前五十名左右的客户——正如我们已经为他们中很多人所做的那样，我们将设计出条理分明的团队，业务涉及我们与客户之间的关系的所有方面，每一团队由一名主要合伙人或者负责客户发展的合伙人领导,在他之下或者和他一道开展工作。因此,这种团队将包括诉讼人和商务律师、财产律师,等等。依照客户的规模,它可能由三个人或者十个人组成。因此,从整体上看,它将是一个以客户为中心的团体,将满足并确保一切都有条不紊,在战略上富有组织性。(J. D. 执行合伙人,大型律所)

因此,当客户表现出更加积极的姿态,要求律师事务所给予他们商业导向的法律意见的那一刻,大型律师事务所便开始改革他们的组织结构试图满足客户的需要。[2] 这些律师事务所知道,他们要想拓展并创造新的业务,必须具有更多的商业紧迫感。以市场或者部门为基础的交叉学科的项目团队是实现这一目标的机制之一。律师事务所现在开始强调将业务和商业问题看做是销售其法律服务的一种手段。他们提升自己在法律事务中作为商业顾问的角色地位,正如他们提升自己作为律师的角色地位一样。[3] 这

---

[2] 有趣的是,会计师们正在因为同样的理由朝着同一方向前进。现从以前的一些研究中摘引两段如下。

> 我们已经在整个律师事务所和各办公室内部以行业为基础将各个群体组织在一起。那不是一个坏主意。这些群体包括审计师、税务人员、咨询师,等等。我是本律师事务所在出版业方面的领军人物之一,我从来都不敢想象我会去了解与税务有关的所有事情,但我在楼下有一位合伙人,他酷爱税务专业,他还知道很多关于出版方面的事情,去哪儿我都可以带上他,我们的客户知道他们可以给他打电话……我认为我们大多数位居经理层及经理层以上的人员都是行业专注型的,他们将大部分时间都用在了一个或者可能两个行业上,我想我们的客户期望我们是那样的,他们有权利期望我们那样。(R. M.,六大律所的合伙人)

> 人们的部分动力在于他们将得到怎样的评价,他们将得到怎样的提升,以及他们将得到怎样的补偿。在历史上,当你按照职能分工模式工作的时候,负责税务工作的人员只对销售税收服务感兴趣,他并不关心审计服务的销售,反之亦然。没有人会真正关心咨询服务的销售。你知道,时不时地去这样做倒是一件好事,但是从个人的观点看,你不能从中真正获得任何东西……但是现在,按照他们市场部的表现给予奖赏将极大地激励更多的交叉利用和交叉销售。(G. M.,六大律所的合伙人)

[3] 有趣的是,与会计师事务所不同,律师事务所并未太高估自己作为一般业务顾问的地位,他们太高估自己作为商业驱动的法律顾问的地位。

样一种政策使得他们能够通过交叉销售,通过在法律专业知识和商业技能方面和对手展开同等竞争而实现市场的扩张。它也使得律师们能够宣称他们对其客户的要求有所回应,似乎不存在什么疑问说这些律师事务所感觉客户们正变得越来越苛刻(见表 4.5):

> (来自客户)的压力是去尽可能地考虑到客户的商业需要并为对客户的金融承诺划定边界。这意味着我们或者在额定收费这一边持一种睿智的立场——你知道我们现在所从事的业务更多的是额定收费业务——或者至少对收费作出限制,以致当我们所从事的业务超出了一定的水准我们不得不接受一定程度的风险。或者将一个大型的项目分解成若干组成部分,然后一步一步收费……内部法律部门的职责之一是去控制外部的法律服务提供者,而大型律师事务所能够极为老练地做到这一点。他们确切地知道所牵涉的一切,知道处理这些事务所需要的一切……他们知道我们是怎样工作的,他们自身会针对这些进行大量的练习。(D. J.,主任,大型律师事务所)

表 4.5 不同规模的律所之间市场竞争程度(%)

	55 名或 55 名以上的合伙人	20—54 名合伙人	小型律师事务所
非常强烈的竞争	84.6	70.2	28.1
强烈竞争	15.4	27.7	35.9
一些竞争		2.1	21.9
很少竞争			8.6
没有任何竞争			2.3

来源:Hanlon,1997a:表 6。

因为在经济萧条时期发生的情况是,多数这些大型的经济巨人都设立了公司内部的法律部门,在过去的三四年的时间里,他们知道怎样伸缩他们的肌肉,因此每一个人都是在一个高度竞争性的市场中开展业务。这并不意味着你不可能赚得到钱,但是它的确意味着你不得不经常和其他律师事务所为争取业务而相互竞争。虽然你不一定非得去从事最廉价的服务,但是你却不得不具有竞争力,我们不得不确保对自身的资源作出管理,确保我们没有浪费太多的资源,而这些资源是用我们所赚的服务费不能买到的。而这些正是我们至今还在学习的东西,因为过去我们常常认为我们不得不在每件事情上都做到最好,但事实上并不是所有的客户都希望那样。(J. S.,执行合伙人,大型律所)

小型律师事务所没有沿着这条道路走下去,因为他们的法律服务范围极不相同。例如,一个寻求土地转让法律服务的个人通常不会去雇用一个离婚律师或者一个信托律师。个人很少会用到律师,在每三个人中仅有一人会每隔三年用一次律师(法律协会,1994;亦见 Hanlon 和 Jackson,1998),因此律师跨界交叉销售服务的可能性是有限的。对一家小型律师事务所而言,一种以客户为导向的市场部门的方法根本就没有任何意义,因此他们需要一种不同的组织结构形式,一种以通才型专业知识为基础的结构形式。

大型律师事务所、人事评估和终身合伙关系的终结?

在大型律师事务所里,这种市场转向的重要性反映在对事务律师的评估上。现在,对大型律师事务所潜在合伙人进行评估是去看他们管理律所业务能力和通过销售服务提高律所业务的能力。有一家大型律师事务所的职员评估指南要求合伙人记住一些企业家的各项才能。合伙人用来评价潜在合伙人的材料列出了(按照如下顺序)一名合伙人的四个主要功能:

1. **赚取服务费**——合伙人候选人实现了他们的开支计划了吗?他们的开支一直是其工资收入的三倍吗?他们实现并超出了其每小时的开支计划了吗?他们经常处在账单未付状态吗?

2. **执业发展**——候选人引进了一些有价值的客户吗?他们参加市场活动(文案写作、研讨发言等)吗?他们对于客户款待表现出一种积极的态度吗?

3. 职员的管理和发展——申请人和律所的职员、同事相处是否融洽？能否激发他们的积极性？他们是否委派工作？他们参与职员的训练和评估事务吗？

4. 管理——申请者是否表现出了一种参与管理的愿望？他们担任过任何管理者的角色吗？对于律所，他们提出过任何改进建议吗？他们遵循了律所的工作流程吗？他们单独行动吗？

这些标准得到了其他律所合伙人的响应和支持：

> 在某种形式的联合体中，有三个基本的品质需要具备。首先是一种显而易见的能够向客户提供优质服务的才能。聪明睿智、问题解决、高效的服务、高质量的工作、积极的客户反馈等都是我们决定事务律师 X 是否是一名合格的合伙人候选人的基本条件。要求具备的第二个基本品质是发展客户的潜能，即所谓的人工降雨的能力，它是一种吸引新业务的能力。为了开拓一项新的执业领域，不管它是来自现有客户的新业务，还是来自新客户的新业务。那些极擅长为客户提供服务的个人并不总是擅长客户开发。接着，第三个基本品质是你可以将其称作组织和行政能力的东西。它是一种和他人很好地合作共事的能力，一种组织项目的能力，一种能够对自我和事情进行有效率地、全面管理的能力。你可能听说的说法是，我们需要的是发现者（finders）、守望者（minders）和研磨者（grinders）。（D.J.，主任，大型律师事务所）

在另一家律师事务所中，关于一名合伙人应该具备哪些技能的看法与此十分相似：

> 我还是认为，专业知识上的出类拔萃几乎被看做是有学问的一种表现。并不是非常有学问的那种，但是你的知识已经达到了一定的专业水准，因此它并不只是专业技能而已。它是一种引进业务和在最广泛的意义上发展我们的业务的能力，它是一种管理才能，诸如此类。这就是为什么它很难界定，它只是一种感觉而已，比如说这个人会赢得尊重吗？他们

第四章 弹性积累与"商业化职业者"的出现

会带来新业务吗?他们是否具备实务眼光而不是理论眼光?这是我对这一问题的理解。(H. N.,合伙人,大型律师事务所)

这名合伙人继续指出,合伙人自己也要接受这种评估。随着商务问题和商业化过程的重要性日增,这意味着合伙人身份逐渐不再是终身性的。

> ……当我们开除 X 个合伙人的时候,法律媒体有很多宣传,又都是一些关于我们的形象之类的东西,说我们律所是一家大型的、管理严格、让人讨厌的律所。我参加了那次决定,我是理事会的成员之一。所有这一切都归结到一点,就是我们试图满足资历较浅的合伙人要求上进的渴望,满足职员们要求获得提升的渴望。因为本律师事务所演进、发展的方式方面的原因使有些人变成了废人——通常你会养一些废人,他们只是占着合伙人的位子,其实,任何一个组织都是这样。除非你作出一项头脑清醒的决定,我的意思是说,这些人赚很多钱,你会看到这些数字——除非你作出决定说,"对,啊,我们想把这些人清理出去,为其他人的成长腾出空间",你不会去创造一个尽可能充满活力的环境。你会让人才受到压制,因为在更高一级的梯队中没有多少人才跻身其中。

以这种方式对待其合伙人的律师事务所并不是独此一家——如今,美国人执行类似的政策已经有一段时间了(见 Nelson,1988;Glanter 和 Palay,1991)。两位来自不同律所的执行合伙人表达了类似的观点:

> 我们有一套评价体系,每个人,从办公室的年轻雇员开始,都将接受评估,我们非常认真地对待此事,努力让我们的评价体系保持正常运转。评价体系如果没有得到正确地执行,其后果可能会非常糟糕,甚至会是毁灭性的。我们非常努力地让我们的评价系统运转正常。它不是奖金结构的一部分,它是律所每个职员的个人事业发展结构的一部分,因此它不是利润分享体系的一部分。它是一套执行起来非常困难的

体系,你不可能总是能找到两个情况完全相同的人进行比较。你可能会挑出合伙人 A,他带来的服务费收入可能很少,但是他正出差在外,正大刀阔斧地为律所赢得客户,他是一位重要的人工降雨者。再看合伙人 B,他是一位服务费大王,不断地为律所带来服务费收入,但是在他之下可能没有一大班人马,他可能不是在为其他每个人发展业务。合伙人 C 在专业上十分出色,但是根本就不擅长引进业务。各种各样的才能交叉混合在一起,很难知道该怎样去比较,因此比较总是令人生厌。我想你不得不在一天的末尾对那些特征中的一些特征作出权衡,由此开始着手工作。我想很多律所都给合伙人开工资。那么你就有一些和别人意见一致的地方,反映合伙人的资历、过去的表现,等等。然后是第三个层级,他们根据本年度的表现而有所区分——这可能是我们在某种程度上将要采用的模式。(J.D.,执行合伙人,大型律师事务所)

上述引文虽然没有直接攻击终身合伙人身份这一观念,但是它间接地表明了律师事务所在评价和排名其合伙人方面,以及在我认为在暗自考虑改进或者管理那些被认为表现不合格的合伙人方面日渐增强的决心。下面一段引文很好地阐明了那些不及格的合伙人所面临的困境:

一个十分具体的例子,当我刚成为合伙人的时候,在我开始参与管理后没多久,一名合伙人很多年都没有作出什么成绩了——对此十分痛苦,合伙人来了又走,走了又来——那个时期的节奏比现在要慢,那个时候花四年干的事情现在我想可能只需要两年——一位初级秘书把他从复印机边推开,每个人都知道,观察这一幕是一件趣事,每个人都知道,那位初级秘书正在干什么以及她为谁干一定比他自己正在做的任何事情都更重要。在心理上,此时此刻你实际上不可能继续在该律所出现——那简直是太丢人了。因此我想事情就是因为这个,不是实际发生了什么——如果你看看我们的历史,关于他为什么离开的正式声明会是另外一个样子。看看这个例子,我想,这是一个很常见的、非常清楚恰当的例子。现在它看起来相当地没有情面,因为从实际发生的情况看,显然其中存在一定程度的游戏的意味——我们必须保持我们作为一个社会团体的地位,但是如果这种地位不再被承认,那么事实上就静悄悄地将它公之于众好了,然后每一个人都知道谁没有作出成绩——那么他们就完蛋了。(K.J.,执行合伙人,大型律师事务所)

因此,大型律所似乎正在从如下三个方面实施重组,以回应这一更加积极的市场环境:第一,在结构上他们设立了市场部;第二,现在对人力资源的评价主要是以他们在一些重要的商业事务上的表现为准;第三,通过合伙人资格而获得的执业所有权不再意味着一个人必定在其余下的工作生涯中拥有律所的股份。如上所示,这些变化反映了势力强大的客户的影响力,以及他们对职业者所提供的服务作出评价的方式。对律师而言,这不完全都是消极的,如果对变化处理得当,则其回报可能是巨大的。例如,在1988年,英国五大律师事务所共有527名合伙人(Flood,1989:表2)。到1993年,这一数字是849(London Economics Ltd,1994:表2)[4],在五年中增长了62%。在这些增长中,有些是来自律所之间的合并,但是律所越大,常常意味着利润率越高,因此对增长的吸引力越大(Hanlon,1997a:800)。非合伙人律师人数也增长迅速。1988年这一数字是1511,到1993年增长到3062人,增长率约为50%。考虑到当时英国正处在经济大萧条时期,这一数字代表了一种非同一般的增长率。对许多大型律师事务所的律师而言,商业化的职业主义有其优势。因此,也许一种更加准确的说法是,律师事务所已经进行了结构重组以回应强大客户的需求,以回应那些作出改变的律师们日渐增强的实际优势。

虽然许多律师事务所正在沿着这个方向发展,但是仍然有一些律师事务所继续保持着一种非常传统的风格。英国和美国不

---

[4] 在这五家律师事务所中,只有三家在1988年和1993年两次位列"前五"。

同,美国似乎更广泛地认同立基于"自食其力"(eat what you kill)理念之上的合伙人结构,英国的律师事务所则继续保持他们那种陈旧古板的合伙人形式——一种主要以资历为基础的结构形式(见Flood,1989)。然而,似乎可以合理地推测,这种结构形式正受到威胁,正在发生转型以让自己变得更加灵活。这种灵活性主要在于如下两点。一是引入奖金支付制度,以致利润的分配不仅仅是以资历为标准,对那些挣得大量新业务或者为律所作出了其他重大贡献的合伙人,付给他们一定的奖金:

> 你不是通过取消个人目标来避免(对合伙人个人)作出评价——当一天结束,在一些合伙人中间总会有这样一种感觉,认为他们比其他的合伙人作出的贡献更多,更配做一名合伙人。这时我们做得相当公平。我们设有一套主要以资历为基础的评价体系,虽然我们只是刚刚废除了我们过去所使用的陈旧古板的评价体系。一名资历尚浅的合伙人参加了进来,虽然人们可能会认为他在过去的几年中表现平平,但是这种看法值得怀疑。对那些成功地上升到最高级别的合伙人,在过去的两三年中,我们的确试行过一种奖金制度,事实上在我成为执行合伙人之前实行的就是这种制度,但是它失败了。那不是一次愉快的经历,大量的紧张,正如结果所证明的那样,它并不公平……我想找一个词语,但是我找不到……它就是不能通过逻辑的方式解决。问题是一旦你失败了,要想再一次将它介绍进来便更加困难。我们现在正在努力去做的,是花时间去非常仔细地对这一切作出检查。去年,我们的业务状况不错,每个人都很高兴地分享到了那一年的收获,而不是按照过去的那种评价机制被评价。我想我们可能会最终找到某种设立某个"超级利润"的方式,这种超级利润可能会以一种不同于纯粹的算术系统的方式进行分配。我们将其写进了我们的合伙协议中,写明它该怎样综合考虑过去的评价和未来的评价展开,但是我们仍旧不得不信赖我们自己去执行它!(J.D.,执行合伙人,大型律师事务所)

这种新的灵活性的第二部分是一些通过提前退休的方式消灭"废人"的计划机制。的确,在合伙人五十岁初期到五十岁中期的时间段,随着他们对律所的贡献逐渐减少,似乎存在强迫他们退休或者让他们降级的现象(见更早的引文以及 Chambers 和 Baring,1995:36—43)。

所有这些变化基本上都是以企业家和管理者的标准而不是以传统意义上的职业标准为基础的。它们可被应用于各种各样的行业领域,但是它们不是多数论述这些职业的作者用以描述职业主义的含义和职业人士可能会看重的技能的标准(例如,见 Hughes,1963;Wilensky,1964)。法律职业中企业家价值的主导地位将迫使律师个人改变他们的工作习惯,这反过来将会攻击到在早些时候述及的职业主义的社会服务意识形态(见第一章、第二章)。这种观点并不是没有根据。汉隆(Hanlon,1994,1996)已经证实在审计工作中也存在某种相似的模式。杜盖(DuGay,1993)曾经考察过在公共领域内部发生的这种转型可能造成的影响。这种转型也同样在医疗、教育、工程和科学领域发生(见第三章)。萨姆拉德(Sommerlad,1995)也专门论及小型律师事务所的律师是如何觉得他们传统的职业主义观念正受到这种逐渐发展的企业家主义的进攻的。企业家主义正在迫使他们改变其工作模式。

大型律师事务所所具有的这些特点集中体现了法律领域内部正在发生的职业主义本质的转向,以及商业和/或企业家问题日渐增长的重要性。这种转向似乎在大型律师事务所表现得最为明显,也最受欢迎,虽然萨姆拉德(Sommerlad,1995)、布尔雷奇(Burrage,1996)和帕特森(Paterson,1996)也曾指出它已经渗透到了一般执业的各个部分。其他的职业部门也正在经历这种职业主义本质转变。事实上,我已经说过,它是过去十年左右的时间里职业工作的主要特征之一(Hanlon,1998)。我曾经指出,商业标准已经开始在职业内部比专业能力更加受重视,而且至少在理论上,这一点与 20 世纪大部分时间所呈现的形势形成对比。这些变化集中反映了法律职业内部另外一种竞争性职业主义观的兴起。这种新型的、商业化的职业主义在大型律师事务所内最受欢迎。它重视裁剪服务以满足付费客户的需要,然而这个客户是谁,以及他们所接受的服务如何都是由他们的支付能力决定的,而不是由其市民身份决定的。如第一章所示,这种商业化的职业主义不同于20世纪30年代之后出现的那种职业精神。与大型律师事务所不同,小型的、一般执业的律所似乎想继续保持这种早期的职业精神(Sommerlad,1995)。但是鉴于目前积极吸引客户并让他们一直感到愉快是大型律所律师执业的核心所在,那么如何去实现这一目标?我们下面要论及的正是销售服务的问题。

网络和对个人的(重新)崇拜

从上述变化出发,本书读者毫不奇怪地会发现自从禁令被取消以后,大型律师事务所就已经利用了市场。入市销售,这种吸引客户的最正式的方式,在不同程度上被律师事务所使用。如我们所见,在最宽泛的意义上,立基于市场销售的标准已经导致了大型律师事务所中间律所结构的重组。除此之外,正如表4.6所示,正式的市场销售的意义对一些律师职业而言十分重要。

表4.6 市场方案的范围与类型(由不同规模律所设计)(%)

	55名或55名以上的合伙人	20—54名合伙人	小型律师事务所
是的,正式同意	92.3	57.4	22.7
是的,不是正式	7.7	31.9	14.8
内部讨论		6.4	28.9
不是以上任何一种		2.1	32.0
(没有)	(13)	(47)	(128)

来源:Hanlon,1997a:表5。

不同类型的律所之间的市场销售呈现出一些重要差异。在最大型的律师事务所中,除了一家律所之外,其余都设计了一种正式的市场销售策略。对其他一些拥有二十个以上的合伙人的律师事务所而言，情况更加多样，虽然仍然存在一种高度的形式化。毫不奇怪的是，小一些的律师事务所其复杂性尚未达到这种水准。有正式计划的29家小型律师事务所往往在四个或四个以上的商业法律领域开展业务（72%），表现出一定程度的商业复杂性和专业性。那些运用市场销售策略的律师事务所似乎都是一些大型律师事务所，其规模足以在多个专业领域开展业务。这些专业领域要求消费者必须被告知，因此需要进行市场销售以提高客户的服务供给意识，以帮助客户作出决定。这是最近才兴起的现象，进一步表明了客户知识以及更加积极的客户行为可能会怎样去迫使律师改变其工作模式和意识形态。这样一些市场销售策略的实际影响是值得怀疑的。宣传小册子之类的东西可能会将律所推到公众面前，但是这些东西本身并不能说服企业客户去购买法律服务：

> 如果我是某个地方的一家公司的财务经理，要知道你会怎样处理这件事真的需要一番工夫。你可能会问你的审计，问你的银行经理，事实上它只是比你在监狱里所干的事情稍稍复杂一些的建议而已，牢房里的那个家伙凑到你身边说，"他只判我五年没判十年，他一定是一个大好人。"在商业市场上同样如此，因为律师发疯般地推销自己，但是我认为，只有律师才读律师的广告。确实，律师事务所的一份广告并不会让我去雇用他们。我有满满几柜子的广告宣传册，都是自我来这里工作之后收到的。我有苏格兰以及英格兰每一家律师事务所的宣传册。是的，我看看它们，从中你获得一些印象，但是我有优势，我想，我已经碰巧在桌子的另一边遇见过他们，但是阅读律所的宣传册并不能真正告诉你多少关于他们的信息。（D.G.，公司秘书）

关于上述引文，有两点十分有意思。一是按照假定，对一个非法律专业的外行人而言，市场是一个充满危险的地方，甚至对一个像财务经理这般与法律职业群体交往颇多的某个人而言也是如此。二是宣传手册之类的东西并不真的能提供多少信息，但是个人经验却能。例如，一位客户在听完一名律师的大会发言后就是否雇用该律师作出如下评论：

> 身居要职的那些人多年以来已经建立起了自己的个人关系，不管它是否是通过参加专家课程，也不管其中的合伙人之一是否是发言人——我自己已经参加过由 X 担任发言人的课程，你会发现他的知识是多么的渊博，你会想，如果需要的话，我会去找他的。(J. R., 法务官员)

律师事务所自身似乎非常清楚研讨会发言和其他形式的个人经历相对于广告宣传册和正式的市场营销而言所具有的作用。例如，一家大型律师事务所的一名执行合伙人这样评论说：

> 我们做了相当多的公关工作——它并不是非常的复杂，你知道，在各大报纸上登些文章，以及做一点点广告——我们力图避免做广告，我们所做的这些工作似乎不是特别有效。我认为比较有效的（产生新业务）的方式是人际网络。我的意思是说，在这个城市里有无数委员会，各种各样的事情。因此我们试图确保我们加入大多数委员会，成为其中大多数委员会的代表。我们也做一些像举行研讨会这样的事情，其目标常常是针对现有的客户和一些中间人的。但是我们也试着顺便邀请一些潜在的客户过来。毫无疑问，我认为那是吸引业务的一个相当不错的途径，我们的确看到了由此带来的直接结果。(P. S., 执行合伙人，大型律师事务所)

因此，虽然客户们变得越来越苛求，但是一些关键人物的名望及其客户经验仍旧是销售该服务的核心所在。正式的市场营销手段的使用表明，市场竞争正变得越来越激烈，一些律师事务所觉得他们能够且应该让自己同其他律师事务所区别开来，但是市场营销不可能取代个人经历。因此在变化中存在连续性。同过去一样（见第二章），个人交往和人际网络仍然是销售法律服务的核心要素。

正如我们已经看到的，客户常常会很不客气地要求他们的法律顾问满足一定的法律或非法律的标准,这迫使那些法律顾问不得不去改变他们的组织结构和模式。然而,这一变化并没有改变这样一个事实,即法律服务,像许多职业服务一样,在很大程度上依然是一种以人为本的事业。尽管如此,客户的要求已经改变了商业律师事务所,它们迫使律师事务所完成结构调整。似乎可以公正地说,它们在职业者—客户关系方面削弱了律师事务所。然而,除了这些变化之外,客户的要求似乎同时也强化了大型律师事务所内部关键人物的商讨权,其中的原因主要在于这样一个事实,即客户依旧是在直接经历的基础上购买法律服务的,有了一次不好的经历之后,或者当新的服务供应商给他们提供了一种更好的服务经历的时候,他们会更换掉原来的服务供应商。这意味着客户信任那些和他们有过美好经历的律师。

　　这一点自过去以来一直都是这样。从许多方面说,职业者向客户销售的总是信任。客户,无论他们是组织或者个人,从职业者那里购买的是信任,职业者在市场上出售的是信任。很多职业性的社交活动都是建立在这样一种暗含的观点的基础上,即认为职业者必须表现出一名客户或外行人士所期望的那些品质,以便他们能够信任相关的职业者个人。在社会学研究文献中有很多这样的例子。比如:新近获得资格的医生必须表现出很有把握的样子,尽管他此时对自己一点都没有把握(Peschel 和 Peschel,1986);实习会计师们不得不遵循大型律师事务所的客户期望他们的会计师所应该遵循的行为规范和衣着规范;同样地,会计师们还应该表现出很有知识的样子,而不应该在客户面前表现得一无所知,即使他们实际上仍在学习之中(见 Hanlon,1994:128—52)。与此相同,人们期望年轻的律师们去遵循被认为对一名事务律师而言适当的行为模式,去和某种特定的形象保持一致(Moor 和 Moor,1991)。

　　情况之所以如此,原因很简单。所有职业的新人招募都是基于这样一种理念,即遵循一种特定行为模式的那些人比不遵循一种特定行为模式的那些人会成为更好的新人(Jenkins,1986;Collinson 等,1990)。专业职业一直以来都是要求行为一致性的典型。

许多对律师事务所和会计师事务所的历史研究和当代研究都对此有过专门的论述（见 Swaine, 1948; Spangler, 1986; Slinn, 1987 对律师事务所的论述；和 Harper, 1989; Hanlon, 1994, 1996 对会计师事务所的论述）。一致性意味着连续性，连续性意味着信任。职业服务中的信任表现在两个方面。首先，人们相信职业者会充分地完成所接受的任务，能够将客户的困难转换成一种专业化语言（Cain, 1983; Sherr, 1986; Ingleby, 1992）。在这种情况下，客户通常是一无所知，苦于缺乏足够的信息借以去对职业服务的质量作出判断，或者去以任何有意义的方式形塑职业服务。职业者在市场上是这样推销自己的，宣称自己因为拥有职业资格而在专业上能够胜任这项工作，因为客户了解他们以及/或者因为他们给客户留下的第一印象和/或因为他们是某个职业团体的成员而值得信任（对这些方面的——描述，见 Van Hoy, 1995）。这种信任是各职业同国家订立的契约的重要特征之一（见第二章; Paterson, 1996）。

然而，信任也可能会表现为第二种形式。在这第二种情况下，客户成熟老练，有能力对所提供的职业服务作出评价，因而会试图建构职业者—客户关系。此时售出的职业服务是得出客户所追求的结论的能力，尽管这些结论并不一定只是一些"专业性的"结论（见第三章以及 Hanlon, 1994, 1996 关于会计领域的例子）。如我们所见，客户的势力是如此强大，强大到足以保证让职业者运用其技能去实现客户所期望实现的目的，而不只是去相信这些职业者能够实现这些目的。总之，客户掌控着这一关系。在这种情况下，只有那些认同客户并得出"正确"结论的职业机构才能获得客户的信任（见 McBarnet, 1994 关于一些这样的结论的例子，这些结论常常涉及对法律精神的违反）。不过，信任似乎也青睐一些重要的个人。

这意味着职业组织及其职业者被社会化了，开始对势力强大的客户的目标表示认同，因而能够获得（部分的）信任，让人相信他们能够得出正确的结论。这与欧弗的任务继续型组织或者弗里德曼的负责任的、独立自主的工作者十分相似（见 Offe, 1976; Freidman, 1977）。在这些环境下，人们相信工作者们能够完成任务，因为这些工作者已经被社会化了，变成一群能够作出"正确"决定的人。就诸多信任形式而言，由于当事人—代理人关系内在的怀疑因素，所以信任的实际情况比该语词的含义要复杂。这种怀疑必然导致使用一些监管措施以保证做到相互"信任"（见 Armstrong, 1991）。一如我们所见，企业客户正在制定日渐复杂的监管策略。本章的余下部分将分析这种信任是怎样建立起来的，以及它在法律服务市场中形塑组织结构的方式。为此，余下的内容将主要集中于大型律师事务所这一法律服务领域，但也将对小一些的律师事务所和会计师事务所稍有涉及。

嵌入性、信任与职业服务的市场销售

职业者—消费者关系内部"信任"的性质既是由消费者的知识决定的，也是由其所涉及的个人的—职业者的—社会的网络的性质决定的。这两个因素都影响到许多大型律师（以及会计师）事务所正在进行的组织变革的当前形态，反过来，这些因素已经并将继续受到当前和过去的组织的和社会的重新定位的影响。简而言之，它是一种辨证的关系。因此，消费者的知识/权力和社会网络在微观层面上影响到组织结构的变化（同时也受其影响）（中间层面），也意味着影响到宏观层面的社会—经济变革，并受其影响（见第五章）。

格兰诺维特（Granovetter, 1985）提出了嵌入性理论（theory of embeddedness）来解释社会网络是如何影响社会和组织形态的。他指出，这些网络遍布经济和社会生活的所有领域。格兰诺维特（Granovetter）认为，这些网络有助于建立个人与市场交易的秩序。它们至少能够在如下四个方面帮助个人创建交易秩序：（1）它们给个人提供廉价的市场知识；（2）一个人对自身对事件和他人的知识的信任甚于他对来自其他途径的知识的信任；（3）身处一持续关系中的个人之所以表现出值得信赖的样子，是有一种经济动机在里头;(4)持续的经济关系开始被一种社会内容遮蔽掉了,随着这一社会内容而来的是对于信任的强烈期望和机会主义的缺席。格兰诺维特(Granovetter)将社会网络看做是个人借以试图在其经济和工作生活中建立起秩序和稳定性的一种手段。因之,正如各个组织设立内部法律部门以减少其与市场交易的不确定性和交易成本一样,个人也力图减少(劳动力)市场的不稳定性和不确定性,只不过是通过创建网络的方式。就像本章将要详细论述到的,在职业服务的世界里,个人网络、信任以及市场是相互紧密地联系在一起的。

网络和市场知识——信任关系与消费者

主张职业垄断的理由之一是,它多少可以保证客户所接受的服务能够达到最低的质量要求。但是尽管如此,不懂得如何在众多事务律师(或会计师)中进行鉴别挑选的消费者只得借由别人的推荐来购买服务。人们总是以自己的先前经历或者自己所认识的某个人的先前经历为基础来购买专业服务。最近的证据显示,有78%的个人客户雇用的事务律师要么是别人向他们推荐的,要么是他们以前曾经雇用过的(MacMillan,1995:表27;亦见 Hanlon 和 Jackson,1998)。这样做的理由非常明显:在购买服务之前或之后,他们没有任何可凭以对服务作出评价的手段。恐惧和无知迫使个人消费者不得不依赖于通常意义上不可能在市场上买卖的个人网络。因此,对职业者而言,在市场上推销自己的方式不是简单地去做做广告(虽然它可能有所帮助),而是去发展关系和网络。

在个人客户的层面,利用个人交往也许不令人奇怪。然而,推荐和网络在其他一些可能更加成熟复杂的市场中也被用作购买法律服务和会计服务的一种手段。例如,在法律和会计领域,事务所的业务都是由其他职业者利用自己的个人交往和过去的关系带来的。小型会计师事务所的会计师们积极地寻求去和其他职业者建立起关系,其目的是为了给自己的客户提供更广泛的服务,从而能够在竞争中获胜;

第四章 弹性积累与"商业化职业者"的出现

> 我们和某些专业人士培养关系,我们一直在利用他们。这就是我们为什么要设立电脑部、秘书部等部门的原因。我们显然不需要那些部门,但是我们需要的是与其他人保持良好的工作关系,他们可能只是一些独立的执业者,但有些时候不是。(C.M.,小型会计师事务所合伙人)

律师也和一些非客户人士培养关系,希望这些人能给他们带来业务:

> 因为我们这儿是一个相对较小的城镇,你之所以和人们交往是因为你需要和人们交往。我现在主要交往的是那个房地产经纪人。我在四岁的时候曾经和他一起做过扁桃体切除手术,我的父亲和他的父亲有过来往,他父亲也是一个房地产经纪人。我们从来没有在社交场合见过对方,他简直就是一个大好人。现在另外一个家伙需要利用我办点事,我也会从他那里受益,就这样你和他建立起了一种关系,后来不知怎么的关系就变了——他离开了这个城镇或者是退休了——如此等等。(J.R.,小型律师事务所合伙人)

在许多情况下,职业者们不能评价由其他职业者提供给他们的服务的专业质量,相反,他们是在长期以来经由格兰诺维特(Granovetter,1985)所列举的个人关系网络建立起来的信任的基础上来购买服务的。事实上,这种行为不限于职业者。在20世纪60年代,麦考利(Macaulay,1963)证明了这样一个事实,即商业买卖也是以一种类似的方式进行的。

显然,对作为买方的公众而言,在使用职业者的关系网络时潜存一定的困难:职业者之间的联系对相关职业者的好处可能多于对客户的好处——例如,一名房地产经纪人可能会推荐或雇用一名昂贵的律师,因为他们想和那名律师保持一种有利可图的关系。因为个人客户很少用到许多职业,因此他们常常不能建立起一种关系,从而也就无缘享用这种关系所具有的潜在好处。从根本上看,这些人——非重复使用者——依旧不得不信任经其他人推荐的职业者。因此,职业服务的非重复使用者正面临着一个关系网络内部所固有的问题:他们可能会根据他们所信任的某个职业者(或者外行人)的推荐来向另一位职业者购买服务。正因为如此,他们也许会因为推荐者和被推荐者之间的关系可能比客户与该推荐者之间的关系更加紧密而成为牺牲品(见 Blumberg,1967 对刑法领域类似情况的论述)。这样一种职业关系网络为机会主义和不法行为提供了机会。因此,正是在市场的这一端,需要有某种团体——不管它是职业团体还是国家团体——去真正扮演一种规制者的角色。

然而,一如我们所见,对大型律师事务所而言,成熟老练的企业买主的兴起导致了对职业者实施更加有力的监管。这样做的结果有三。第一,企业法律顾问从中受益,因为这种监管措施是以如下事实为前提的,即许多这样一些成熟老练的内部员工都是律师,他们将会减少不法行为发生的可能性(见 Chayes 和 Chayes,1985; Rosen,1986——19 名受访的企业客户中有 16 名是企业的内部律师)。第二,它削弱了律师事务所对职业者—客户关系的控制,迫使它们作出改变。第三,更加成熟老练的消费者的出现给一些执业律师的执业活动提供了更多的权力——也即是说,那些被公认为在法律上和商业上都非常有才干的律师(有势力的企业客户不喜欢将这两种品质分开)从中受益。因为企业客户觉得他们知道这些人都是些什么样的人,他们需要这些人的职业服务,因此授权给他们。当这些人离开律师事务所的时候,企业客户甚至可能会跟踪他们。过去,消息不甚灵通的(并/或不甚积极的)企业客户之所以和这些律师事务所合作,是因为它们拥有良好的声誉,故而比较保险(见 Davis 等,1993 和 Kay,1995 对职业服务中声誉的重要性的分析)。除此之外,事实上在过去,客户们之所以和这些律师事务所保持合作还因为那些关键、抢手的律师控制着那时相对较小的律师事务所。正因为如此,律师更换律所的事情在那时从来就没有真正发生过,因为这些抢手的律师已经控制了他们为之工作的组织(见第二章,或者更确切地见 Swaine,1946,1948; Slinn,1984,1987)。然而,今天,律师事务所在规模上要庞大得多,使得它们更容易因合伙人的不满和变动而受到影响,这可能会导致势力强大、消息灵通的客户去求助于某个关键的、抢手的律师个人,而对里面都是该客户可能从未谋面的合伙人的大型律师事务所不再忠心耿耿。总而言之,信任可能会放在个人身上而不是律师事务所身上(虽然实际情况显然并非这么简单)。对企业客户那些攸关自身未来的活动而言可能尤其如此:

> 不(我们从来不出去招标),因为律师事务所为我们所做的很多工作涉及收购或者公司法务,在这些事情上,连续性是至关重要的……因此目前我们不出去招标,我们根本就没有想过出去招标。我同意,不出去招标,我们可能会被要价过高,也不会知道市场行情。但是我想说的是,在很大程度上我们打交道的不是那家律师事务所,是 X,是那位女士。她就是那家律师事务所。她,譬如,不久之后从一家律所换到了另外一家律所,我的反应是,即使你搬到了延巴克图(Timbuktu)*,我也不在乎,只要你仍旧打理我们的客户。如果说将来她要是辞职不干了,那么它(该客户是否也离开)将要看由谁接手打理我们的客户。(G.S.,公司秘书)

> 当我离开的时候(带着客户和你一起走),它是我遇到的一个问题。如果你有必要的后援和各种资源,能够让一名客户满意,那么是的,我会跟着那个人走。例如,在布洛格斯科(Bloggs & Co.)(一家著名的苏格兰专家事务所)工作的 X 可能是苏格兰排名第一的破产律师,我想没有人会怀疑这一点。如果他离开了布洛格斯科(Bloggs & Co.),世界会跟着他走,只要他有几个得力的助手给他撑腰,如果 X 离开,布洛格斯科(Bloggs & Co.)可能会倒闭。在苏格兰,它确实是如此重要的一个问题。(D.G.,公司秘书)

---

* 现名通布图(Tombouctou),是西非马里共和国中部一城市,靠近尼日尔河,位于巴马科东北部。——译者注

绝对会,如果你问我们是否会跟着离开。我想,如果毫无理由地、仅仅因为历来如此而把自己和一家律师事务所绑在一起,那就大错而特错了。我想我们必须针对我们能够从哪儿获得最好的服务这一问题作出回应。如果那意味着我们要全部或者部分地转移我们的忠诚,那结果可能是,我们将继续使用过去的律师事务所,例如,在伦敦我们接触最多的律所合伙人是叫 X 的合伙人。他在该行业中被看认作是金融服务领域的专家。如果他要换到其他地方,或者自己单干,例如,在一家小一些的律所,那么是的,我们会继续雇用他。由于我没有权力自己这么做,那么我会提出建议说,我们应该考虑离开。(J. R.,法务专员)

如上述这些引文所示,购买者常常将自己和律师个人绑在一起,而不是和律师事务所绑在一起。当然并不是所有的客户都是这么想的。例如,有位客户是这样评价的:

发生过这种事。虽然不是经常发生,但是它发生过。我们不觉得非得要跟着他们走,因为从总体上看,那毕竟只是四十个人中的一两个人而已,就我们伦敦的律师事务所的情况而言,我猜想它可能会是几百个人。但是等这一天过去,我想我们未曾有这样一个人,他是如此至关重要以致我们都会愿意带走业务去跟从他们。显然有很多合伙人会离开,当他们离开的时候,只要有可能,他们会尽量试着带走一些客户。我知道那是——根据推测,它是他们获得的第一年的利润分红,另外有人支付他们报酬,事情确实是这样……但是不,我认为那不会是他们离开的诱因。(P. A.,公司秘书)

因此,在一名客户是否应该跟从一位至关重要的合伙人的问题上有两种完全不同的看法。然而,似乎毫无争议的是,如果该职业媒体和上述引文可以为据,那么它是一个正在不断兴起的过程。我会认为,这至少在部分上是成熟老练的客户兴起的结果。关于这一过程,本书作者认为有三个问题十分重要。第一,将要离开的合伙人对于公司总体的法律服务供给而言影响有多大？该合伙人个人越重要,客户跟从的可能性就越大。第二,该客户实际上参与逐店选购的情况如何？比如,在上述引文中,D.G.一直都在逐店选购服务,它经常将公司的相关业务分配给三家律师事务所去处理,有时是三家以上。它是这样描述这一过程的：

> 是的,你知道,我修改后的计划是不再雇用六个主要的事务律师,而是缩减为三个,一家大型律师事务所,一家中型律师事务所,另外还有一家在律师市场中属于较低端的律师事务所,我们就这样将业务安排下去。对于更加一般性的工作,我们安排的范围会更广,但是银行自身的咨询建议会集中由这三家律师事务所来处理。我想在这三家律所之间,没有我们不能处理的法律领域,除非它是如此专业,以致我们此时将不得不召开伦敦律师联席会议……（小型律师事务所）在技术上跟不上时代,但是它们是一些优秀的、专业扎实的事务所,我雇用它们主要是为了处理收债、债券兑现以及银行自身的财产等业务,我们公司有很多简单的、基本的财产业务需要处理。中型律师事务所用来处理专业的破产事项。他们真正的实力在于破产事务和与破产有关的、结构重组之类的问题,以及相关的一些乱七八糟的诉讼,这是他们的主要强项。我们会把注意力放在这些问题上面。然后是大型律师事务所,我们计划雇用X,负责处理余下的所有事务。昨天（他们才被指定）我们和他们讨论过我们想要他们负责的业务领域,我们也谈到信用卡申领和使用的条款和条件、数据保护以及经由英国央行（Bank of England）过来的一些新业务。

上面这段长引文证明了这家公司是怎样获得市场信息的。可以设想（甚至可能）该客户会跟着某个专家走,因为他们已经将自己的许多法律事务进行了质的划分。因此,如果某位专家被认为具有充分的才能,只要他或她拥有合适的组织支持,相关业务就会随他或她而去。因此法务专家将能够从这些客户那里开发出适当的市场领域。但是,他们却不能说服这些客户改变其整个的法律事务计划,因为这些客户会知道他们的专家技能何在,从而也知道他们在其他领域的缺陷。

关于合伙人个人授权的第三个问题是,有些客户,即使他们了解市场、成熟老练,仍旧喜欢只和一家律师事务所打交道。当律所有一、两个合伙人离开,只要其他情况不变,他们也不愿意跟从。它可能是因为这些客户需要处理的业务涉及各个法律领域,因此不会为了一个专业领域而作出变动。或者,它可能是因为正在为该客户提供服务的律师事务所的规模非常大,在客户需要服务的许多特别重要的领域拥有各类专家群。正因为如此,该客户可能会觉得,和离开原律所加入到一个少有全面深入的专业知识的团队中的个人而言,原先那家律师事务所仍旧会提供一种更好的服务。除此之外还有这样一个事实,即在职业服务领域,名声依然是一个至关重要的竞争优势,因此客户可能只选择有名气的事务所(Kay,1995)。所以这一问题并不简单,要看具体的情况而定。

然而,随着一些客户越来越愿意跟着一些个人走,律所中一些关键人物的权力越来越大,因为律师事务所越来越意识到这些员工或者合伙人可能会离开。随着律所内部有权势的声音要求对一些合伙人比其他人更称职这一事实予以更多的承认,这种权力的增加可能是此前具体论及的陈旧古板型结构发生性质变化的原因之一。当然,钱伯斯和巴林(Chambers 和 Baring,1995)的文章所指出的对这种陈旧古板型结构作出的各种修正(而不是完全抛弃它)证明了这一点。在过去的十年中,个人权力的获得以及"个人崇拜"的兴起在个人(有时带着整队的支持员工)从一家律所跳到另一家律所的过程中即可见到。鉴于这些网络日渐增长的重要性,对其中一些网络是怎样运作的作出一番考察可能会十分有趣。

市场变化和职业网络——利益继续以及律所未来与个人未来的相互纠缠

弗拉德(Flood,1989)认为,随着不同职业间的障碍继续打破,职业者之间的相互联系将在未来的几十年中变得更加重要。有鉴于此,对它们是如何运作的作出一番简短的考察也许会有帮助。会计师事务所和律师事务所都已经开始加强、巩固并切实扩展他们与其他组织机构之间的联系:安达信(Arthur Andersen)会计师事务所最近获得了对加勒特科(Garrett & Co.)的控制权,更重要的是,它刚刚放弃了对排名前十的事务所丹敦浩律师事务所(Wilde Sapte)*的接管权(虽然它仍在寻求与一家合适的律师事务所建立关系)。毕马威(KPMG)**正考虑在不同管辖权领域涉足法律服务市场。普华永道(Price Waterhouse)***已经指定平瑟特·柯蒂斯(Pinsett Curtis)律师事务所伦敦办事处的(前)执行合伙人任其欧洲法律事务部主任。同样,大型律师事务所也不断寻求发展与其他管辖权领域的律师之间的关系,以及事实上和国内外其他职业者之间的关系。下面这段引文具有典型性:

> 我们和四个,可能是五个群体合作——如果你将我们在海外的也算在内的话,他们也是一个。第二个群体是会计师群体,他们又分为两类。首先,破产律师是我们破产业务的关键。我的意思是说,实际上,我们被一家客户所挽留,因为他们正在处理某个法律破产事务。其次是咨询。我们发现自己,特别是在我们的专家领域,越来越多地和会计师事务所就一些共同的项目展开合作——能源、电信以及一些交通项目

---

* 全称应是 Denton Wilde Sapte。——译者注

** 毕马威(KPMG)是 1897 年由 Peat Marwick International(PMI)和 Klynveld Main Goerdeler(KMG)的各个成员机构合并而成的一家瑞士专业服务机构,设有由优秀专业人员组成的行业专责团队,致力提供审计、税务和咨询等专业服务。其行政总部在荷兰阿姆斯特丹,业务总部在美国纽约。KPMG 的四个字母分别代表其主要创办人的英文名称缩写,他们分别是 Klynveld、Peat、Marwick 和 Goerdeler。——译者注

*** 普华永道(Price Waterhouse)是指英国的普华永道会计师事务所(Pricewaterhouse Coopers 或 PwC,香港称作罗兵咸永道,俗称水记或水房,台湾地区称为资诚)。它是世界最大的专业服务机构之一,由普华(Price Waterhouse)和永道(Coopers & Lybrand)于 1998 年合并组建而成。——译者注

和其他一些私有化业务。我们致力于和六大会计师事务所建立关系。我们和六大会计师事务所中的五所有过合作,和其中的两、三家事务所共同给国际基金组织提供服务。我们正在为俄国能源领域的私有化改造而工作。我们并不拥有所有的资源,但是我们的确在其中发挥了重要作用。同样,在地产领域,我们也将土地测量员视为我们的业务介绍人之一。我们对他们中的大多数人十分熟悉,因此我们尽力去确保充分地分享他们正在给我们带来的好处。然后,在相同意义上,你也可以去结识一些银行和金融机构。如果你将这些群体加在一起,他们在我们的活动中不会占到太大的比例,但是仍会占到6%到8%的样子,这个比例已经足够引起我们的重视了。我想,就需要我们为客户解决的问题而言,我的看法和每一个人的看法一样,从客户的观点来看,它们中越来越多的问题将是跨学科的……鉴于两者之间相互分派的业务交易量会增长,我们将不得不在各个职业者(和事务所)之间做更大量的整体发包和协调工作。(D.J.,大型律师事务所合伙人)

如上所示,这些律师事务所力图和其他人建立关系。这些关系见于律所内部的各个层面,并得到精心培育,因为他们相信这些关系将会给他们带来更多的业务,将会促进律师个人事业的发展。如果这些关系得以成功地建立起来,律师或会计师个人的合伙人事业将达致顶点。然而,正如我们在律师职业领域所见的那样,合伙人资格越来越多地只是给予那些给律所带来新业务的职业者——在会计师职业中的情况也是这样(见 Hanlon,1996)。这鼓励了律所职员培育可能会有利可图的关系。

像我这样的人的情况是,我处理许多的诉讼业务,它们都是一次性交易,没有哪个像审计员之类的一年期客户会是这样。我现在要出门去谈论与法律和会计有关的话题,带律师去吃中饭,确保我会在那些场合继续工作,我和年龄与我相仿、大约会在我成为合伙人的那个年龄成为合伙人的律师做跟进联系。我们会建立起良好的、稳固的关系,他们会看到我在行动,因此当他们需要某人帮忙的时候,他们就会给我打电话。(D. H.,美国六大会计师事务所的经理)

当时,人际关系和网络似乎影响到个人职业者的未来。然而,它们也对组织的未来产生影响。因此,从律师的观点看,律师事务所之所以没有和会计师事务所合并的原因之一是从尚存的六大会计师事务所推荐而来的业务将会枯竭,因为这些事务所不会把他们的业务交给他们的对手去做。因此,从长远的观点来看,合并可能最终不会有利可图。同样,不同的个人可能会和不同的会计师事务所发展关系。一名律师事务所的合伙人可能和一名毕马威会计师事务所的合伙人有密切的合作关系,另一名律师事务所的合伙人则可能和六大会计师事务所的安达信(Arthur Andersen)会计师事务所的一名合伙人有关系。这就使得和毕马威会计师事务所合并对他们两者中的一个人来说是有吸引力的,而对另一个人而言则不然。鉴于合伙人身份的组织结构,这会让合并变得困难。任何一个沿着这一方向去发展律师事务所的措施都会疏远那些已经和他们建立起了关系的合伙人(以及非合伙人),从而使得这种关系的建立变得多余。这种潜在的发展必定是发生于大型律师事务所,因此有时会增加合伙人之间的紧张。这可能会部分地解释为什么经常有合伙人从一家律师事务所跳到另一家律师事务所的现象出现(在过去的几年中,法律媒体经常掩盖合伙人从一家律师事务所向另一家律师事务所运动的情况。见,例如,《律师》(*The Lawyer*)1994,《商务律师》(*Commercial Lawyer*)1995,《公报》(*Gazette*)1995。亦见 Fitzpatrick,1989 对美国出现的相似情况的论述)。安达信会计师事务所指出,它想接受大型律师事务所丹敦浩律师事务所而不愿意接受其他的申请者,因为它在破产市场上与该律所有很多共同之处。这表明这两家事务所之间要么存在一种紧密的相互关系网络,或者觉得他们可以建立起这样一种关系网络。如果这种合并真的发生,那么对丹敦浩律师事务所中具有不同兴趣和关系网络的合伙人是否会离开合并后的律所这一问题作出一番考察将是一件十分有趣的事情。

这些紧张可能会给,比如,六大会计师事务所通过将特定的法律专业领域如破产或税收领域的整个团队打散而分成不同的市场提供机会。然而,不管六大会计师事务所(或者其他组织)能否在所有主要的法律市场中和那些大型律师事务所相互竞争尚存在争议,这种竞争会消耗六大会计师事务所大量的时间和资源,从而会疏远它们当前正在给其分派业务和从其获得业务的那些律所。但是,它们也可能会在那些与它们自身的专业紧密相关的法律领域把由关键个人和客户组成的整个群体打散。这样一种策略会让它们在某个特定的市场领域加深和拓宽。这很可能是一条它们所追求的扩张之路。这样一种策略也会潜在地赋予律师个人以权力,同时随着对关键人物的争夺日渐"升温"而削弱律师事务所的实力。

作为个人授权资源的网络

如上所示,关键个人及其私人关系网络的作用在任何一个职业事务所的组织结构中都是一个重要的因素。这些关系网络带来大量的收入,将有助于形构该事务所的业务走向,同时也使得事务所内部不同个人有机会获得不同程度的权力。例如,纳尔逊(Nelson,1988)曾集中论述过在整个20世纪80年代随着精英律师事务所中老一辈的、出身更为高贵的合伙人被新一代年轻的、积极进取且拥有高度有利可图的客户网络的企业家合伙人所取代,美国的律师事务所是如何经历一次引人注目的结构重组的。本章前面论述到的那些趋势似乎表明英国的律师事务所正在沿着相同的道路前进。拥有不同的关系网络的不同个人之间的这种紧张关系,以及对这种集中管理的组织的希望为来自该职业领域的那些职业者所认识到:

> 但是我想另外一件事情是,当然如果你回到十年前,那时每一个合伙人都对他或她自己的事情确实做得很多。规模较

第四章　弹性积累与"商业化职业者"的出现

大的律师事务所先于我们所完成的工作是,尽力将管理结构提升到了一个更高的水平,并沿着这条路向前比我们走得更远。我们正沿着这条路向前走。但是即使是当你看看一些管理看似非常集中的律师事务所,从中你可以看到控制权被掌握在少数几个大的合伙人手里。从某些方面来看,它们似乎都是这样一些律师事务所,在这些律师事务所中,合伙人一直是出出进进,有来有往。想想看,其客户在某种程度上可能也是这样。因此这是一个两难的选择。但是目前真的没有任何办法可以绕过它,因为客户将会由个人进行管理,而不是经由部门进行管理——他们不会被施以特别的集中管理模式。对我而言,对一名客户尽力实行集中管理没有任何意义——它简直就不会发生任何作用。我想无论你多么努力去建立该企业在律师事务所的正面形象,即使你让所有的合伙人都成为该企业的股东,并保持在理事会中的位置一直到你让它真正成为该企业的基本要素——到最后,你的财产是那些为你工作的个人,不管他们是助理律师、合伙人、股东,无论你把他们称作什么——对他们一天又一天所做的一切你能够发挥多大的控制作用?你又真正想发挥多大的作用?我猜想真正的答案在于去保证留住那些你认为忠心耿耿的合伙人,这样你就真正没有问题了。(P.S.,执行合伙人,大型律师事务所)

同样,虽然你作为一名合伙人是一个十分重要的个人,但是你还必须认识到在这样一家律师事务所中,你之所以能够获得这项业务可能只是因为是你,是你在一个名称,该律师事务所这样一个品牌之下进行交易。保持该律所这一品牌也意味着必须在某种程度上保持业务处理和服务供给方式的一致性,而这又意味着必须在咨询风格、客户需求安排、团队组织以及一般的合伙人行为上的一致性。因为客户不是仅仅将你买进,他们需要你保证当他们走进你们律师事务所的时候,他们将要获得的不仅仅是你,而是比你更多的东西。因此你必须遵守游戏规则,这就是为什么在有些情况下,倾向于独来独往的人必须非常小心。它是一种很微妙的平衡,有时这种平衡可能会产生冲突和紧张……多数时候它是起作用的,它不停地循环往复,合伙人只是不停地问道,"是啊,它适合我吗?"只要它一直是适合的,他们就会保持不动。我认为个人在这里还没有被归列在这一品名之下,因为个人是重要的,大量的市场研究也证明了客户指导律师个人的重要性。因此带走个人,你可能带走了关系,个人不是一座孤岛,这就是我要说的。(J.K.,执行合伙人,大型律师事务所)

虽然个人不是孤岛,但是他们每一个人都是一个潜在的威胁,因为他们可能会在另外一家与之竞争的律师事务所获得一个同等的、或者更好的职位,该律所会给他们提供属于另外一个品名的资源。或者有客户可能会引诱他们做企业内部的法律顾问,等等。鉴于关系网络是以人为中心的,这一点可能会导致他们的雇佣者或其他合伙人丧失一些客户。如前所述,在许多情况下,获得客户仍旧是立基于个人的基础之上的。

获得新的客户,我认为,是建立良好关系,形成关系网络的事情,为此你必须和外部的组织交往,极可能是以领导的身份出现,成为非营利组织或者也许是你的同学会的董事会成员——你必须走出去,参与那些组织,和人们进行交往——也许它是一个工业组织。但是你必须走出去,参与其中,推销你自己并推销X。(M.S.,六大律师事务所的经理)

主要是(和客户之间的)个人关系,但也有律师事务所和律师事务所之间的关系。例如,X过去是在利兹*工作的一名破产律师。他和Y,他的最好的伙伴之一,建立起一种关系,Y当时是他们(一家会计师事务所)在利兹的破产部的负责人。

---

* 英国英格兰—北部城市。——译者注

这两家事务所因此从中发展了很多关系。要保持一种关系，必须让双方不断地从中受益，如果它只是单向的，那么这种关系就不会继续下去。（H.N.，地区合伙人，大型法律事务所）

这些事务所和个人同潜在的业务提供者建立起联合。对事务所而言，其职员个人或合伙人个人吸引客户的能力既是一种优点，也是一种潜在的弱点。吸引客户既在事务所内部也在劳动力市场上为这些个人提供了杠杆作用，从而使得该事务所容易受到它们的影响。菲茨帕特里克（Fitzpatrick，1989）注意到在美国这种组织的弱点。他指出，随着个人日渐成为重要的收入创造者，他们也日渐变得苛求，对他们的事务所也缺少忠诚。目前大量涌现的伦敦个人律师在不同律所之间的流动似乎也会对这样一种观点给予支持，即认为随着"对个人的狂热崇拜"的增长，个人对组织开始少有忠诚。不仅如此，而且在法律领域各事务所进行的结构重组的性质使这一趋势进一步加剧。因此合伙人个人是大型客户的接触点，故步自封的合伙人模式正在得到修正，以安抚那些觉得自己贡献太多获得太少的势力强大的合伙人。对那些不能带来收益的人迫使其提前退休，等等。所有这些都赋予创业合伙人以权力，但是它也可能会降低合伙人的忠诚。这是因为合伙人，即使是正在推动这些变化发生的成功合伙人，也可能会觉得合伙人资格之所以只对他们感兴趣，是因为他们能创造收益（见 Sen，1987 叙述了在人类活动中个人利益之外的其他因素是多么重要）。总之，这些过程在鼓励个人创造收益的同时，也可能会破坏同僚之间平等的精神（collegiate spirit）。

还必须指出，这种个人受权从职业和/或社会的观点看可能是消极的。纳尔逊（Nelson，1988）曾经指出，在美国，个人合伙人主要依赖一两个客户获得业务收入。在许多情况下，仅一个客户就能为一名合伙人产生30%到40%的业务收入。这种境况潜在地使得合伙人极易受到客户压力的影响。向商业主义发展的趋势以及同僚之间的平等、忠诚精神的衰落肯定只会增加这一脆弱性。诸如此类的发展可能会有助于律师个人在与律师事务所的交往中获得权力,但是同时它们也可能会削弱该律师与客户之间的交往。这一过程将意味着律师的未来事业日渐和客户的利益紧密地联系在一起,而客户的利益可能不一定就是其他群体的利益,诸如律所、国家和整个律师职业等。

强调指出这一点十分重要,即并不是所有的律师事务所都是带着同样的热情沿着所有这些道路前进的,也不是所有的律师事务所都那么容易因为关键合伙人的离开而受到影响。如早些时候所指出的,律师事务所在其业务技能的广度和深度方面各有不同,因而有些律师事务所会比其他一些律师事务所更容易因关键合伙人或一群合伙人及/或其团队的流失而受到影响。总的说来,情况差别很大,其中一些重要的趋势集中在一起代表了法律职业内部一次显著的向商业主义的转向。

可见,职业组织的变革能力似乎受该组织内部资深个人(也可能包括一些资历不深的个人)以及这些个人所创建的关系网络的限制。因此,如上所示,律师事务所不可能和每一个看似合适的合伙候选人合并,因为有些合并可能会对一些个人现存的关系网络产生消极的影响。这意味着通过开始(或者放弃)一次特定的合并之旅,一些个人及其关系网络可能不得不作出牺牲。此外,势力强大的个人很可能会抗拒强加在他们身上的那种组织—专业的变化,因此可能会阻止该变化或者保护他们的关系网络免受该变化的影响。总而言之,个人关系网络对这些职业服务机构而言是一柄双刃剑,因为它们常常有助于产生利润收入,但是它们的培育发展也保护了它们的培育者免受组织的伤害。这一点经由客户(事务所之间的关系网络)在横向雇用过程中所能扮演的角色得到了很巧妙的论述。日渐增多的横向雇用(即鼓励合伙人或职员离开一家组织,而在另一家组织中担任类似的角色)为市场而非组织关系如何可能会站在个人这一边提供了一个很好的例证:

(在横向雇用的过程中)我们尽力从客户那里获取推荐。如果他们决定离开,他们一般会小心谨慎地对客户作出试探,竭力弄清楚他们都想了些什么,他们是否和某个特定的事务所在一起,或者是否会去其他地方。同样,我们正努力在我们横向雇用的方式上做得更加精巧完善。我们要求必须有推荐。任何人提出横向雇用或者任何部门/分部负责人提出横向雇用都必须向董事会提出建议,该建议必须包括被推荐人的义务,以及直接和客户交谈是否切实可行/实际。有时他们(个人候选人)可能不会让你,却胸有成竹地和客户交谈,确保我们知道有多少个小时去做宣传,从如下方面去尽力树立起他们心中所希望的形象,等等……以及那些客户转移的可能性……从性质上看,它不是一门精密的科学。我们在这方面做得越来越好,你知道。经验教会了我们。(H. N.,地区合伙人,大型律师事务所)

横向雇用集中表明了由格兰诺维特(Granovetter,1985)和麦考利(Macaulay,1963)所证明的事实,即个人和市场中的个人之间的关系常常比他们和其组织中的同事之间的关系更加密切、更加有秩序。为了获得更多的商业驱动,职业服务机构正经由重组而相互竞争,尽力超过对方。按照推测,这将带来市场销售上的优势,因为客户会知道哪一家事务所比其他事务所更加合适。然而,一如已经指出的,在市场上销售这些技能比在市场上销售,比如,一辆小汽车要复杂。一个人通过各种途径发送这种商业信息:在投标新业务的时候使用现存的客户作为推荐人,就专业性话题举行研讨会并邀请潜在的客户参加,通过完成高姿态的工作,通过在工作中和客户保持互动交流并随后寻求反馈,等等。因此,市场营销的本质在于寻求与客户或者潜在的客户之间的持续互动,建立起一种关系和一种常常以个人为基础的网络。印发宣传册,在广播中做广告等只是让一个人的名字为众所周知(这一点本身可能十分重要)——接下来**真正的**市场营销开始了。如上所示,这种网络的构建对职员的行为和这些服务机构的组织结构而言意味深长,因为如果没有这些有利可图的关系网络,人们(特别是合伙人)只会变得不堪一击。然而,通过创立这些关系,个人在同他们的雇用机构进行交往的过程中变得更加强大。这一过程让许多人处于不利地位，因为这些关系网络是经由一个人的阶级背景、教育、性别、种族等组织起来的，这使得一些群体，尤其是中产阶级的白人男性具有明显的优势。这些过程也让那些没有实现商业化的合伙人和员工处于不利地位，因为在今天一个人要想建立起势力强大的关系网络，必须对势力强大的客户的各种要求作出回应。正如前面论述到的，这些要求与过去那种占主导地位的社会服务职业主义针锋相对，所以它们常常强烈倾向于一种商业主义的行动计划。

结　　论

法律职业似乎正在慢慢走向分裂。在商业法律领域之内，目前明显存在着两个（也许更多）完全不同的分野。这些变化与海因茨（Heinz）和卢曼（Laumann）在1982年为芝加哥律师协会（Chicago Bar）所分析到的那些变化极为相似。一方面存在有大型的律师事务所，它们主要是在一些相当复杂的法律领域为企业客户提供服务；另一方面存在有更一般的事务所，它们的规模要小，更加独立于客户的影响之外，因为其客户通常对法律一无所知。这些律师事务所似乎正在以不同的方式演进发展，正在创造出不同的组织结构去输送他们所提供的服务。在他们的任务是什么、他们的职业意识形态应该如何这些问题上，他们可能也正在形成极不相同的观点。如果情况果真如此，那么该职业值得关注，因为正是大型商业法律事务所似乎正在训练着下一代的律师们。如果这些律师对于他们的角色应该是怎样的这一问题观点不同，那么它将在不远的将来影响到法律服务的传送，因为商业法律服务会完全不同于，比如说，法律援助服务。是什么东西将一名法律援助律师和一名伦敦市律师联系在一起的？对这一问题作出思考是一件有趣的事情，特别是在一个人目睹了商业化律师和商业化会计师之间正在形成的联系之后。鉴于这些类型的职业者正空前密切地相互合作，鉴于他们相互之间的联系比他们与小一些的对手之间的联系更加紧密，分裂可能也就为期不远了（Hanlon，1997a）。

本章还集中论述了一些与大型律师事务所自身有关的重要问题。它阐明了客户压力借以激励律师事务所改变其组织形式和要求职员表现出更商业化和企业家式的行为方式。这些组织变化包括从一种以法律专业为基础的结构向一种以工业团队和/或市场领域为基础的结构转向，对陈旧古板的合伙人形式作出修正，日渐重视交叉销售，日渐渴望与付费客户保持密切的关系，给付费客户提供他们所要求的服务，等等。合伙人并非没有受到这些变化的影响，他们越来越多地按照经理人和企业家标准加以评价，他们要是被发现不够格，结果则会对他们十分不利。

然而，对正在成功地应对这些变化的那些律师事务所而言，以及对一些个人而言，这一过程给他们带来了一些好处。如前所述，在过去的十五年中，大型律师事务所经历了一个快速的发展时期。他们被捆绑进新的市场领域，诸如项目融资、私有化和组织结构调整之类。在这些市场当中，有很多市场正在不断扩张。因此，当其他法律市场，诸如土地转让或者法律援助正在遭受威胁的同时，大型律师事务所已经瞄准了（并帮助创建了）对他们有利的市场，并将继续这样做。然而，如前所述，要想从这些过程中受益，律师事务所必须作出改变。

变革也让律师个人从中受益。这主要是因为销售职业服务依旧是个人驱动的事情。因此，那些被实力强大的客户视为关键人物的个人可能会向他们所服务的律所索要奖金，或者，如果他们的要求没有得到满足，他们可能会选择离开。似乎可以合理地假定，这些势力强大的个人正在促使上述一些变化的发生。因此，他们可能与很多横向雇用和过去十年在法律服务领域发生的"团体跳槽"最为密切相关。他们改变了陈旧古板的结构，为合伙人引进了新的评价标准，如此等等。在某些方面，这些变化是对一种更加古老的合伙人形式的回归，其中一两个具有企业家头脑的高级合伙人主宰着律所，律所中大多数的业务联系都是由他们建立起来的，他们因此也分享了律所的大部分利润。显然，而今有很多这样的律所，它们的规模是如此庞大以致一两个个人难以控制得了。相反，商业化或企业家群体开始在这些律所中占据主导地位。由此可见，虽然这些组织结构的变化对许多人而言可能有些困难，可能会削弱一些人的权力，但是它们却给其他一些人带来了好处。从这个意义上看，这些变化有点类似于该职业更普遍发生的情况。日渐获得权力的、商业化的职业者现在正主宰着许多大型律师事务所，正力图对它们作出结构调整以便能更进一步地从向一种弹性的全球经济转型中受益。正因为如此，向一种更加显贵的陈旧古老的结构的回归或者向（诸如像法律援助律师这样的群体可能会提倡的）一种立基于市民身份的社会服务职业主义的回归的前景会变得比以往任何时候都要遥远，因为法律职业中的大多数人都会抗拒这一转向。

163　　如果我们把这种争论向外拓展开去，我们会发现当下正在发生的一切并不是法律职业界独有的现象。在许多的职业领域都在发生类似的争斗——尽管是围绕不同的具体问题和在不同形式的机构之间展开。这些更为广泛的趋势十分重要，且正在将服务阶层中的职业群体分成至少两个部分——对某种形式的福特制—公民身份之间的妥协表示拥护的职业者和对新商业主义表示支持的职业者。下面我们将对这种阶层分化作出一番检讨。

第五章 作为企业的职业主义：服务阶层的政治学与职业主义的重新定义

本书第一章指出,在20世纪70年代出现过一种向右翼势力的转向。本章将认为,这种转型已经改变了阶级体制的性质。有资料证明传统的工人阶级,过去在工业上和政治上作为劳工运动的堡垒,而今在大多数经济发达国家中已经走向衰落并逐渐为服务阶层所取代(见Lash和Urry,1987:3—10;Fox Piven,1991)。据推测,这种变化改变了政治的本质,因为服务阶层天生具有保守性(Goldthorpe,1982)。如果一个人对英国工党的衰落去做一番考察,这一命题将显得更加有力。在英国,工党的选民支持率从1945年的36.4%下降到1987年的23.2%(Crewe,1991:表2.1)。这一明显的下降使得克鲁(Crewe)这样评论道:

> 工党选民支持率的下降在国际上是独一无二的。它是一个长期的过程,其影响比投票本身还要深远。它很可能在短期内完全不可逆转。过去十年三次选举失败使得工党在普选中落后于保守党那么多,以致工党要想在下一次政府选举中重新获胜必须在选举中出现转机,这一转机从历史的标准看必定是非同一般。

从1992年的选举结果看,克鲁显然是对的。在1997年的选举中,英国工党获得了大约45%的选票,似乎否定了这一论题的真实性。然而,随着近年来英国工党向右翼势力的转向(见Jaques和Hall,1997),人们同样会认为工党只有在非社会主义选票中才有可能当选。克鲁列举了工党和暗指社会—民主政治衰落的四个原因,它们是:(1)社会流动性和服务阶层的扩张;(2)内部迁移;(3)大规模失业;(4)工会成员的减少。和其他作者一样,克鲁将服务阶层的成长看做是对激进政治的危害。本章试图就这样一种假设提出一些问题。为了实现这一目的,本章将对服务阶层的保守性的形成原因作出考察,并通过特别关注本书早些时候论及的法律职业内部发生的变化而集中论述这些假设存在的一些不足。

作为一股保守力量的服务阶层

服务阶层作为一个先天保守的、分散的、同质性群体的地位同戈德索普(Goldthorpe,1992)所指出的最为相近(见 Goldthorpe,1980,1982,1995;Erikson 和 Goldthorpe,1992)。服务阶层成员的保守性源于他们的就业经历。他们不同于其他阶层成员的地方有如下四点,即他们:

- 被人信任;
- 遵守一定的服务准则;
- 具有相对的就业安全;
- 具有在物质和社会地位上提升的前景。

这些工作者所享有的服务关系和/或权力委托意味着其雇主不能像其他雇主监管其他工作者那样监管他们,因此他们必须更多地依赖于信任。十年以后,埃里克森和戈德索普(Erikson 和 Goldthorpe,1992)重申,来自服务阶层的工作者继续享有这些相对优势,继续享有就业安全和清楚明晰的事业道路。正是这种雇佣关系将服务阶层紧紧地团结在一起,弱化了这一阶级内部任何潜在的分支力量——诸如,比方说,职业者对管理者或公共领域对私人领域。这些分支力量虽然存在,但却有限,而且事实上正在走向衰落。因此,这一论题的核心似乎是,相信服务阶层的工作者们同其雇佣者之间的关系是良性的。如果这些雇员与其雇主之间的关系真的是一种信任关系,那么有必要去提问他们为何受人信任,到底是谁受到信任以及为什么有些人受到信任而另一些人却没有？戈德索普的著作中有很多内容似乎都假定，人们之所以受到信任是因为他们拥有必要的专业知识和/或官僚政治的专门知识（见 Goldthorpe,1980,1982）。然而,本章以及先前提到的那部著作都认为，这种假定淡化了存在潜在冲突的一些领域。正如已经论及的那样,这些冲突领域似乎在法律职业内部变得越来越重要。

本章将采用此前已经用到的方法,从各条战线对"保守性"这一论题提出问题。首先,它将集中阐明服务阶层内部可能存在的结构分支;其次,它将抨击这样一种观念,即认为服务阶层与其雇主之间正在享有一种清楚明晰的信任关系;再次,它将指出,服务阶层的各个组成部分在将来很可能被证明是激进的。

此时,有两个问题需要解决。第一,本章将只是提供一些与服务阶层的分化有关的初步证据,因为服务阶层的分化目前尚在进行中,因此在这样一个非常早期的阶段,不可能提出有力的证据。这说明,一些正在出现的迹象表明前述假设站不住脚。第二,需要对信任所指为何作出描述。我是从两个意义上使用该词的。它意指对一个人完成这一工作的专业技能的信任,但是它也意指相信他们以及/或者他们职业上的同事能够监管和控制自己的工作,能够确保他们所完成的执业实践经由一种公认正确的方式得到管理。这要求给予这些职业群体以范围广泛的自治权,以及管理和约束自身及其组织的自由,或者在管理这些组织的过程中开展有意义的合作的自由。这种管理结构是建立在所有重要的利益相关者,如客户(付费的和非付费的)、雇员、国家和监管机构之间共有的目标的基础上的。从前面几章论述的内容来看,人们可能会认为这种雇佣关系类型存在于以市民身份为基础的福特制之下。然而,向弹性积累的转向威胁到这一共识的方方面面。

服务阶层的分裂

认为服务阶层内部存在不同分支的观点并不新鲜。许多作者都曾经关注到这一群体内部可能存在不同的分支（见 Carchedi, 1975；Dunleavy, 1980；Bourdieu, 1984；Wright, 1985；Perkin, 1989；Savage 等, 1992；Hanlon, 1994；Butler 和 Savage, 1995）。这些分支一般都是或者以经济领域——公共领域和私人领域——为基础或者以用以实现并保持服务阶层的地位的财产性质为基础。本章将对这两种进路作出考察。

人们通常将公共领域—私人领域的二分法和 Dunleay(1980) 及 Perkin(1989)联系在一起。这一观点相对比较简单、直接——公共领域和私人领域分别从不同的资源,即国家和市场那里获得各自的经济和意识形态基础,因而拥有不同的物质利益(Hanlon, 1994 也赞同这一观点)。公共领域的服务阶层将寻求国家资源和财政的扩张,这将导致更高的税收,然而私人领域的服务阶层的目的则是限制国家和公共领域的扩张以缩减税收。帕金(Perkin, 1989:472—519)认为,英国撒切尔主义的兴起真正是公共领域和私人领域的职业者长期以来为把自己的社会观强加给对方而相互斗争并最终出现的一次公开较量的结果。他认为目前尽管私人领域占优势,但也尚未赢得这场战争的胜利。私人领域的优势地位反映在国家试图限制消费、国家对职业者的特权和权力所作出的反应、国家对社团主义的攻击以及自由市场意识形态的再次兴起等方面——简言之,反映在前面几章所集中论及的许多问题上。帕金指出这是一次重要的政治转向,因为,他认为,在 20 世纪的大部分时间里,公共领域的职业者把他们的社会观强加在了英国的政治景观之上。

公共领域—私人领域两分的观点很有说服力,但是在邓利维(Dunleavy)的著作和帕金(Perkin)的著作中却无确切的根据。在政治行为方面,这种两分的证据软弱无力,看起来并不是充分有力到足以推翻认为这两个部分可能具有更多共性因而可能会共同作为一种政治力量行动的观点的地步(见 Heath 和 Savage, 1995)。然而,尽管支持证据存在局限性,这一论题仍旧是我们将要继续讨论的内容之一。

对服务阶层的分裂作出分析的第二种理论进路是从考察为保障获得成员资格所需要的财产着手(在这一理论类型内部也存在差异)。卡尔凯蒂(Carchedi,1975)集中阐明了服务阶层在协调劳动过程和控制劳动过程方面所发挥的作用。他指出,这两种作用相互混杂在一起的程度影响到一个人在服务阶层的位置。简单说来,一个人所具有的控制作用越大,他或她成为资产阶级中一员的可能性也就越大。反之,如果一个人只是协调劳动过程,那么他或她成为无产阶级中的一员的可能性也就越大。服务阶层成员同时扮演这样两种角色,因此他们常常处于一种矛盾的位置上。如何在这一位置之内分配好这两种角色十分重要。鉴于此,服务阶层的结构自身可能就会成为一个重要的政治特色。

对于为成为服务阶层中的一员而需要的财产,另有一些人作出了不同的理解。赖特(Wright,1985)认为有三种不同的财产可以让一个人跻身服务阶层,即对资本的所有权、对组织资产的控制权以及/或者对技能或凭据资产的控制权。一个人对上述所有资产或者其中一种资产的控制程度决定了他们的阶级立场。同卡尔凯迪一样,赖特也试图划分出个人在这一阶级结构中的不同位置以及他们在其中所扮演的不同角色。但不幸的是,赖特分析所得的最后结果存在问题。他最后归纳出了十二种阶级立场,其中有七种立场他认为是相互矛盾的。在他的分析当中,有些例子显然有悖于常识,比如,他说一名飞行员比一名清洁工人更少有自治权(对 Wright 的批评,见 Marshall 等,1988)。

在许多方面对使用不同资产以确立服务阶层的成员资格的问题,以及确实对服务阶层的异质性问题作出过最深入考察的作品是由布迪厄(Bourdieu,1984)写作完成的,或者是由其他人在他的启发之下写作完成的(Savage 等,1992)。布迪厄认为,社会沿着两个主要的断层线,即他所谓的经济资本和文化资本的两条线分裂开来。这两个断层线将人们分成不同的阶级,将同一阶级又分成不同的部分或分支。他认为,经济资产是保证特权阶级成员资格最为安全可靠的手段和最容易传承的资产形式。然而,文化资产也是特权的重要来源,是人们力图经由教育体制和教育凭据传给他们的孩子的资产形式。文化资产在很大程度上独立于经济资产。一个人的文化资产为社会所认可的程度(这一点,正如我们在第二章所见,本身就是一个历史性冲突的问题)决定了一个人被认为具有的技能水平,因此也就决定了一个人所获得的报酬水平。所以,文化斗争最终决定了谁被认为是高技能人才,谁不是高技能人才。因此,文化资产合法化之斗争影响着职业结构,并进而影响着社会结构。社会结构是一种弹性结构,依社会中个人和群体的实践而变化。例如,事务律师通过对土地转让市场的垄断而影响到其职业结构和社会结构。对土地转让市场的垄断让他们获得了财富和地位,以致到19世纪末期,事务律师成为被广泛接受的中产阶级的一分子。类似的成功故事也可见之于出庭律师、医生、会计师、教师等职业。相比之下,由于牧师和拥有职业资格的土地转让人在文化资本的合法化方面做得不很成功,因此随着他们自身地位的衰落和文化资本遭受质疑,而最终导致职业土地转让人的消亡以及当前牧师职业地位的降低。因此,在这一弹性结构之内受到争议的领域之一是,什么被看做是文化资本,而什么又不是。也即是说,什么被看做是重要的技能或执业行为模式,而什么又不是。本书作者将认为,导致服务阶层内部分裂的关键因素之一就是这样一种斗争。这一斗争在当前如何界定职业主义的语境下被凸显出来。

萨维奇等人(Savage等,1992)曾批判性地将布迪厄的理论应用于英国。他们认为,布迪厄的双褶系统(two-fold system)应当扩展成一种三褶断层线系列(three-fold series of faultlines)。他们在布迪厄的经济资本和文化资本(Savage等将它们称为财产资本)的两分之外,又增加了一种组织资本的划分。文化资本和组织资本的主要区别在于独立性上。萨维奇等人(Savage等,1992:19—23)指出,文化资本,经由教育和证书体制,使人们能够独立于他们为之服务的组织之外,从而为他们提供了维护或提高其阶级位置的其他手段。成功使用文化资本的重要群体是那些职业者们。职业者们已经成功地证明了他们的文化资本的重要性，并且已经成功地把这些技能转化为获取胜利回报的手段。认识到文化资本的另外一个重要的优点是，工作者个人能够决定他们的技能随着具体情境的不同而如何发生转化，这使得他们能够独立于任何一个组织之外。相比之下，组织资产则是指向具体组织的，不太可能会在一个更加广泛的层面上或者经由认证系统实现合法化。这些资产通常为管理者所有，或者是以管理为基础的。因此组织/管理技能是情境依赖的，工作者在其雇用组织那里几乎没有任何自治权可言。

特权的获得方式对布迪厄和萨维奇等人而言都具有重要意义。为维护服务阶层的地位而利用的资产各不相同，在理论上它们还可能会相互冲突。正因为如此，服务阶层围绕两个或者三个轴心发生分裂。接下来的内容将考察在这些职业内部以及这些职业之外正在发生的、为界定和重新界定职业主义的文化资本应该是什么从而在贬低其他技能的同时将某些技能合法化而进行的斗争。

职业、信任与服务阶层

戈德索普论题的关键要素是服务阶层的雇员与其雇主之间的关系不同于其他工作者。简言之，服务阶层受人信任，他们则以遵守服务守则作为回报。这种关系得以持续和发展，以确保服务阶层的雇员能够享受自己的事业，享有长期的就业安全。信任是服务阶层重要的团结因素。然而，要接受这种信任，一个人需要弄清楚这种信任意味着什么。信任不是一个具体化的概念，它常常随着当下正在展开的斗争而变化和革新。因此，当我们考察这些斗争的时候，应该着眼于这些斗争是如何影响到服务阶层的政治行为的，关键是，它们是否将服务阶层分裂为一个个独立的集团。这一点至关重要。

为了做到这一点，我们需要在具体的情境中考察这种雇佣关系的性质。作出这种考察的方式之一是去检查当前正在进行的、定义和重新定义职业主义的斗争,尽管普遍认为它存在局限性。这样做十分重要,因为职业者是服务阶层中的一个重要部分,而且他们也可能是去充分利用文化资产的重要工作者群体。

正如本书多处所强调的那样,职业主义是英国(在更一般意义上看也是整个英美世界)当前在那些重要的经济行为者之间正在进行的相互斗争的领域。这一斗争围绕谁的职业主义定义将以霸权的面目出现,因此谁将有机会享用重要的经济资源而展开。换言之,这一斗争的焦点在于哪一种形式的文化资本将被看做是最合法的。我们已经看到,这一斗争似乎并不是像帕金(Perkin,1989)和其他人所认为的那样纯粹是在公共领域和私人领域之间进行的(虽然它是一个重要的分野),它似乎也不是在一个同质性职业者群体(或者若干群体)与另一个同质性职业者群体之间展开(虽然这些分野同样十分重要)。相反,它似乎跨越了公共领域和私人领域的界限,将相对同质的各个职业分割开来。本书第三章论证了国家性质的变化是怎样给一些职业者带来了好处,而让另外一些职业者处于不利地位的;是怎样在许多职业内部让一部分人的地位下降等,而让另一些人地位上升的。例如,对于国际竞争力的日益强调导致对公共财政的限制,正如我们已经看到的,这让一些职业受益,而让另一些职业受损。这些发展变化是围绕立基于马歇尔(Marshall,1939)的社会服务理念之上的老版职业主义是否居于主导地位,或者它是否已经被本书第三、四章所列的新版的、商业化的职业主义所取代这一问题展开的。

如前所示(但是在这一阶级语境之下简短地重申这一点可能有好处),马歇尔(Marshall,1939)对职业主义的社会服务特质进行过概述。这一特质的核心是,立基于需要而不是支付能力提供服务。他指出,这样一种职业主义定义本身就是新的(亦见第二章对它是如何在法律职业领域出现的所做的描述),因为它不同于先前占主导地位的、以坚持为那些有支付能力且具有"绅士"风度的人服务为理念的个人主义的职业主义。这种全新的社会服务意识形态是在各行各业被迫并愿意向整个社会而不是向社会中的一部分人提供服务的时候出现的。一如第二章所示,这一转型并不是没有痛苦,相关的职业者们也并不是天真幼稚地毫无私心。只有在国家给他们作出充分补偿的条件下,他们才愿意立基于需要向人们提供服务。由于各方都想获得这种补偿,因而存在冲突。这些冲突最终通过各方达成妥协而得到解决,妥协的结果主要对职业者有利(见 Carr-Saunders 和 Wilson,1933:83—89)。例如,法律协会抵制法律援助计划的出台,一直到它有权控制国家法律援助预算时为止(Goriely,1994,1996)。或多或少取得了成功的类似故事可见于医生、教师、社会工作者等职业领域(Perkin,1989:343—352)。这些职业控制国家资源的能力,以及他们立基于需要提供服务的能力也通过其他途径给他们带来了好处。帕金(Perkin,1989)认为由某些职业者,特别是那些来自公共领域的职业者提供的此类服务提高了他们在一般公众中的地位。如果这是真的,那么它将提高他们的文化资本的合法性,从而进一步赋予其权力。

有人一定会问,职业主义的这种再定义缘何发生于20世纪30年代及其后?答案在于,因为正是在那个时候,通常被称为福特主义的社会共识出现了。如第一章所阐明的,这一共识的一个主要发展是福利国家的创立和扩张,在福利国家人们是在公民身份的基础之上保证享有一定的权利。在这些权利当中,有许多是由职业者供给的,例如卫生保健、教育、社会福利、工作中的安全和健康等,不一而足。因为这一共识,国家的职业领域迅速扩张,以致其对职业主义的定义(社会服务职业主义)开始占据主导地位。这一定义也强化了当时盛行的经济和政治思潮。如果没有出现福特主义时代的经济繁荣,并因此使得立基于充分就业、福利国家供应和财富的有限重新分配之上的社会规制模式成为可能,这样一种定义则很可能不会出现。

一如第一章所表明的那样,职业主义的这一定义在20世纪70年代和80年代受到攻击。从此以后,随着业已建立起来的职业内部一部分人、先前不太重要的职业以及新兴职业都试图去界定和重新界定职业主义的含义为何,就一直存在着为争夺职业主义灵魂而展开的斗争(见第三章对其中一些职业斗争所做的简短描述)。这一斗争反映了更广泛的社会—经济力量,表现了立基于不同形式的经济生活之上的服务阶层的结构分裂。

在20世纪80年代日渐被接受的与之竞争的职业主义定义名为"商业化的职业主义"。如第三章和第四章强调指出的,这种版本的职业主义重视管理者技能和创业技能的必要性。到目前为止,它是在诸如会计(Grey,1994;Hanlon,1994,1996)、法律(Hanlon和Shapland,1997)和工程(Causer和Jones,1990,1996;Wittington等,1994)之类的私人领域出现的最强大有力的职业主义版本。再重申一下,这种职业主义通常强调三个要素。第一,业务能力——它可以让合格者在该职业领域执业,但是它不能保证他们一定能够获得成功或升迁。第二,管理技能——它是指管理其他职员的能力、平衡预算的能力以及管理客户并让客户满意的能力。第三,赢得业务以及/或者以一种企业家的方式行事的能力。一个人在多大程度上具备这三种能力决定着他或她在其职业领域将会获得多大的成功。

对这三种技能的需要具有如下若干含义。首先,赢得新业务的能力直接和你的创收能力直接相关,因此它削弱了立基于需要提供服务的能力。简言之,个人职业上的成功与创收能力有关,而与为需要的客户服务无关。其次,既要能够生产利润,又要让付费客户高兴,这意味着该客户在职业服务的生产过程中拥有自己的一席之地,说话很有分量。这使得,事实上确保了该服务按照大型的和/或势力强大的客户的需要而不是所有客户的需要或该职业自身的需要被裁剪(见第三章和第四章)。这一点与过去有所不同,据推测过去的职业者只是向相当无知的客户群提供解决方案(Cain,1983)。再次,职业者的技术职能降低了,因为在过去,成功在理论上是建立在一个人的业务能力而不是诸如管理技能或创业技能之类的其他因素的基础之上的(Perkin,1989)。上述三个特征使得这种类型的职业主义和社会服务型职业主义之间有着极大的不同。

正如前面所说到的,这两种职业意识形态目前都参与到了定义职业主义的斗争中,他们试图让自己的定义,也即意味着他们试图让自己的文化资本在市场、国家和一般公众的眼中变得合法化。这一斗争是服务阶层内部重要的分歧之一,它对本阶级内部相互竞争群体的经济重建而言具有不同的意味。正是考虑到正在进行中的这一斗争,所以我们应该对戈德索普关于服务阶层同其雇用者之间享有一种信任关系的观点作出一番考察。为什么现在会出现这样一种重新定义?答案是,由于不同的、势力强大的参与者纷纷从战后时代大部分时间里存在的共识和共有的目标上移开,他们对那些持守职业主义社会服务特质的职业者也表现出信任不足。之所以出现这种现象,是因为20世纪60年代后期和70年代资本利润率下降、同一时期出现的国家财政危机,以及国家从以福利国家建设为先导的福特主义向以国际竞争力为先导的后福特主义的转向(见第一章和第三章)。

从这一观点出发,社会服务职业者被视为对客户的需要反应迟钝,以及/或者对资源的要求和使用越来越多,越来越挥霍无度。正如第三章和第四章所示,在私人领域,它表现为各家企业都渴望去迫使他们的专职顾问相互竞争、去控制服务费用、去要求职业服务能够满足客户的组织需要(见 Hanlon,1994 对会计领域的这种表现所做的分析)。在公共领域,同样的观点表现在国家试图控制国民医疗服务、法律援助、教育、行政事务等方面的开支上。这种控制各项开支的企图导致上述所有职业领域的结构调整(见 Burrage,1992;Ferlie,1992;Jessop,1994;Whittington 等,1994;Carter 和 Fairbrother,1995;Fitzgerald 等,1995;Sinclair 等,1996)。这些改革的核心在于让职业者有责任感,并在财政和管理上加强对他们的控制。也即是说,通过引入准市场让他们实现商业化。其所以如此,原因在于随着国家的优先性从福特制福利国家向其主要功能是确保国际竞争力而非基于公民身份之上的福利的国家类型转向,社会服务的职业精神被看做是国家不再能够负担得起的奢侈品。

因此,谁受信任、谁不受信任,以及为何有些人受信任而另一些人不受信任的问题至关重要。随着社会从福特制积累王国向后福特主义或弹性积累王国转向,信任问题开始明确成为人们关注的焦点。在福特制之下,社会通过一种广泛的共识和福利国家而得到规制,使得一种立基于需要和公民身份提供服务的职业主义合法化。随着我们从福特主义转向弹性积累,这种形式的职业主义受到攻击,因为势力强大的行动者——国家和大规模资本——不再认为它是一种合适的职业主义。也即是说,他们不再相信这种特质能够带来他们所需要的一切——日渐增长的利润率和国际竞争力。正如我们满怀希望地集中论述到的那样,这一过程为服务阶层的一些成员创造了机会,同时也给其他一些人造成了威胁。这些机会和威胁不只是局部性的,他们横跨公共领域—私人领域的分界。

职业者和服务阶层的分裂

公共领域—私人领域的划分虽然重要,但实际情况要更加复杂。如前所述,国家在这种结构调整过程中扮演着重要角色,但是重要的是不要忘记,国家的这种角色超出了公共领域的范围。例如,法律援助是公共资金,传统上由法律协会管理,下拨给各私人律师事务所。在20世纪80年代,随着国家试图增加对这些基金的控制和限制法律援助所使用的资源,情况发生了变化(Goriely,1994)。国家——经由法律援助特许董事会(Legal Aid Franchise Board)——近来试图通过建立一套特许制度进一步控制这一预算,这一制度将要求私营律师事务所在获准申请公共资金之前必须达到一定的标准。这一变化过程内部的另一个要素是,法律援助费不应该和立基于市场的收费联系在一起以致使得法律援助服务利润较低,约略近似于一种二流的工作(Rice,1995)。因此,虽然法律援助是公共资金,但它不只是影响着公共领域的职业者。此外,国家还试图通过扩大其他领域的竞争以削弱某些律师的权力。例如,国家越来越鼓励人们在离婚事务中使用非法律专业的顾问去获得咨询(Dingwall,1995),法律领域的变化导致20世纪80年代职业土地转让人的兴起,从而向其他职业者开放土地转让市场。

同样,国家也影响到其他领域,产生出一批成功者和失败者。如第三章所示,在国民保健服务中心或科学研究中心,并不是所有的群体(有些群体已经私有化了)都反对强加在他们身上的各项改革。在过去,这些组织的结构主要是被医疗职业者和科学职业者所控制。近来发生的变化导致了一些新兴职业群体的产生,或者使得那些以前被排除在外的职业者能够进入到这些组织中来,从而给他们提供了新的机会。同样,并不是所有的医疗或科学职业者反对这些变革——事实上,有些人的确欢迎这些变革并从中看到了机会。因此,国家的角色是重要的,但也是复杂的、多方面的。

同国家的情形一样,大规模资本也正在进行结构调整,它同样被证明对职业者而言是一件喜忧参半的事情。这种结构调整带来一种态度上向专家劳动的转向(见第三章)。这一转向的核心是,在职业服务的外部购买领域,警惕性日渐提高,监管日渐加强,许多以前由内部提供的职业服务(以及事实上其他一些服务)都被外部化了,或者其地位有所降低(Atkinson,1984;Harrison 和 Bluestone,1988;Sassen,1991;Hanlon,1994)。业务范围的日渐全球化、企业的结构调整、日渐复杂化和差异化的市场等创造了一些全球帝国。然而吊诡的是,它们却日渐被少数几个地方紧紧控制着(Sassen,1991:23)。正如我们所见,这一过程中的一些重要受益人都是这样一些职业顾问,诸如提供管理咨询的会计师,从事国际接管、合并以及事实上包括私有化在内的各种服务的律师(Flood,1995),试图操纵市场的市场销售人员,实现了金融国际化的银行,等等。在其他地方(Hanlon,1996),我已经简单论及这些转型是如何改变了大型会计师事务所的经济基础,以致今天他们较少依赖审计业务,而是更多地参与管理咨询、税收建议、信息技术服务、企业结构调整等。简而言之,这些事务所正在力图控制这种新型的弹性经济。第四章指出,类似的变化似乎也正在大型律师事务所发生(亦见 Hanlon 和 Shapland,1997)。

176   然而，其他职业者群体似乎是失败了。例如，在近期完成私有化改制后的研究中心工作的工程师和科学家以及国家健康中心的医生们被迫向金融职业者让渡权力（Wittington 等，1994）。在制药业，有证据显示随着管理者试图对科学家们的劳动过程获得更大的控制权，科学家们开始处在日益增长的管理压力之下（Randle，1996）。在私有化改制后的水工业，工程师们开始处在管理层日渐增强的监管之下（Ogden，1996）。在许多组织中，扮演一个特定的职业者角色的整个理念可能会受到攻击（Watson，1995）。除此之外还有这样一个事实，即即使是在那些受益者当中也存在受害者。例如，会计师和律师职业两极分化成两个完全分离的领域——大型事务所和小型事务所，它们以过去未曾有过的方式在两个完全不同的市场开展业务。实际上，这意味着有许多职业者无缘去从事很多有利可图的工作（见第四章对法律领域和 Hanlon，1994 对会计领域的论述）。

是什么使得这些来自公共领域和私人领域的受益者们能够受益？我认为是因为他们认同新的商业化职业主义。也即是说，他们优先考虑利润，满足预算，以不同于社会服务职业者的方式管理员工和客户。总而言之，他们受商业逻辑而不是专业技术逻辑的驱使。如果一个人没有践行这样一种商业化逻辑，那么他或她就不会享受到戈德索普所认为的整个服务阶层共有的好处。那些赞同这一重新定义的职业（或者，可能更加准确的是，那些职业中的一些人）正在进行结构调整。最大型的律师事务所和会计师事务所（它们先于所有其他职业对这种形式的职业主义表示认同）已经对诸如保证员工的职业发展之类的观念作出了批判。今天，职员如果没有按照新的商业化标准行事，会在事务所内部受到排斥，并/或很快被逐出事务所之外；他们经常从事一些没有报酬的工作，或者在工作的技术质量上偷工减料、敷衍了事，而不去仔细检查预算；各事务所开始开发日渐复杂的评价方案以确保员工满足这些新的标准。就业甚至对合伙人而言也不再是安全的，如此等等（见第四章，亦见 Hanlon，1997a 对法律职业和 Hanlon，1994，1996

对会计职业的论述)。

其他职业领域也经历了类似的过程。哈尔弗德和萨维奇(Halford 和 Savage,1995)曾经指出过在地方当局中各项职业是如何发生变化,以致职位的升迁端赖于"个人的"因素和技能而非资历或以前的工作职务的。针对一些年长的工作人员,短期合同被引进,迫使他们不断地满足绩效目标,否则他们将面临合同不被续签的危险。卡特和费尔布拉德(Carter 和 Fairbrother,1995)也集中论述了在公务员职业内部管理和控制的性质正在发生变化,以致监督职系相较过去更多地采用一种管理者的方式行事。在国民保健服务中心(NHS)也开始出现这种商业行为。菲茨杰拉德等人(Fitzgerald 等,1995)指出,受人信任的临床医生如果证明是称职的管理者,他们常常能赢得董事会其他董事的尊重。他还指出,如果各个不同医院之间相互存在竞争,在这些医院工作的卫生职业者们则不愿意相互分享信息,如此等等。本书第三章已经阐明,教育领域也正在经历这样一些变化。由此可见,随着职业者寻求证明他们的可信赖性,这种职业主义的重新定义正在迫使各方作出改变。然而,这其中也存在一种矛盾,即有资历的职业者凭倚他们的资历本应觉得他们受人信赖是无可争议的,而今却不得不按照一套不断变化的标准去定期地证明自己是值得信赖的。只要在这些人刚加入这一职业之时占主导地位的社会服务职业主义仍旧占据主导地位,上述矛盾是否会继续存在尚有待讨论。

指出这一点十分重要,即坚持这种商业化逻辑本身并不能保证成功,拥有一定的结构也很重要。因此,在会计或法律领域,一名商业化的职业者在相对为数不多的几个事务所(通常是大型的)工作,只会接近那些最有名望、最有利可图的客户。只有在这些事务所中,一名律师(或会计师)才有可能享有一种与众不同的、那些国际职业服务机构的顶尖人物才享有的优越生活。因此,一个人的潜在能量受到在这些不同领域发展起来的结构的限制。正如我们在第四章已经看到的,可以公正地说,一个人的潜在能量可以通过坚持一种商业化的职业主义而得到增强,因为它可以在大型律师事务所中采用社会服务职业主义不会采用的方式开辟通向强大结构的道路。商业主义也在不断地开拓通向公共领域更高等级的道路。然而,另外一个事实是,有些结构仍旧被社会服务职业主义所控制,因此限制了这些结构内部商业化职业主义的作用。由此可见,各个不同的组织被具有这两种意识形态之一(或者可能同时具有这两种意识形态)的职业者所控制,一俟他们崛起,他们将通过积极或消极的方式给各个不同的职业精神以回报。

社会服务职业主义与激进的服务阶层?

如果本书所描述的划分是准确的,那么可以说在服务阶层的职业者中间似乎存在一种绝对的分裂。该分裂不只是简单的公共领域和私人领域的两分,虽然这种两分显然十分重要。相反,它似乎是过去二十年左右的变革过程中出现的成功者和失败者之间的分离。实际上,这些不同版本的职业主义之间的斗争并没有结束,虽然随着每一群体不同部分之间的利益开始发生冲突,不同的职业主义将一定的职业群体分割成不同的部分,这一斗争很难再围绕这些问题展开。这两大阵营都在力图将他们的职业主义版本强加在社会之上,从而实现其文化资本的合法化。随着国家通过改革变得比以往任何时候都更强大,并力图强制推行新的、商业化的职业主义,政治行为将在随后的战斗中扮演十分重要的角色(见第三章和 Burrage,1992;Gamble,1994)。因此,对那些已经输掉了竞争或者尚不能肯定他们将是赢是输的群体表示支持的人被召集起来采取行动。诸如法律协会(the Law Society)、律师委员会(the Bar Council)以及英国医疗协会(The British Medical Association)和全国教师联合会(the National Union of Teachers)之类的职业团体都反对这些改革中的大部分改革(关于法律方面,见 Burrage,1992;Lee,1992;Sherr,1994)。同样,这一重新定义的各个要素,例如,国家健康服务改革和教育改革,在 1992 年和 1997 年大选中成为争论的焦点,它所提议的法律援助改革也受到了法律协会和律师协会的攻击。在最近的几年中,商业化的职业者也开始受到攻击。比如,大型会计师事务所在诸如国际信贷商业银行(BCCI)事件、马克斯韦尔(Maxwell)事件之类的丑闻上受到长时间的持续攻击(Sikka 等,1989)。由此可见,这一争论还会持续下去,并将在英国的政治未来中占有一席之地。似乎有极为有限的证据证明,参与这一争斗的各个部分已经开始和不同的政党站在一起,因此可能会提出不同的政治议程。然而,必须强调的是,目前与此有关的证据还非常有限。

希尔斯和萨维奇(Health 和 Savage,1995)曾经论证了在过去的二十年中英国国内服务阶层选票性质发生了变化。我认为,这一证据是职业分裂的一个有限指标(虽然 Health 和 Savage 可能会不同意我对他们的作品所做的这种理解)。保守党的认同水平在1972 至 1989 年期间几乎一直保持在 60% 左右(Evans 等人,1996 认为,投票行为是更广泛的政治信仰的一个有效指标)。然而,它的确从 61.4% 稍稍下降到了 58.4%。但是这些总计数字似乎遮蔽了另外一种趋势。这第二种趋势反映了在那些强烈认同保守党的群体和那些极力认同左翼和/或中间势力的群体之间出现的服务阶层的两极分化。因此在 20 世纪 80 年代,高校讲师、初级公务员、科学家、社会工作者、内科医生和牙科医生同他们这一阶级中的同事相比,都不是保守党派的积极支持者(在 1997 年的议会中,学者和教师占工党下院议员人数的 25%——《观察家》(Observer),1997)。事实上,1972 至 1989 年这一时期的证据显示,有相当多的医生和牙医将他们的忠诚从保守党派身上移开。在 1972 年,这些职业者中有 80% 的人给保守党投票,然而到 1989 年,这一数字下降到了 50%。在同一时期,社会工作者对保守党的支持率也从原来的 37.5% 下降为 11.5%,科学家方面则是从原来的 58.6% 下降为 38.9%。同时,教师和法官的政治忠诚可能也开始从保守党身上转向他处。1989 年的数字现在看来也许不具代表性,因为上述(尤其见第三章)改革有充分的时间去继续产生影响,以进一步破坏社会服务型职业主义,去离间拥护这一职业主义类型的那些群体。例如,在1987年,有51%的医生给保守党投票(这一数字和上述1989年的数字十分接近),但是在1992年选举之前,却只有28%的医生打算给保守党投票。与此相反,却有37%的医生打算给工党投票,而这一数字在1987年却只是20%(见Burrage,1992:n.91)。学者们也不再支持保守党了。在1992年,有17%的学者投票给保守党,57%投票给工党。然而,在1997年选举前几周,只有10%的学者说他们会给保守党投票,而64%的人打算投票给工党(《时代高等教育副刊》(Times Higher Education Supplement),1997)。另一方面,其他群体却在增加他们原有的对保守党的有力支持(1997年的选举没有被包括在内,因为在本书写作时尚没有任何相关数据)。可见中产阶级加强了他们的支持力度,安保人员也转向了右翼。同样,会计师、律师、高级公务员以及工程师们似乎也是保守党的支持者,他们对于保守党的支持正日渐增强。

这些数字告诉了我们关于服务阶层些什么?希尔斯和萨维奇(Health和Savage,1995:291)认为,由于服务阶层内部的转向相互抵消,由于服务阶层继续保持他们在政治支持上的稳定性,我们不是在目睹服务阶层的分裂。对这一结论我表示怀疑。我认为,我们正在目睹一种很不明晰、极为混乱的分裂。这一分裂的发生源于当前社会—经济的结构调整以及不同职业群体想要去合法化其文化资本的渴望。斗争的根本问题在于谁去实现职业者的工作实践和行为的合法化。是职业者们自己吗,一如在过去的多数时候那样(Perkin,1989)?或者会是强大的参与者,诸如与这些被削弱的职业者群体进行谈判的国家和/资本之类?这一斗争正围绕下面的问题展开,即职业者是否应该主要关注专业能力,立基于需要和公民身份之上提供服务,或者他们是否应该具备根据客户的需要界定事务所需的管理、预算技能以及事实上创业技能(虽然这一点实际上是实力强大、信息灵通、足智多谋的客户所应具备的)。一如我们所见,这一斗争目前正在教育、国民健康服务、审计世界、法律、行政事务以及很多其他领域展开,在不同的经济领域以及事实上在相同的职业内部造就了一批批成功者和失败者。它不只是一种公共领域—私人领域的划分(例如,在安保队伍中对右翼政策的支持日增),尽管它的确是一个十分重要的划分领域。在许多方面,这一斗争是在支持以前那种让社会服务职业者受益、使他们能够控制社会生活的广大领域的积累政体的那些人和有机会、有能力去充分利用新兴政体的那些人之间展开的。从国家到目前为止在这一斗争中所发挥的领导作用看,政治舞台很可能是解决这一斗争的关键。鉴于国家的作用,这些服务阶层的各个部分很可能会提出不同的政治议程,从而导致一部分人采取激进的姿态。然而吊诡的是,社会服务职业者作为一股保守势力很可能会投票支持左翼阵营以力图保存那种赋予他们权力的职业主义。鉴于在高度现代化的社会中个人日渐增长的反身性,他们能够复制这种情境的可能性令人怀疑。由此暗含的不断追问可能会给职业者和专家带来机会,但是它也不断地挑战他们的知识(Giddens,1991)。正因为如此,它有损于社会服务职业主义的支柱之一——认为无知的客户相信职业者会给他们的问题提供解决办法的观念。

对这些问题的进一步探讨

本章试图利用职业者当下正在经历的变化指出服务阶层不是同质性的,事实上它正处在分裂的过程中。本章中分析到的分裂线,是不同的服务阶层成员为了让社会承认他们的文化资本比在那些公认为是职业性的工作领域的其他形式的文化资本更为合法而正在进行的斗争。这种合法性会让获得成功的竞争者完全(或者更可能是部分地)控制社会生活的广大领域,诸如教育、卫生、诉诸司法,等等。这一冲突从根本上看是以那些坚持一种社会服务职业精神的服务阶层成员作为一方和以支持一种更新的、商业化的职业主义的他们的同事作为另一方之间的一场斗争。在这两个群体之间展开的一场游击战将此前极具同质性的职业分裂开来,它模糊了公共领域—私人领域的划分。而在帕金和其他学者看来,由于两大阵营各自坚持公共领域—私人领域的两端,公共领域—私人领域的两分因此是服务阶层中间的一种主要划分形式。这场斗争是随着英国进行长期的社会—经济的结构调整而出现的一种更广泛的社会—经济结构变革的一部分。

如前所述,结构调整当前正在进行,可能出现的服务阶层的分裂是这一过程的一个要素。无论怎么看它都尚未完成,事实上我认为它还有很长一段路要走。这给研究者们提出了两个方法论上的难题。首先,在我们能够了解更广泛的阶级内部转向之前,我们需要了解单一的专业职业。这些职业自身正在经历一个围绕社会服务商业主义轴心转变和分裂的时期,我们需要了解为何会发生这种情况,它是何时发生的,以及该职业自身内部的这种分裂在空间、性别、种族和阶级方面的影响是怎样的。只有当我们对诸多这样的职业拥有一套完整的资料的时候,我们才能开始系统地理论化和理解更大范围的变化。因此我们需要对在劳动力市场此端发生的职业变化作出更多的分析。其次,阶层内部的分裂将会是一个漫长的过程——长期支持某一政党的选民不会在一夜之间改变他们的政治忠诚。同样,职业的变化也是一个漫长的过程,它只是人们借以确立其社会身份和政治身份的一个论题而已(虽然它将是一个十分重要的核心问题)。此外,改革和变化的过程在不同的时间点上会出现加速、倒退的现象,因此会加剧或缓和文化资本合法化的斗争。所以说,在服务阶层成员的政治或阶层忠诚中不会出现任何突然性的改变——变化将会以一种缓慢得多的方式来自我完成。然而,仅有有限的证据表明变化会去自我完成。这两个因素意味着支持上述假说的证据必定软弱无力,而且在一段时间内还会一直如此。批评者可能会认为这些职业变化是表面上的,不过是昙花一现而已,但是从本书所提及的证据看,该命题似乎不可能成立。而更可能的情况会是,对许多专业职业而言,工作性质的变化将会继续下去,尽管变化缓慢;两大阵营之间正在进行的游击战将会继续下去,并将通过各种各样的方式蔓延到政治领域。在这一点上,它足以说明最后的结论尚待分晓,而且在将来的一段时间里可能会一直如此。

结　　论

　　服务阶层与其雇用者之间的信任性质必定将服务阶层带向保守主义吗？我认为答案是否定的。这并不是说服务阶层必定会作为一股激进的力量出现。我试图就服务阶层内部分裂的起源之一作出详细的论述，并尝试性地把它和服务阶层的未来政治行为联系在一起。正如我们在本书全篇所看到的，信任问题是一个流动的概念，在不同的时期会经历重新定义。这些不同的时期可能和具体的、单个群体或职业相关，或者它们可能更大范围地以一种宽泛的频谱为基础并对其产生影响。如里别兹（Lipietz,1987）、哈维（Harvey,1989）和撒森（Sassen,1991）所述及的那样，积累政权的变化显然影响到大批的职业群体。我们当前正在经历这些转变之一，因此信任问题——谁被信任以及他们为何被信任——尚在解决之中。正在解决该问题的重要领域之一是职业主义及其定义领域。这一斗争反映了不同群体为合法化其文化资本从而确保其在服务阶层的餐桌旁拥有一席之地所作出的各种努力。然而，并不是每个人都会得到一席之地，所以如果佩特拉（Petra）坐到了餐桌旁，保拉（Paula）就被迫退出，这种情况使冲突加剧。具有讽刺意味的是，其中有些可能被排除在外或者至少只能在餐桌旁获得较少空间的群体是由来已久的服务阶层的成员，他们在过去属保守派，因为他们想维持现状。但是现在，继续维持现状可能对他们不利，为了扭转这一局面，他们很可能会改变自己的政治忠诚。可以肯定，这种激进主义可能不会长久，但是它是分裂之源，它可能会产生一些激进的后果，因为如果在过去二十年里国家在其影响方面实现了政治化和激进化，那么它当然可以再卷土重来。正因为如此，关于职业主义的争论——并不局限于法律职业——举足轻重，并将对英国社会产生深远的影响。然而，这种影响的范围和性质不是仅由职业者决定的。和福特主义的兴起的情况一样，其他阶层在其中也有自己的发言权。因此,阶层之间和阶层内部的联合(例如,社会服务职业者和工人阶级的各部分之间,或者伦敦市和商业化职业者之间)可能会在不远的将来证明至关重要。

结论　社会结构与职业工作的变化面相

当前,职业工作正处在转型时期。这种转型受到各种群体和利益的挑战——包括职业者自己、客户、国家等。我认为,这一转向是更大范围的结构调整的一部分,而这种更大范围的结构调整导致了国家从福特主义向弹性积累政体转变。正因为如此,为了理解各个不同的专业职业所正在发生的一切,我们需要理解这种更大范围的社会变迁。这意味着,如果我们想要就职业内部正在发生的一切及其原因有所洞见,职业社会学就不得不了解这些发展以及主流社会学(以及其他学科)是如何理解它们的。然而,这也给我们提供了一次良机,因为职业者,作为服务阶层的一个重要的部分,将在这一转型过程中拥有(以及正在拥有)重要发言权。这些职业者和社会之间的关系是辨证的。如果我们需要了解这些更广泛的争论以了解在单个的职业内部正在发生的一切,我们也需要了解这一重要的工作领域正在发生的一切以了解更广泛的社会变迁及其影响因素。

本书的第五章提出了一个与此有关的重要例证。国家性质的变化,以及国家更加重视国际竞争力的提升和对福利国家的限制可能会疏远一些职业者,促使他们将其政治忠诚从保守党身上移开。如果这种情况在大批的职业领域得到复制,那么服务阶层的重要部门就可能会拒绝新的积累政体的大部分要素,从而破坏新右翼如此强有力地追求实现的转型。具有讽刺意味的是,保守派很可能会无意中疏远自己的支持者,使得它的整个计划注定会在一种真正韦伯式的后果悖论中走向失败(Bendix,1959:65)。因此,似乎可以肯定地说，职业者毫无疑问会对国家将要采取的政体形式产生影响。

有人认为，国家和资本都鼓励职业者去改变他们的行为和意识形态。然而，这两个参与者不应该被看做是同质性的或被看做是按照预先设计好了随后被严格执行的蓝图展开运作，其过程比它要零碎和分散。例如，有人可能会合理地设想国家在20世纪80年代执行金融大爆炸计划的时候根本就没有意识到它可能会对法律职业造成的影响。同样，当资本追随旨在实现生产国际化、增强灵活性、在全球各个地区发展市场等政策的时候，它可能也没有意识到会因此给一些职业者，诸如会计师和律师带来权力。这种权力赋予也意味着这些职业者必须变得更负责任、更加以客户为驱动，因此必须改变其职业主义的性质。所以，所有这些参与者的行动都会产生意想不到的后果。许多职业者可能会因为这些变化而被削弱，但是他们依旧在职业者—客户关系中享有权力，他们能够影响且的确影响着这些变化，一如我们所见。职业者们在这一变化过程中不只是盲从者，他们参与其中，在不同的阶段抵制它、推动它。正是因为有他们的这些作为，所以对他们作出研究才变得有趣，也正是因为他们的这些作为，使得他们在正在发生的各项变革中发挥着重要作用。

这种转向为何发生在这一特定的时间点上？我认为它和最近的经济结构调整有直接的关系，这种经济结构调整源于20世纪60年代和70年代出现的利润率下降以及福特主义作为一种（高度）有利可图的积累政体的终结（Hanlon，1994）。对职业者而言，这导致了对他们的"可信赖性"的攻击。国家和资本把随后强调公民身份权的社会服务职业主义看做是针对具有福特主义共识和利润率下降意味的高税收和公共开支问题开出的一剂药方。正因为如此，社会服务职业主义正在被一种新型的、更加值得信赖的职业主义形式——一种限制税收、受（有势力的）客户驱动的、具有商业意识的职业主义——所取代。简而言之，我们正在目睹一种商业化的职业主义的诞生（重生），它具有一个世纪以前即已存在的那种职业主义的要素。关键是,这种职业主义值得信任,因为它优先考虑的精神特质正是国家和资本正在优先考虑的那些精神特质——它是针对资本主义新时代提出的一种新型的可信赖性。

这些精神特质是什么?本书曾经指出,职业者越来越需要具备:(1)商业导向,从而能够管理预算、其他职业者和职业者—客户关系等;(2)创业技能,从这个意义上看,他们的个人成功日渐建立在他们创造更多业务、接受创业风险等能力之上——简言之,建立在将蛋糕做大的能力的基础之上;(3)依旧是专业技术能力,虽然随着商业要素和创业要素的重要性增强,这种技能在评价是否适合升职时的重要性降低了。这些变化综合在一起意味着过去那种立基于根据需要而非支付能力提供服务的旧版职业主义正在遭到破坏,新型的商业职业主义正变得越来越强大。

然而,这一转型受到了挑战。许多职业者拒绝接受这些趋势,其他人则只是部分接受,尽管还有一些人依旧全心全意地支持它们,并嚷着要推动进一步的改革。这意味着职业者们正在发展着不同的利益。一些人已经从过去二十年的经济结构调整中得到了实惠,他们支持一种有限福利国家、较低税收、强调国际竞争力的后福特主义国家的出现。另有一些人则反对或者怀疑这种变化,他们想看到福利国家(或者他们在其中的特定领域)继续保持下去,因为他们能从中受益。因此,不同的职业群体具有不同的真正的经济利益。这些利益不易描述,因为它们分散在单个的职业中,它们也不是简单地只是立基于公共领域—私人领域的划分之上。例如,像第三章和第四章所示,大型律师事务所的律师从这些过程中得到了好处,而他们那些从事法律援助业务的同事们则身遭损失。这使得整个律师职业在收入分配上出现了分化。单干的执业者声称每年可以赚2.9万英镑,而大型律师事务所的合伙人则超过20万甚至30万英镑。这一发展以六十年或者更长时间未曾有过的方式将律师职业推向两极分化(见第二章以及Hanlon,1997a:800)。

如果事实差别继续发展下去,这对职业主义而言将意味着什么？两种版本的职业主义都是可持续发展的吗？这并不是说，社会服务职业主义是福特主义时代存在的唯一一种职业主义。相反，它是职业主义的异质性版本，诸如会计和法律之类的职业至少都对其说好话。因此，商务律师和大型会计师事务所的会计师会不得不参与到职业主义的社会服务语言中以证明他们有理由声称自己是专业的，有理由去要求从国家那里获得资源和/或保护。今天，这一点似乎备受争议。有趣的问题是，两种版本的职业主义是否能够平等共存，或者其中一个是否一定表现为异质性的，如果是这样，它会是哪一个？

去询问哪种版本的职业主义最有益于社会也很重要。这涉及广泛的政治问题，在这里不可能真正得到解决。两种版本的职业主义都是建立在自我利益的基础之上的。社会服务职业主义只有当它有利于职业者的时候才会得到职业者的认可。然而有人可能会说，由于社会服务职业主义是以公民身份为基础的，因此在某种程度上具有重新分配的性质，并使得广泛的社会利益和职业者的自我利益相互重合。简而言之就是说，很多人因此能够享有他们否则会放弃的各种服务。新的职业主义，因强调支付能力和盈利能力，将在进一步边缘化业已遭受最糟糕的弹性经济过剩及其随后对广大工作领域的边缘化的那些群体的同时，会进一步赋权给那些业已享有特权的人。在此，我要强烈指出，在推动建立一个强大的国家和进一步拥抱市场的过程中，不存在职业者的个人利益和社会利益之间的任何重合。正如本书第一章所示，强大的企业客户、政治精英分子、服务阶层中的商业化阶层，可能还包括工人阶级中的一些人都在为自己的利益做进一步的准备，同时将其他人推向边缘化。我认为这将会创造出一个分裂的社会而不是一个统一的社会。

去询问这样一个问题也十分重要，即鉴于国家和/或资本对职业者—客户关系以及职业工作的评价方式的控制日渐增强，职业者们是否正在因为这种转型而走向非职业化？弗莱德森（Freidson, 1986, 1989）认为，什么是专业职业和什么不是专业职业是由对劳动过程和精深的书本知识的掌握决定的。最近发生的变化可能导致了其他行为者在职业者受损的情况下获得了对劳动过程的控制权。我自己对于事情的理解是，这种情况可能还没有出现。相反，已经出现的情况是，围绕劳动过程以及它应该实现何种目标而展开的协商大大增加了。国家和资本似乎依旧主要关心所获得的结果，它们已经开始在如何评价成绩的问题上设定标准，而不去直接监督劳动过程（虽然在某些领域可能多少还存在这种情况）。然而，这种对结果的监控将来会形构职业者的劳动过程。似乎有理由认为，企业客户已经形构了在大型律师事务所中工作得以完成的方式。如第四章集中述及的，这些律师事务所已经开始对自身的组织结构以及它们对职员和合伙人的评价方式作出调整，以回应客户/市场的压力。诸如此类的发展很可能会影响到职业者的劳动过程，但是它们是否会导致客户获得对这一过程的重要控制权（客户和雇主从未获得完全控制权），是另外一个问题——对这一问题，我没有任何答案。然而，似乎毫无疑问，职业者正在不断地加强对自身的工作生活的监控力度。

本书所要力图指出的是，职业主义不是孤立发展起来的。三种不同版本的职业主义——绅士型、社会服务型和商业化职业主义——都是在对过去正在或者现在正在发生的一切作出回应的过程中发展起来的。所以，在18、19世纪随着自由资本主义的发展，绅士型职业主义出现了。随着我们从一种自由主义社会向一种限制市场发展的福利主义社会转向，绅士型职业主义慢慢走向衰落。为了对这些更大范围的转变作出回应，职业主义也发生了变化，本书第一、二章所论及的那种社会服务职业主义开始出现。职业者对这一斗争的两方参与导致了19世纪后半期和20世纪前半期这一转向的发生。同样，随着我们从一种福利主义社会向一种更多地以市场驱动的弹性转向，职业主义也开始了另外一次转型。我把正在兴起的这种职业意识形态命名为"商业化的职业主义"。这一转向尚未完成，它甚至还可能会倒退，但是目前它正呈现出一派生机勃勃的景象，其方兴未艾之势足够让它持续一段时间。然而，这也说明许多职业者拒绝这种变化，并力图将其最小化或者消除，而另外一些人则正急切地拥抱它。

　　这一转型及其正在对服务阶层、福利国家、私人部门的广大领域等产生的影响是英国国内当前正在进行的重要斗争之一。这场斗争与围绕国家、劳动力市场、经济活动全球化的未来性质以及21世纪更普遍的社会性质问题而展开的更广泛的斗争紧密地联系在一起。这一斗争很有可能会分裂服务阶层，目睹以前相互敌对的群体走向联合。例如，社会服务职业者可能会觉得自己的利益和一个强大的福利国家紧密相连，因此会投票去保护某种形式的福特主义妥协，而商业化的职业者们则很可能会拒绝这一主张。这样一种发展可能会使得服务阶层中潜在的大多数激进化而投票支持左翼党。这只是一种假说而已，诸如此类的假说还有很多——社会服务职业者可能会放弃这一斗争，赞同新的商业化意识形态；或者倘若他们拒绝改变，他们可能会被非专业化（deprofessionalised），沦为一般的工作性群体（occupational group），等等。问题是，这一斗争到底会如何展开，我们并不知道。然而，它是一场重要的斗争，由此足以说明我们需要继续关注这一领域。

附录 研究方法论

本书的研究是建立在对所有那些在各种法律名录上宣称从事商业法律服务的律师事务所所做的一次问卷调查的基础之上的，其主要论题是(虽然并不完全是)关于商业领域法律性质的变化。本书作者承认这一选择过程存在先天的缺陷和偏见。例如，律师事务所可能会通过夸大它们在一定领域的法律能力而将这些名录用作广告宣传的手段，从而夸大它们的真实能力。此外，法律名录多种多样、各个不同，在一个地方提到的律师事务所在另一个地方却没有提到，如此等等。尽管存在这些局限，但是利用这些名录仍然被认为是去辨识许多那些在商业法律领域开展业务的律师事务所的一种可接受的手段。

本次调查考察了由两个或两个以上的合伙人组成的律师事务所。单个的执业律师并未包括在这次研究之内，因为本研究项目的兴趣是律师事务所内部发生的工作和变化。因此，尽管单个执业律师无可否认是参与商业法律服务的一个重要群体，但是由于这一更广泛研究的兴趣在于律师事务所的社会组织、它们的初级员工的职业进展以及律所的社会化过程等，所以感觉没有理由应该将单个执业律师也包括在内。本次调查挑选了600家律师事务所，其中有188家律师事务所作出了回答。这些律师事务所中包括10%的随机挑选出来的、合伙人不足20人的、声称从事商业法律服务的律师事务所，以及所有那些合伙人在20人以上的律师事务所。之所以选择商业法律服务作为考察的内容，是因为感觉这一领域会更容易体现当前正在出现的职业主义新形式。

在本次调查结束之后，我们接着又对大小不等的律师事务所的高级经理或合伙人进行了22场次详细的、半结构化的面谈。这些面谈涉及上述调查中提到的那些问题，另外还对苏格兰的大型组织，即营业额在前50位的企业、位居前列的工会和地方当局中负责采购法律服务的个人进行了23场次的面谈。这些面谈涉及法律服务的购买、对服务供给的质量评价等方面的问题。最后，还在苏格兰对近来参与了这一法律过程的20位个人客户进行了面谈，这些面谈同样分析了诸如挑选律师或评价服务之类的问题。上述这些苏格兰访谈是一个由苏格兰办事处资助的科研项目的一部分，这一项目旨在对苏格兰法律市场引入事务律师—辩护人制度所产生的影响作出评价（见Hanlon和Jackson，1998）。不用说，书中所表达的观点都是作者自己的观点。

鉴于本书所提供的许多研究证据都是来自上述访谈所得，因此需要对作为一种研究方法的访谈做一些说明。首先，在如何使用访谈材料方面存在很多潜在的方法上的困难。西尔弗曼（Silverman，1993：90—114）对访谈作为一种量化研究形式的使用问题进行过某种深入的探讨。他对这样一种观点提出质疑，即认为访谈可以让我们未经过滤地去接近人们生活的真实。相反，他认为我们需要对认为访谈给我们提供的答案要么是正确的要么是错误的整个观念提出疑问。同样，他还对视访谈为一种立基于参与者双方相互观察之上的社会事件的互动主义观念提出质疑。他认为这样一种进路是不充分的，因为：(1)采访者仍然在某种意义上控制着访谈的结构，访谈从来不是完全自由开放的；(2)如果访谈是独特的个人经历的一种交流，那么研究者很难不去对受访者所说的话作出一种常识性的理解；(3)互动主义不允许采访者去分析社会互动的基本属性所赖以建立的那种结构，即对互动的共同理解。尽管存在这些批评，西尔弗曼依旧支持访谈的研究方法，十分重视这一方法所带来的好处。他认为这一方法能够洞察个人是如何展现他们的现实观（它可能只是他们所持有的许多观点之一）这一问题上(Silverman,1993:107)。西尔弗曼公开承认个人可能会而且也确实在访谈中表达了许多竞争性的、事实上相互冲突的意思,但是这并不等于说访谈就毫无价值可言。相反,他认为访谈可能极富洞察力。

然而,西尔弗曼(Silverman,1993:162—166)指出,要想使访谈充满洞见,它必须克服一个十分重要的瑕疵。访谈在其使用的过程中必定是分段进行的,因此爱挑剔的读者常常会问他们正在读到的关于访谈的描述是否准确无误,或者他们正在读到的内容是否只是那些根据研究者的理解选择的、用以支持研究者观点的研究材料。简言之,能相信研究者会去准确地表达其研究吗?他认为解决这一问题的办法之一是使用数字,即使用一些定量的数据去检验和支持(或者反驳)这种访谈或者定性研究。他的意思并不是说定量的数据是"纯粹的",或者天生就比定性的方法要好。相反,他的意思是说这两种方法结合在一起能够在信息上相互参照、相互补充,对研究者的论断作出有效的检查。在本书中我尽力评价了一番我对上述调查中完成的访谈所做的解释,希望随着本书的展开,读者会承认我的解释是有道理的。

西尔弗曼(Silverman,1993:199—201)也曾诫说不要去做"天真的访谈",他的意思是说访谈者应该提防将访谈参与者的观点当作解释本身。他警告说(1993:208—210),在一个相关却又独立的话题上,采访者必须理解"真实"得以完成的文化形式。这两个问题显然是相互关联的,并影响到我的研究。受访者所表达的"真实"常常发生于特定的时间和空间,它们影响到我自己即访谈者(该书的作者),也影响到受访者。也即是说,这些访谈经常是在某个时间在大型律师事务所的办公室中进行的,那时很多谈话都是关于国际合并的,关于全球化的必要性的,关于律所的结构调整等方面的。这些因素(毫无疑问也包括其他因素)会影响到受访者以及采访者,会帮助形成一种语境,随之而来的各种"真实"正是在这一语境之下得以构造成形。

在概述完本研究的一些不足之后,接下来要说的事情在我看来既可靠又有效。本研究是严格按照定性的方法和定量的方法进行的。若要人认为我的解释是有道理的,则它们必须说服读者,让他们相信证据的可信性和真实性。我希望我已经做到了这一点。

参考文献

Abbott, Andrew (1988) *The System of Professions*. University of Chicago Press, London.
Abel, Richard (1988) *The Legal Profession in England and Wales*. Blackwell, Oxford.
Abel, Richard (1989) 'Between Market and State: The Legal Profession in Turmoil', *The Modern Law Review* vol. 52, no. 3, 285–325
Abel-Smith, Brian and Stevens, Robert (1967) *Lawyers and the Courts*. Heinemann, London.
Allaker, J. and Shapland, J. (1994) *Organising UK Professions – Continuity and Change*. The Law Society Research Study no. 16. The Law Society, London.
Allen, John (1988) 'Towards a Post-Industrial Economy', in D. Massey and J. Allen (eds), *Restructuring Britain – The Economy in Question*. Sage Publications, London.
Anderson, B. L. (1972) 'The Attorney and the Early Capital Market in Lancashire', in François Crouzet (eds.), *Capital Formation in the Industrial Revolution*. Methuen, London.
Anderson, J. Stuart (1992) *Lawyers and the Making of English Land Law*. Clarendon Press, Oxford.
Armstrong, Peter (1987) 'The Rise of Accounting Controls in British Capitalist Enterprises', *Accounting, Organisations and Society*, vol. 12, no. 5, 415–436.
Armstrong, Peter (1991) 'Contradiction and Social Dynamics in the Capitalist Agency Relationship', *Accounting, Organisations and Society*, vol. 16, no. 1, 1–25.
Arthurs, H. W. (1984) 'Special Courts, Special Law: Legal Pluralism in 19th Century England', in G. Rubin and D. Sugarman (eds), *Law, Economy and Society*. Professional Books, Oxon.
Atkinson, John (1984) 'Management Strategies for Flexible Organisations'. *Personnel Management*, 16 (August), pp. 28–31.
Association of University Teachers (AUT) (1998) 'Get Smart About Being Casual', *AUT Bulletin*, January, pp. 12–13.
Bacon, R. and Eltis, W. (1976) *Britain's Economic Problems – Too Few Producers*. Macmillan, London.
Baker, W. E. (1990) 'Market Networks and Corporate Behaviour', *American Journal of Sociology*, vol. 96, no. 3, p. 589–625.
Baldwin, J. and McConville, M. (1977) *Negotiated Justice Pressures to Plead Guilty*. Martin Robertson, London
Bartlett, W. and Harrison, L (1993) 'Quasi-Markets and National Health Service Reforms', in W. Bartlett and J. LeGrand (eds) (1993) *Quasi-Markets and Social Policy*. Macmillan, Basingstoke.
Bendix, Reinhard (1959) *Max Weber: An Intellectual Portrait*. Methuen, London.
Bevan, G., Holland, A. and Partington, M. (1994) 'Organising Cost-Effective Access to Justice', *Memorandum* no. 7, Social Market Foundation, London.

Blackaby, Frank (1986) *Deindustrialisation*, 2nd edn. Heinemann, London.
Bottoms, A. E. and McClean, J. D. (1976) *Defendants in the Criminal Process*. Routledge & Kegan Paul, London.
Bourdieu, Pierre (1977) *Outline of a Theory of Practice*. Routledge, London.
Bourdieu, Pierre (1984) *Distinction – A Social Critique of the Judgement of Taste*. Routledge, London.
Blumberg, Abraham S. (1967) 'The Practise of Law as a Confidence Game' *Law and Society Review*, vol. 1, no. 2, 15–39.
Braverman, Harry (1974) *Labour and Monopoly Capital*. Monthly Review Press, New York.
Brazier, M., Lovecy, J., Moran, M. and Potton, M. (1993) 'Falling from a Tightrope: Doctors and Lawyers Between the Market and the State', *Policy Studies*, vol. xli, pp. 197–213.
Broadbent, J., Dietrich, M. and Roberts, J. (eds) (1997) *The Transformation of the Professions – Theory and Practice*. Routledge, London.
Burrage, Michael (1992) *Mrs Thatcher Against Deep Structures: Ideology, Impact, and Ironies of Her Eleven Year Confrontation With the Professions*, Working Paper 92–11, Institute of Governmental Studies, University of California at Berkeley.
Burrage, Michael (1996) 'From Gentlemen's to a Public Profession: Status and Politics in the History of English Solicitors', *International Journal of the Legal Profession*, vol. 3, no. 1–2, pp. 45–80.
Butler, T. and Savage, M. (eds) (1995) *Social Change and the Middle Classes*. UCL Press, London.
Cain, Maureen (1983) 'The General Practice Lawyer and the Client – Towards a Radical Conception', in R. Dingwall and P. Lewis (eds) *The Sociology of the Professions*. Macmillan, London.
Carchedi, G. (1975) 'On the Economic Identification of the New Middle Class', *Economy and Society*, vol. 4, no. 1, pp. 1–86.
Carr-Saunders, A. M. and Wilson, P. A. (1933) *The Professions*. Frank Cass, London, reprinted 1964.
Carter, B. and Fairbrother, P. (1995) 'The Remaking of the State Middle Class', in T. Butler and M. Savage (eds) *Social Change and the Middle Classes*. UCL Press, London, pp. 133–147.
Causer, G. and Jones, C. (1996) 'Management and the Control of Technical Labour', *Work, Employment & Society*, vol. 10, no. 1, 105–23.
Chambers, M. and Baring, G. (1995) 'The Lockstep – Supporting the Team', *Commercial Lawyer*, November, 36–43.
Chandler, A. D. Jr (1980) 'The United States: Seedbed of Managerial Capitalism', in A. D. Chandler and H. Deams (eds), *Managerial Hierarchies: Comparative Perspectives on the Rise of Modern Industrial Enterprises*. Harvard University Press, Cambridge, Massachusetts.
Chayes, A. and Chayes, A. (1985) 'Corporate Counsel and the Elite Law Firm', *Stanford Law Review*, vol. 37, pp. 277–300.
Coase, Ronald (1937) 'The Nature of the Firm', *Economica*, vol. 4, pp. 386–405.
Cocks, Raymond (1984) 'Victorian Barristers and Judges and Taxation – A Study in the Expansion of Legal Work', in G. Rubin and D. Sugarman (eds), *Law, Economy and Society*. Professional Books, Oxon, 445–69.

Collinson, D., Knights, D., and Collinson, M. (1990) *Managing to Discriminate*. Routledge, London.
Commercial Lawyer (1995) 'The Regions: Firms With the Best Lawyers', November, pp. 24–31.
Commission of the European Communities (1989) *Employment in Europe*. European Commission, Brussels.
Corfield, Penelope, J. (1995) *Power and the Professions in Britain 1700–1850*. Routledge, London.
Crewe, I. (1991) 'Labour Force Changes, Working Class Decline, and the Labour Vote: Social and Electoral Trends in Post-war Britain', in F. Fox Piven (ed.), *Labour Parties in Postindustrial Societies*. Polity Press, Oxford, pp. 20–46.
Crewe, I. (1993) 'Voting and the Electorate' in P. Dunleavy, A. Gamble, I. Holliday and G. Peele (eds), *Developments in British Politics 4*. Macmillan, Basingstoke.
Crompton, R. and Sanderson, K. (1990) *Gendered Jobs and Social Change*. Unwin Hyman, London.
Crouzet, François (1972) 'Capital Formation in Great Britain During the Industrial Revolution' in F. Crouzet (ed.), *Capital Formation in the Industrial Revolution*. Methuen, London.
Crowther, M. A. (1981) *The Workhouse System 1834–1929*. Methuen, London.
Curran, Barbara, A. (1986) 'American Lawyers in the 1980s: A Profession in Transition', *Law and Society Review*, vol. 20, no. 1, pp. 19–52.
Davis, E., Hanlon, G. and Kay, J. (1993) 'What Internationalisation in Services Means: The Case of Accountancy in the UK and Ireland', in H. Cox, J. Clegg and G. Ietto-Gillies (eds), *The Growth of Global Business New Strategies*. Routledge, London.
Department of Employment (1971) *British Labour Statistics Historical Abstract 1886–1968*. HMSO, London.
Dezalay, Yves (1991) 'Territorial Battles And Tribal Disputes', *Modern Law Review*, vol. 54, no. 6, pp. 792–809.
Dezalay, Yves (1997) 'Accountants as "New Guard Dogs" of Capitalism: Stereotype or Research Agenda?', *Accounting Organisations and Society*, vol. 22, no. 8, pp. 825–829.
Dingwall, R. (1995) 'Divorce Mediation – Market Failure and Regulatory Capture', paper presented at Third Annual Conference, *Liberating Professions – Shifting Boundaries?*, Institute for the Study of the Legal Profession, University of Sheffield, 6–7 July.
Dingwall, R., Rafferty, A. M. and Webster, C. (1988) *An Introduction to the Social History of Nursing*. Routledge, London.
DuGay, Paul (1993) 'Entrepreneurial Management in the Public Sector', *Work, Employment and Society*, vol. 7, no. 4, p. 643–8.
Dunleavy, P. (1980) 'The Political Implications of Sectoral Cleavages and the Growth of State Employment. Part 2: Cleavage Structures and Political Alignment', *Political Studies*, vol. 28, pp. 527–549.
Edwards, Richard (1979) *Contested Terrain*. Heinemann, London.
Elias, Peter and Gregory, Mary (1994) *The Changing Structure of Occupations and Earnings in Great Britain, 1975–1990*. Research Series no. 27, Department of Employment, Sheffield.

Erikson, R. and Goldthorpe, J. (1992) *The Constant Flux: A Study of Class Mobility in Industrial Societies*. Clarendon Press, Oxford.

Evans, G., Heath, A. and Lalljee, M. (1996) 'Measuring Left-Right and Libertarian-Authoritarian Values in the British Electorate', *British Journal of Sociology*, vol. 47, no. 1, pp. 93–112.

Ferguson, R. B. (1980) 'The Adjudication of Commercial Disputes and The Legal System', *British Journal of Law and Society*, vol. 7, no. 2, pp. 141–57.

Ferlie, E. (1992) 'The Creation and Evolution of Quasi Markets in the Public Sector', *Strategic Management Journal*, vol. 13, pp. 79–97.

Fitzgerald, L., Ashburner, L. and Ferlie, E. (1995) 'Professions, Markets, and Managers: Empirical Evidence from the NHS', paper presented at seminar on *Professions in Late Modernity*, Centre for Corporate Strategy and Change, University of Warwick, March.

Fitzpatrick, James F. (1989) 'Legal Future Shock: The Role of Large Law Firms by the End of the Century', *Indiana Law Journal*, vol. 64, pp. 461–71.

Flood, John (1989) 'Megalaw in the UK: Professionalism or Corporatism? A Preliminary Report', *Indiana Law Journal*, vol. 64, pp. 569–92.

Flood, John (1991) 'Doing Business – The Management of Uncertainty in Lawyers' Work', *Law and Society Review*, vol. 25, no. 1, pp. 41–72.

Flood, John (1995) 'The Cultures of Globalisation: Professional Restructuring for the International Market', in Y. Dezalay and D. Sugarman (eds) *Professional Competition and Professional Power*. Routledge, London.

Flood, John (1996) 'Megalawyering in the Global Order – The Cultural, Social and Economic Transformation of Global Legal Practice', *International Journal of the Legal Profession*, vol. 3, no. 1–2, pp. 169–214.

Fox Piven, F. (ed.) (1991) *Labour Parties in Postindustrial Societies*. Polity Press, Cambridge.

Freidman, A. (1977) *Industry and Labour – Class Struggle at Work and Monopoly Capitalism*. Macmillan, London.

Friedman, Milton (1972) *Capital and Freedom*. University of Chicago Press, Chicago.

Freidson, Eliot (1986) *Professional Powers: A Study of the Institutionalisation of Formal Knowledge*. University of Chicago Press, Chicago.

Freidson, Eliot (1989) 'Theory and the Professions', *Indiana Law Journal*, vol. 64, pp. 423–32.

Galanter, Marc (1983) 'Mega-Law and Mega-Lawyering in the Contemporary United States', in R. Dingwall and P. Lewis (eds), *The Sociology of the Professions*. Macmillan, London, pp. 152–76.

Galanter, Marc and Palay, Thomas (1991) *Tournament of Lawyers: The Transformation of the Big Law Firms*. University of Chicago Press, Chicago.

Gamble, Andrew (1994) *The Free Economy and the Strong State*, 2nd edn. Macmillan, Basingstoke.

Gazette (1995) 'Pressures on Partnerships', *Law Society's Gazette*, 92/10, 8 March.

Giddens, Anthony (1991) *Modernity and Self-Identity*. Polity Press, Cambridge.

Glasser, Cyril (1990) 'The Legal Profession in the 1990s – Images of Change', *Legal Studies* vol. 10, no. 1, pp. 1–11.

Glennerster, Howard (1991) 'Quasi-Markets for Education?' *The Economic Journal*, vol. 101, pp. 1268–76.
Goode, W. J. (1957) 'Community Within a Community – The Professions', *American Sociological Review*, vol. 22, no. 2, pp. 194–200.
Goldthorpe, J. H. (1980) *Social Mobility and Class Structure in Modern Britain*. Clarendon Press, Oxford.
Goldthorpe, J. (1982) 'On the Service Class, Its Formation and Future', in A. Giddens, and G. Mackenzie (eds), *Social Class and the Division of Labour*. Cambridge University Press, pp. 162–85.
Goldthorpe, J. (1995) 'The Service Class Revisited', in T. Butler and M. Savage (eds), *Social Change and the Middle Classes*. UCL Press, London, pp. 313–29.
Gordon, D., Edwards, R. and Reich, M. (1982) *Segmented Work, Divided Workers*. Cambridge University Press, New York.
Goriely, Tamara (1994) 'Rushcliffe Fifty Years On: The Changing Role of Civil Legal Aid Within the Welfare State', *Journal of Law and Society*, vol. 21, pp. 545–66.
Goriely, Tamara (1996) 'Law for the Poor: The Relationship Between Advice Agencies and Solicitors in the Development of Poverty Law', *International Journal of the Legal Profession*, vol. 3, no. 1–2, pp. 215–48.
Granovetter, Mark (1985) 'Economic Action and Social Structure: The Problem of Embeddedness', *American Journal of Sociology*, vol. 91, no. 3, pp. 481–510.
Gray, John (1986) *Liberalism*. Open University Press, Milton Keynes.
Grey, C. (1994) 'Career as a Project of the Self and Labour Process Discipline' *Sociology*, vol. 28, no. 2, pp. 479–497.
Guardian (1997) 'Poor Pay Price as "No Win No Fee" Plan Deals Body Blow to Legal Aid', 18 October, p. 1.
Hakim, Catherine (1990) 'Core and Periphery in Employers' Workforce Strategies: Evidence from the 1987 ELUS Study', *Work, Employment and Society*, vol. 4, no. 2, pp. 52–65.
Halford, S. and Savage, M. (1995) 'The Bureaucratic Career: Demise or Adaptation?', in T. Butler and M. Savage (eds.), *Social Change and the Middle Classes*. UCL Press, London, pp. 117–32.
Hall, Stuart (1983) 'The Great Moving Right Show', in S. Hall and M. Jacques (eds.), *The Politics of Thatcherism*. Lawrence and Wishart, London.
Hall, Stuart (1985) 'Authoritarian Populism – A Reply to Jessop et al.', *New Left Review*, 151, pp. 115–24.
Hall, S. and Schwarz, B. (1988) 'State and Society 1880–1930', in S. Hall, *The Hard Road to Renewal – Thatcherism and the Crisis of the Left*. Verso, London.
Hanlon, Gerard (1994) *The Commercialisation of Accountancy: Flexible Accumulation and the Transformation of the Service Class*. Macmillan, Basingstoke.
Hanlon Gerard (1996) '"Casino Capitalism" and the Rise of the "Commercialised" Service Class – An Examination of the Accountant', *Critical Perspectives on Accounting*, vol. 7, no. 3, pp. 339–63.
Hanlon, Gerard (1997a) 'A Fragmenting Profession – Lawyers, The Market and Significant Others', *Modern Law Review*, vol. 60, no. 6, pp. 798–822.

Hanlon, Gerard (1997b) 'A Shifting Professionalism – An Examination of Accountancy', in J. Broadbent, M. Dietrich and J. Roberts (eds), *The Transformation of the Professions – Theory and Practice*. Routledge, London, pp. 123–39.

Hanlon, Gerard (1998) 'Professionalism as Enterprise – Service Class Politics and the Redefinition of Professionalism', *Sociology*, vol. 32 no. 1, pp.43–63.

Hanlon, G. and Jackson, J. (1998) *Assessing the Impact of the Introduction of Solicitor-Advocates in Scotland on the Clients of Legal Services*. Scottish Office, Edinburgh.

Hanlon, G. and Shapland, J. (1997) 'Professional Disintegration? – The Case of Law', in J. Broadbent, M. Dietrich and J. Roberts (eds), *The End of the Professions? – The Transformation of Professional Work*. Routledge, London, pp. 104–22.

Hannah, Leslie (1976) *The Rise of the Corporate Economy*, 2nd edn. Methuen, London.

Hansen, Ole (1992) 'A Future for Legal Aid?,' *Journal of Law and Society*, vol. 19, no. 1, pp. 85–100.

Harper, Richard (1989) 'An Ethnography of Accountants', unpublished PhD. dissertation, Faculty of Economic and Social Studies, University of Manchester.

Harris, Lawrence (1988) 'The UK Economy at the Crossroads', in Doreen Massey and John Allen (eds), *Restructuring Britain – The Economy in Question*. Sage Publications London.

Harrison, B. and Bluestone, B. (1988) *The Great U-Turn – Corporate Restructuring and the Polarising of America*. Basic Books, New York.

Harvey, D. (1989) *The Condition of Postmodernity*. Blackwell, Oxford.

Hayek, F. A. (1944) *The Road to Serfdom*. Routledge, London (reprinted 1991).

Heath, A. and Savage, M. (1995) 'Political Alignments Within in the Middle Classes, 1972–89', in T. Butler and M. Savage (eds), *Social Change and the Middle Classes*. UCL Press, London, pp. 275–92.

Heinz, J. P. and Laumann, E. O. (1982) *Chicago Lawyers – The Social Structure of the Bar*. Russell Sage Foundation/American Bar Foundation, New York.

Hennessy, Peter (1992) *Never Again*. Jonathan Cape, London.

Hughes, Everett C. (1963) 'Professions', *Daedalus*, vol. 92, no. 4, pp. 655–68.

Hutton, Will (1995) *The State We're In*. Jonathan Cape, London.

Independent on Sunday (1997) 'Justice Means No Win, No Fee', 7 December, p. 12.

Ingham, Graham (1984) *Capitalism Divided*. Macmillan, London.

Ingleby, Richard (1992) *Solicitors and Divorce*. Clarendon Press, Oxford.

Jacques, Martin (1983) 'Thatcherism – Breaking Out of the Impasse', in S. Hall and M. Jacques (eds), *The Politics of Thatcherism*. Lawrence and Wishart, London, pp. 40–62.

Jacques, M. and Hall, S. (1997) 'Tony Blair The Greatest Tory Since Thatcher?', *Observer*, Election '97, 13 April, p. 31.

Jenkins, R. (1986) *Racism and Recruitment*, Cambridge University Press.

Jessop, B. (1994) 'The Transition to Post-Fordism and the Schumpeterian Workfare State', in R. Burrows. and B. Loader (eds), *Towards a Post Fordist Welfare State?* Routledge, London, pp. 13–37.

Jessop, B., Bonnet, K., Bromley, S. and Ling, T. (1984) 'Authoritarian Populism, Two Nations and Thatcherism', *New Left Review*, 147, pp. 32–60.

Jessop, B., Bonnet, K., Bromley, S. and Ling, T. (1985) 'Thatcherism and the Politics of Hegemony – A Reply to Stuart Hall', *New Left Review* 153, pp. 87–101.

Jessop, B., Bonnet, K., Bromley S. and Ling, T. (1987) 'Popular Capitalism, Flexible Accumulation and Left Strategy', *New Left Review*, 165, pp. 104–22.

Jewson, N. D. (1974) 'Medical Knowledge and the Patronage System in 18th Century England', *Sociology*, vol. 8, pp. 369–85.

Johnson, Terence (1972) *Professions and Power*. Penguin, London.

Jones, Edgar (1981) *Accountancy and the British Economy 1840–1980 – The Evolution of Ernst and Whinney*. Batsford, London.

Kavanagh, Dennis (1990) *Thatcherism and British Politics – The End of Consensus* 2nd edn. Oxford University Press.

Kay, John (1995) *Foundations of Corporate Success*. Oxford University Press.

Keat, Russell and Abercrombie, Nicholas (eds.) (1991) *Enterprise Culture*. Routledge, London.

Kirk, Harry (1976) *Portrait of a Profession – A History of the Solicitors' Profession 1100 to the Present Day*. Oyez, London.

Lash, S. and Urry, J. (1987) *The End of Organised Capitalism*. Polity Press, Cambridge.

Lash, S. and Urry, J. (1994) *The Economy of Signs and Space*. Sage, London.

The Law Society (1994) *Directory of Solicitors and Barristers*. The Law Society, London.

The Lawyer (1993) 'Clients Dissatisfied Over Legal Costs', 8 June, p. 20.

The Lawyer (1994) 'Bid for World Domination', 22 November, p. 16.

Lee, R. G (1992) 'From Profession to Business – The Rise and Rise of the City Law Firm', *Journal of Law and Society*, vol. 19, no. 1, pp. 31–48.

LeGrand, Julian (1991) 'Quasi-Markets and Social Policy', *The Economic Journal*, vol. 101, pp. 1256–67.

Leys, Colin (1985) 'Thatcherism and British Manufacturing – A Question of Hegemony', *New Left Review*, 151, pp. 5–25.

Lipietz, Alain (1986) 'New Tendencies in the International Division of Labour' in A. Scott and M. Stooper (eds) *Production, Work, Territorry – The Geographical Anatonmy of Industrial Capitalism*. Allen and Unwin, Boston, pp. 16–40.

Lipietz, Alain (1987) *Mirages and Miracles: The Crisis of Global Fordism*. Verso, London.

Littleton, A. C. (1966) *Accounting Evolution to 1900*. Russell & Russell, New York.

Lloyd, C. and Seifert, R. (1995) 'Restructuring in the NHS: Labour Utilisation and Intensification in Four Hospitals', *Work, Employment and Society* vol. 9, no. 2, pp. 359–78.

London Economics Ltd (1994) *The Competitive Advantage of Law and Accountancy in the City of London*. Corporation of London.

Lord Chancellor's Deptartment (LCD) (1996) *Striking the Balance – The Future of Legal Aid in England and Wales*. Lord Chancellor's Deptartment, London.

Loudon, Irvine (1986) *Medical Care and the General Practitioner 1750–1850*. Clarendon Press, Oxford.

Lyons, F. S. L. (1982) *Ireland Since the Famine*. Fontana, London.
Macaulay, S. (1963) 'Non-Contractual Relations in Business: A Preliminary Study', *American Sociological Review* vol. 28, no. 1, pp. 55–67.
McBarnet, Doreen (1994) 'Legal Creativity: Law, Capital and Legal Avoidance', in M. Cain and C. B. Harrington (eds.), *Lawyers in a Postmodern World: Translation and Transgression*. Open University Press, Buckingham.
Macdonald, Duncan (1989) 'Speculations by a Customer About the Future of Large Law Firms', *Indiana Law Journal*, vol. 64, pp. 593–600.
MacMillan, Lynne (1995) *Client Care – A Report of a Survey on the Client Care Provided by the Solicitors in Scotland*. Scottish Consumer Council, Glasgow.
Marshall, G., Newby H., Rose, D. and Vogler, C. (1988) *Social Class in Modern Britain*. Hutchinson Education, London.
Marshall, T. H. (1939) 'The Recent History of Professionalism', *Canadian Journal of Economics and Political Science*, vol. 5, no. 3, pp. 325–40.
Marshall, T. H. (1950) *Citizenship and Social Class*. Cambridge University Press.
Martin, Ron (1988) 'Industrial Capitalism in Transition', in D. Massey and J. Allen (eds), *Uneven Re-development: Cities and Regions in Transition*. Hodder & Stoughton, London, pp. 202–31.
Marx, Karl (1976) *Capital*, vol. 1. Penguin, Harmondsworth.
Maynard, Alan (1991) 'Developing the Health Care Market', *The Economic Journal*, vol. 101, pp. 1277–86.
McNulty, T., Whittington, R., Whipp, R. and Kitchener, M. (1994) 'Implementing Marketing in NHS Hospitals', *Public Money and Management*, July–Sept, pp. 51–7.
Miles, M. (1984) 'Eminent Practitioners: The New Visage of Country Attorneys 1750–1800' in G. R. Rubin and D. Sugarman (eds) *Law, Economy and Society*. Professional Books, Oxon.
Mohan, John (1991) 'Privatisation in the British Health Sector – A Challenge to the NHS' in J. Gabe, M. Calnan and M. Bury (eds), *The Sociology of the Health Service*. Routledge, London.
Moore, M. and Moore, M. (1991) *Managing Lawyers – Recruiting and Retaining Staff in Private Practice*. Chancery Law Publishers, London.
Moorhead, Richard and Cushley, Declan (1995) *Quality and Access: A Blueprint for the Future – Response to the Lord Chancellor's Advisory Committee on Legal Education and Conduct Review of Legal Education*. Trainee Solicitors' Group, Nottingham.
Murray, Fergus (1988) 'The Decentralisation of Production – The Decline of the Mass Collective Worker', in R. E. Pahl (ed.), *On Work: Historical, Comparative and Theoretical Approaches*. Blackwell, Oxford, pp. 258–78.
Nelson, Robert (1988) *Partners With Power – The Social Transformation of the Large Law Firm*. University of California Press, London.
Nelson, R., Trubek, D. and Soloman, R. (1992) *Lawyers' Ideals and Lawyers' Practice*. Cornell University Press, Ithaca.
Nixon, Jon (1997) 'Regenerating Professionalism Within the Academic Workplace', in J. Broadbent, M. Dietrich and J. Roberts (eds), *The Transformation of the Professions – Theory and Practice*. Routledge, London, pp. 86–103.
Observer (1997) 'New Labour's Parliamentary Make Up', Election '97, 4 May, p. 12.

O'Connell-Davidson, Julia (1994) 'What do Milk Franchisers Do? Control and Commercialisation in Milk Distribution', *Work, Employment and Society*, vol. 8 no. 1, pp. 23–44.

Offe, Claus (1976) *Industry and Inequality*, Edward Arnold, London.

Offer, Avner (1981) *Property and Politics 1879–1914*. Cambridge University Press.

Offer, Avner (1994) 'Lawyers and Land Law Revisited', *Oxford Journal of Legal Studies* vol. 14, no. 2, pp. 269–78.

Ogden, S. (1996) 'The Role of Accounting in Organisational Change', paper presented at Symposium, *Critical Perspectives on Accounting*, City University, New York, 26–28 April.

Overbeek, Henk (1990) *Global Capitalism and National Decline – The Thatcher Decade in Perspective*. Unwin Hyman, London.

Pahl, R., E. (1988) (ed.) *On Work: Historical, Comparative and Theoretical Approaches*, Blackwell, Oxford.

Parsons, T. (1954) *Essays in Sociological Theory*. Free Press, Glencoe.

Paterson, Alan (1996) 'Professionalism and the Legal Services Market', *International Journal of the Legal Profession*, vol. 3, no. 1–2, pp. 137–68.

Perkin, Harold (1989) *The Rise of Professional Society*. Routledge, London.

Perkin, Harold (1996) *The Third Revolution – Professional Elites in the Modern World*. Routledge, London.

Peschel, R. E. and Peschel, E. R. (1986) *When a Doctor Hates a Patient*. University of California Press, London.

Pierson, C. (1994) 'Continuity and Discontinuity in the Emergence of the "Post-Fordist" Welfare State', in R. Burrows and B. Loader (eds), *Towards A Post-Fordist Welfare State?* Routledge, London, pp. 95–113.

Polanyi, Karl (1957) *The Great Transformation – The Political and Economic Origins of Our Time*. Beacon Press, Boston.

Pollert, Anna (1988) 'Dismantling Flexibility', *Capital and Class*, vol. 33, pp. 42–75.

Porter, Maureen (1990) 'Professional-Client Relationships and Women's Reproductive Health Care', in S. Cunningham-Burley and N. McKeganey (eds.), *Readings in Medical Sociology*. Tavistock/Routledge, London.

Powell, Michael, J. (1985) 'Developments in the Regulation of Lawyers: Competing Segments and Market, Client and Government Controls', *Social Forces*, vol. 64, no. 2, pp. 281–305.

Randle, K. (1996) 'The White Coated Worker: Professional Autonomy in a Period of Change', *Work, Employment and Society*, vol. 10, no. 4, pp. 737–54.

Redwood, John (1990) 'Popular Capitalism and World Politics', in J. C. D. Clark (ed.), *Ideas and Politics in Modern Britain*. Macmillan, Basingstoke.

Rice, R. (1995) 'Government Outlines Scheme to Cap Legal Aid', *Financial Times*, May 18, p. 11.

Richards, Archibald, B. (1981) *Touche Ross and Co. 1899–1981 – The Origins and Growth of the UK Firm*. Touche Ross, London.

Robinson, Peter (1995) 'Evolution Not Revolution', *New Economy*, vol.2, no. 3, pp. 167–172.

Rosen, Robert Eli (1989) 'The Inside Counsel Movement, Professional Judgement and Organisational Representation' *Indiana Law Journal*, vol. 64, pp. 479–553.

Rubin, G. R. and Sugarman, D. (eds.) (1984) *Law, Economy and Society*. Professional Books, Oxon.
Sanders, David (1993) 'Why the Conservative Party Won – Again', in A. King (ed.), *Britain at the Polls 1992*. Chatham House Publishers, Chatham, New Jersey.
Sassen, Saskia (1988) *The Mobility of Labour and Capital*. Cambridge University Press, New York.
Sassen, Saskia (1991) *The Global City – New York, London, Tokyo*. Princeton University Press.
Sassen, Saskia (1994) *Cities in a World Economy*. Pine Forge Press, Thousand Oaks, California.
Savage, M., Barlow, J., Dickens, P. and Fielding, T. (1992) *Property, Bureaucracy and Culture*. Routledge, London.
Sen, Amartya (1987) *On Ethics and Economics*. Blackwell, Oxford.
Shapland, Joanna (1995) 'Self-Regulation of the Professions – Coercion or Free Choice?' Paper presented at *Regulating the Professions* Seminar, University of Strathclyde, Glasgow.
Sherr, Avrom (1986) 'Lawyers and Clients – The First Meeting', *The Modern Law Review*, vol. 49, no. 3, pp. 323–57
Sherr, Avrom (1994) 'Come of Age' *The International Journal of the Legal Profession* vol. 1, no. 1, pp. 3–12.
Sikka P., Willmott H., and Lowe T. (1989) 'Guardians of Knowledge and Public Interest', *Accounting, Auditing and Accountability Journal*, vol. 2, no. 2, pp. 47–71.
Silverman, David (1993) *Interpreting Qualitative Data*. Sage, London.
Sinclair, J., Ironside, M. and Seifert, R. (1996) 'Classroom Struggle? Market Oriented Reforms and Their Impact on the Teacher Labour Process', *Work, Employment and Society*, vol. 10, no. 4, pp. 641–662.
Skills and Enterprise Network (1995) *Labour Market and Skill Trends 1994/1995*. Skills and Enterprise Network, Nottingham.
Skills and Enterprise Network (1998) *Labour Market and Skill Trends 1997/1998*. Skills and Enterprise Network, Nottingham.
Skordaki, Eleni (1995) 'The Growth of the Corporate Adviser –Accountants, Lawyers, Advising Business and the Business of Advising', paper presented at Third Annual Conference, *Liberating Professions – Shifting Boundaries*, Institute for the Study of the Legal, Prefession, University of Sheffield, 6–7 July.
Skordaki, Eleni (1997) 'The Growth of the Corporate Adviser – Accountants, Lawyers, Advising Business and the Business of Advising', in G. Hanlon and S. Halpern (eds.), *Liberating Professions Shifting Boundaries*, Institute for the Study of the Legal Profession, University of Sheffield.
Slinn, Judy (1984) *A History of Freshfields*. Freshfields, London.
Slinn, Judy (1987) *Linklaters and Paines – The First One Hundred and Fifty Years*. Longman, London.
Smith, Roger (1993) 'Reading the Small Print', *Law Society's Gazette*, 90/15, 21 April.
Sommerlad, H. (1995) 'Managerialism and the Legal Profession: A New Professional Paradigm', *International Journal of the Legal Profession*, vol. 2, no. 1–2, pp. 159–86.

Spangler, Eve (1986) *Lawyers for Hire – Salaried Professionals at Work*. Yale University Press, New Haven.
Stacey, Nicholas A. H. (1954) *English Accountancy 1800–1954*. Gee, London
Stanley, Christopher (1991) 'Justice Enters the Marketplace', in K. Russell and N. Abercrombie (eds), *Enterprise Culture*. Routledge, London.
Steinmetz, G. and Wright, E. O. (1989) 'The Fall and Rise of the Petty Bourgeoisie: Changing Patterns of Self-Employment in Postwar United States', *American Journal of Sociology*, vol. 94, no. 5, pp. 973–1018.
Stephen F. H., Love J. H. and Paterson A. A. (1994) 'Deregulation of Conveyancing Markets in England and Wales', *Fiscal Studies*, vol. 15, pp. 102–118.
Sugarman, David (1993) 'Simple Images and Complex Realities: English Lawyers and Their Relationship to Business and Politics, 1750–1950', *Law and History Review*, vol. 11, no. 2, pp. 257–301.
Sugarman, David (1994) 'Blurred Boundaries: The Overlapping World of Law, Business and Politics', in M. Cain and C. B. Harrington (eds), *Lawyers in a Postmodern World: Translation and Transgression*. Open University Press, Buckingham.
Sugarman, David (1996) 'Bourgeois Collectivism, Professional Power and the Boundaries of the State: The Private and Public Life of the Law Society, 1825 to 1914', *International Journal of the Legal Profession*, vol. 3, no. 1–2, pp. 81–136.
Swaine, Robert, T. (1946) *The Cravath Firm and Its Predecessors*, vol. 1. Ad Press, New Haven, Connecticut.
Swaine, Robert, T. (1948) *The Cravath Firm and Its Predecessors* vol. 2. Ad Press, New Haven, Connecticut.
Thompson, P. and McHugh, D. (1995) *Work Organisations – A Critical Introduction*, 2nd edn. Macmillan, Basingstoke.
Times Higher Education Supplement (THES) (1997) 'Campus Tories Vanish', 11 April, p. 1.
Van Hoy, Jerry (1995) 'Selling and Processing Law: Legal Work at Franchise Law Firms', *Law and Society Review*, vol. 29, no. 4, pp. 703–29.
Waddington, Ivan (1984) *The Medical Profession in the Industrial Revolution*. Gill & Macmillan, Dublin.
Walker, Stephen P. (1991) 'The Defence of Professional Monopoly: Scottish Chartered Accountants and "Satellites in the Accountancy Firmament" 1845–1914', *Accounting, Organisations and Society*, vol. 16, no. 3, pp. 257–83.
Wall, D., S., (1996) 'Legal Aid, Social Policy, and the Architecture of Criminal Justice: Supplier Induced Inflation Thesis and Legal Aid Policy', *Journal of Law & Society*, vol. 23, no. 4, pp. 549–69.
Watson, T. J. (1995) 'Speaking Professionally – Soft Postmodernist Thoughts on Some Late Modernist Questions About Work, Occupations, and Markets', paper presented at seminar on *Professions in Late Modernity*, Centre for Corporate Strategy and Change, University of Warwick, March.
Whittington, R., McNulty, T. and Whipp, R. (1994) 'Market-Driven Change in Professional Services: Problems and Processes', *Journal of Management Studies*, vol. 31, no. 6, pp. 829–45
Whynes, David, K. (1992) 'The Growth of UK Health Expenditure', *Social Policy and Administration*, vol. 26, no. 4, pp. 285–95.

Wickham, James (1997) 'Part Time Work in Ireland and Europe', *Work, Employment and Society* vol. 11, no. 1, pp. 133–51.

Wilensky, Harold (1964) 'Professionalisation of Everyone', *American Journal of Sociology*, vol. lxx, no. 2, pp. 137–58.

Williamson, Oliver E. (1975) *Markets and Hierarchies: Analysis and Antitrust Implications*. Free Press, New York.

Willis, C., Plotnikoff, J., Woolfson, R. and Harris, F. (1995) *Developing Indicators to Measure the Changing Market for Advocates and Advocacy – A Report for the Lord Chancellor's Committee on Legal Education and Conduct*. Law Society, London.

Willis, C. and Skordaki, E. (1996) 'Editorial', *International Journal of the Legal Profession*, vol. 3, no. 1–2, pp. 5–7.

Willmott, Hugh (1986) 'Organising the Profession: A Theoretical and Historical Examination of the Development of the Major Accountancy Bodies in the UK', *Accounting, Organisations and Society*, vol.11, no. 6, pp. 555–80.

Willmott, H. and Sikka, P. (1997) 'On the Commercialisation of Accountancy Thesis – A Review Essay', *Accounting, Organisations and Society*, vol. 22, no. 8, pp. 831–42.

Winsbury, Rex (1977) *Thomson McLintock: The First One Hundred Years*. Thomson McLintock, London.

Wright, E., O. (1985) *Classes*. Verso Editions, London.

Zander, Michael (1997) 'Rights of Audience and the Higher Courts in England & Wales since the 1990 Act: What Happened?', *International Journal of the Legal Profession*, vol. 4, no. 3, pp. 167–95.

索引

(页码为原书页码,即本书的边码)

Abbott, A. 阿伯特 3
Abel, R. 埃贝尔 110,126
Abel-Smith, B. 埃贝尔-史密斯 12,61,69
Accountants 会计师
 Commercialised 商业化的 professionalism 职业主义 119,172—173,176,177
 empowerment in market-driven society 市场驱动的社会中的赋权 36—37,175
 interprofessional links 职业间的联系 153—156
 large international firms 大型国际事务所 36,52,104,106
 marketing of trust 信任的市场销售 145
 networks among 之间的关系网络 147—148
 never fully endorsed social citizenship 从未完全认同社会公民身份 14
 took over markets from solicitors 从事务律师那里接管市场 51—54
Anderson, B. 安德森 43
Anderson, J. 安德森 64
Armstrong, P. 阿姆斯特朗 46,146
Arthur Andersen 安达信 194n3,153,155

attorneys 法律代理人 41,56
Bacon, R. 培根 27
Baker, W. 贝克 115—116
Bank of England 英国央行 74,77,78
Bar and barristers 律师业和出庭律师
 Bar Council opposed to most New Right reforms 反对多数右翼改革的律师委员会 178
 driven out of conveyancing market 被赶出土地转让市场 42,46,63
 monopoly on advocacy 对法庭辩护的垄断 47—48
 social networks among élite 精英之间的社会网络 75,76
 social superiority to solicitors 对事务律师的社会优越性 40,41,75
Baring, G. 巴林 153
Bevan, G. et al. 贝文等人 96—97
Bourdieu, P. 布迪厄 125,168—169
Britain 英国 see United Kingdom
British Legal Association 英国法律协会 79
British Medical Association (BMA) 英国医学协会 8,9,10,178
Broadbent, J. et al. 布罗德本特等人 8

Burrage, M. 布尔雷奇 83—84,84,90,125,141

Capital 资本
 benefited from policies of New Right 从右翼政策中受益 32,103—104
 changes in organisation affected professionals 组织中的变化影响到职业者 33—37,175,185
 and Fordist regime 和福特制政府 4—5,21—22,185
 and *laissez-faire* market society 和自由市场社会 6—7
 and management of professional services 和职业服务管理 108—121,187—188
Carchedi, G. 卡尔凯蒂 167—168
Carr-Saunders, A. 卡尔-桑德斯 12
Carter, B. 卡特 177
Causer, G. 科瑟尔 109
Chambers, M. 钱伯斯 153
Chandler, A. 钱德勒 110
Chayes, A. and Chayes, A. 柴叶斯和柴叶斯 110,111
Church of England 英格兰教会 12
Citizens Advice Bureaux (CABx) 公民咨询局 11,14,68,70,71
City of London 伦敦市 21—22,46
 benefited from market 从市场受益
  liberalisation 自由化 30,32,102—106
civil service 文职 29,31,177
class 阶层
 effect of New Right policies on 新右翼政策对……的影响 30
 élites dominant under Fordism 福特制之下的统治精英 7
 growth of service class 服务阶层的成长 164—165
 professionals served fee-paying classes 为付费阶层服务的职业者 9—15,39
 see also under service class
clergy (Church of England) 牧师(英格兰教会) 12,169
clients 客户
 corporate clients force change in professions 企业客户迫使职业发生变化 110—121,149—156,187—188
 élite lawyers historic relationship with clients 精英律师与客户之间的历史关系 74—76,77
 influence on professionals in nineteenth century 19世纪对职业者的影响 48
 purchasing of trust 对信任的购买 145—149
 see also under lawyers
Coase, R. 科斯 110
Cohen Committee 科恩委员会 78
Confederation of British Industry (CBI) 英国工业联盟 34—35
conformity 一致 145—146
Conservative Party (Tories) 保守党(托利党)
 and breakdown of postwar consensus 和战后共识的崩溃 22—24
 influence of New Right 新右翼的影响 1—2,25,26,29—31
 initial hostility to welfare state 对福利国家的初始敌视 22,65
 and service class vote 和服务阶层投票 179
 see also New Right
conveyancing 土地转让市场

and land registration 和土地登记 61—64

large commercial firms less concerned with 较少涉及土地转让业务的大型商业事务所 127—128

solicitors develop monopoly in 事务律师确立起了在土地转让业务方面的垄断地位 42—43,45—50,72,168—169

solicitors' monopoly attacked 事务律师的垄断地位受到攻击 79,93—94

Corfield, P. 科菲尔德 13,41,53,124

Cotton Brokers' Association 棉花经纪人协会 51

county courts, establishment of 郡法院的设立 47—48,50

Crewe, I. 克鲁 164

criminal work 刑事工作 67,69—70

Crouzet, F. 克劳赛特 13

Crowther, M. A. 克劳赛 6

cultural capital 文化资本 168—169

denationalisation 非国有化 104—105

Dezalay, Y. 德扎莱 110

dispute resolution, solicitors capture market in 事务律师占有争端解决市场 50—51

divorce, legal aid for 对离婚案件的法律援助 67

doctors 医生

    delayed endorsement of social citizenship 对社会公民身份的迟到的认同 9—11

    marketing of trust 信任的市场销售 145

    New Right's attempts to increase control over 新右翼试图加强对医生职业的控制 84—88,176

    political allegiance changing 政治忠诚变化 179

    private sector expansion 私人领域的扩张 28—29

    served fee-paying élite prior to welfare state 先于国家为付费精英提供服务 12—13,48

DuGay, P. 杜盖 141

Dunleavy, P. 邓利维 167

education professions, effect of 教育职业的影响

    New Right policies on 新右翼政策对教育职业的影响 28,29,31,88—92

    see also teachers

Eltis, W. 埃尔迪斯 27

Employment 就业

    Fordism and 福特制与就业 4,7—8

    pursuit of profit and 对利润与就业的追求 33—36

engineering professionals 工程职业者 28,29,108—109,172—173,176

Erikson, R. 埃里克森 165

Fairbrother, P. 菲尔布拉德 177

Ferguson, R. 弗格森 51

Finlay Committee 芬莱委员会 66

Firms 事务所

    large commercial law firms 大型商业律师事务所 102—108,125—163

    management of professional services 职业服务管理 80,108—121

    multinationals 跨国公司 32,

106
Fitzgerald, L. et al. 菲茨杰拉德等人 86, 177
Fitzpatrick, J. 菲茨帕特里克 118, 158
flexible accumulation regime 弹性积累政体 97
Flood, J. 弗拉德 105, 106, 110, 118, 153
Fordism 福特制
 breakdown assisted by capital 在资本帮助下出现的福特制的崩溃 33—34, 185
 division of labour under 福特制下的劳动分工 17—18
 emergence of 福特制的兴起 3—5, 14
 established in UK 福特制在英国的确立 7—9
 global crisis of 全球福特制危机 20, 23—24, 29
foreign direct investment, increase in 福特制国家外国直接投资的增长 33—34
franchising of legal aid 法律援助授权 98—99
Freidson, E. 弗莱德森 109, 187
Freshfields 富尔德律师事务所 74, 74—75, 76, 77
Friedman, M. 弗里德曼 27

Galanter, M. 格兰特 110
Gamble, A. 盖博 27, 29, 30, 31
Garrett & Co. 加勒特科律师事务所 153
Glasser, C. 格拉瑟 70, 72, 73, 100, 101
Glennerster, H. 格伦内斯特 88—89
Goldthorpe, J. 戈德索普 165—166, 170
Goode, W. 古德 16
Goriely, T. 戈里耶利 96—97, 98
government 政府 see state
Granovetter, M. 格兰诺维特 110—111, 147, 148, 160
Griffiths, Roy 罗伊·格里菲思 84

Halford, S. 哈尔弗德 176—177
Hall, S. 霍尔 21, 29
Hanlon, G. 汉隆 110, 112, 141
Hannah, L. 汉纳 74
Hansen, O. 汉森 96
Harvey, D. 哈维 182
Hayek, F. A. von 哈耶克 6, 18, 19—20, 64
health professions 卫生职业 see doctors; National Health Service 国民保健服务中心
Heath, A. 希思 178
Heath, Edward, governments of 爱德华·希思政府 23—24, 25
Heinz, J. 海因茨 110, 129, 130
Hughes, E. C. 休斯 16

Ideologies 意识形态
 commercialised professionalism 商业化的职业主义 172—173, 177, 185—188
 and polarisation of legal profession 和法律职业的两极分化 124—125, 141—142
 professional individualism 职业个人主义 11—14
 social service professionalism 社会服务职业主义 14—17, 70—71, 171—172, 186, 187
individual responsibility, New Right philosophy of 个人责任的新右翼哲学 27

索引 237

Ingham, G. 英格哈姆 22

Jackson, J. 杰克逊 112
Jacques, M. 雅克 7,21,22,24
Jessop, B. et al. 杰索普等人 30, 31,32
Jewson, N. 诸森 12,48
Johnson, T. 约翰逊 12,55,95
Jones, C. 琼斯 109

Kirk, H. 柯克 53,54,55,60,61, 68,72,79
KPMG 毕马威会计师事务所 153

labour 劳动 see employment
Labour Party 工党
 attempts to modernise economy under Wilson 试图在威尔逊政府统治下实现经济现代化 21—22,23,25
 and political realignment 和政治调整 25,29—30,164—165, 179
land registration 土地登记 61—64
Lash, S. 纳什 103
lateral hiring 横向雇用 159—160
Laumann, E. 卢曼 110,129,130
Law Society 法律协会 56—61
 concern with image 关涉形象 53—54,56,194nl
 control of legal aid budget 控制法律援助预算 11,68—69
 dominated by London élite 伦敦市精英所主导 57,59—61, 73,79
 and land registration 和土地登记 63—64
 opposed to citizenship-based rights 反对立基于公民身份的权力 64—67
 opposed to most New Right reforms 反对新右翼的多数改革 178
 professional self-regulation 职业者的自我规制 56—58,94—95
 removes ban on advertising 撤销广告禁令 93
 seeks rights of audience 追求发表意见权 94
Lawrence Committee 劳伦斯委员会 66
Lawyers 律师
 commercialized professionalism 商业化的职业主义 172—173, 177
 corporate clients attempt to control 企业客户试图控制 108—121
 élite firms 精英事务所 73—79,130—131
 fragmentation of profession 职业的分裂 127—131,161,176, 186
 importance in market-driven society 市场驱动社会中的重要性 28,36—37,175
 individual partner empowerment 合伙人个人的授权 151—153,156—159,162
 large commercial law firms develop 大型商业律师事务所发展 102—108,125—163
 marketing of services 服务的市场销售 142—156
 never fully endorsed social citizenship 从未完全认同社会公民身份 11,14,61,70
 relationships with clients 和客户之间的关系 74,123—124,

145—153
  small firms 小型服务所 122,126,128,129,131,136
  sole practitioners 独立执业者 107,129,130
  training 培训 56—57,126—128
  see also solicitors
Lee, R. 李 106
legal aid 法律援助
  lawyers participate but retain control 律师参与却保持控制 11,67—70
  mounting pressure to reduce expenditure 日益增加的缩减开支的压力 80,96—98
  New Right reforms 新右翼改革 31—32,96—101
Legal Services Ombudsman 法律服务调查官 94—95
Leys, C. 赖斯 22
Linklaters 年利达事务所 52,71,75,77,78
  Linklaters & Paine 年利达律师事务所 75,76
Lipietz, A. 里别兹 182
Lloyd, C. 劳埃德 86
local government 当地政府 29,44—45,71,176
Lord Chancellor's Department 大法官办公厅 58—59,69,94,94—95,96—99
Loudon, I. 劳顿 9—10,12—13
Macaulay, S. 麦考利 149,160
Macdonald, D. 麦克唐纳 110
Mackay, Lord 麦凯勋爵 97
managers, increased control over professionals 管理者, 对职业者的控制日渐加强 84,85,87,88,92,108—109

manufacturing industry, decline of 制造业的衰落 32,34—35
markets 市场
  limited under Fordism 福特制之下有限的 5—7
  New Right policy of liberalising 新右翼的自由化政策 26
  as regulators of social life 作为社会生活规制者 2,31
  see also quasi-markets
Marshall, T. H. 马歇尔 2,4
  on private sector professionals 论私人领域的职业者 18
  on professional ideologies 论职业意识形态 11—12,15—16,170—171
  on social citizenship 论社会公民身份 5—6,19—20
Martin, R. 马丁 34
Medical Aid Institutes 医疗援助机构 9
medicine 医学 see doctors; National Health Service; 国民保健服务中心
mergers 合并 155,159
Metropolitan and Provincial Law Association 省市法律协会 60
Miles, M. 迈尔斯 43,44,51
Mitchell, Austin 奥斯汀·米切尔 93
Monopolies and Mergers Commission 垄断与合并委员会 93
mortgages 抵押 42,43
multinationals 跨国公司 32,106

National Health Service (NHS) 国民保健服务中心
  controlled by professionals 被职业者所控制 8,11
  lack of market forces 缺乏市场力量 31

reforms initiated by New Right 由新右翼发动的改革 31,84—88,176,177
National House Owners' Society 全国屋主协会 79
nationalisation 国有化 71
Nelson, R. 尼尔森 110,156,158
networks, social 社会网络 74—77,110—111,142—161
New Right 新右翼
 attack on professions 对不同职业的攻击 83—101
 attempt to destroy socialdemocratic consensus 试图破坏社会民主共识 1—2,5,25—30
 effect of policies on British society 政策对英国社会的影响 30—33,184—185
 policies benefited large commercial law firms 政策惠及大型商业律师事务所 102—108

occupations, effect of New Right policies on 新右翼政策对各项职业的影响 28—29
Offer, A. 欧弗尔 12,43,49
organisations 组织 18,108—109
 see also firms

Palay, T. 帕雷 110
Parsons, T. 帕森斯 16,193n5
partnerships, changes in 合伙人资格的变化 136—141
Paterson, A. 帕特森 125,141
Perkin, H. 帕金 16—17
 professionals empowered by welfare state 经国家授权的职业者 8,10,11,171
 on public-private sector divide 论公共领域—私人领域的划分 167,170

Pinsett Curtis 平瑟特·柯蒂斯 153
Pitt, William ("the Younger") 威廉·皮特("小皮特") 47
Poor Man's Lawyer movement 穷人律师运动 66
Powell, Enoch 伊诺克·鲍威尔 21,22—23
Powell, M. M·鲍威尔 107
Price Waterhouse 普华永道会计师事务所 153
private sector 私人领域
 effect of Fordism on professionals 福特制对职业者的影响 17—19
 effect of New Right policies on professionals 新右翼政策对职业者的影响 28—29,32,36—37,174—176
privatisation 私有化 28—29,87—88
 see also denationalization
professionals 职业者
 changes in ideology 意识形态变化 11—17,32—33,84,141—142,171—173,185—188
 cultural capital of 职业者的文化资本 169
 definitions 界定 3
 empowered under Fordist regime 在福特制政体下获得授权的职业者 7—8,20,83,171—172
 impact of New Right policies 新右翼政策的影响 26—29,32—33,83—108,184—185
 initial resistance to social citizenship 对社会公民身份的最初抵抗 9—11,14,65
 interprofessional links 职业者之间的联系 149,153—161

managerial control over 对职业者的管理控制 84,85
relationships with clients 职业者和客户之间的关系 74, 109—121,123—124
signs of fragmentation 分裂的迹象 92—93,178—182

public sector 公共领域
Fordism and social service professionals 福特制和社会服务职业者 15—16,17
New Right policies affect professionals 新右翼政策影响职业者 26,27—29,32,84—93, 167,174—175
"rolling back" policy of New Right 新右翼的"倒转"政策 27,31,87

quasi-markets 准市场
in education 在教育领域 88—90
in legal aid 在法律援助领域 96—101
in medicine 在医学领域 84—88

Randle, K. 兰德尔 108
Rosen, R. 罗森 110,111,118
Rushcliffe Committee 拉什克里夫委员会 68

Sassen, S. 撒森 36,106,182
Savage, M. 萨维奇 176—177,178
Savage, M. et al. 萨维奇等人 169
science and engineering professionals 科学与工程职业 28,29,108—109,176,179
scriveners 公证人 42,46
Seifert, R. 塞弗特 86

service class 服务阶层
growth in UK 在英国的成长 164—165
relations with employers 与雇用者之间的关系 165,166, 170—177,182
split by breakdown of Fordist consensus 随着福特主义共识的崩溃而走向分裂 19,24, 166—169,178—182
service sector 服务部门 35
Shapland, J. 夏普兰德 95,110
Shelter 庇护所 71
Sherr, A. 舍尔 70
Sikka, P. 西卡 5,54,178
Silverman, D. 西尔弗曼 190—191
Sinclair, J. et al. 辛克莱等人 88, 91
Skills and Enterprise Network 技能与企业网络 28
Slinn, J. 斯林 74,75,76,77,78
Smith, R. 史密斯 99
social citizenship 社会公民身份 5—14,19—20
comes under attack 开始受到攻击 21,27,30,31,32—33
social networks 社会关系网络 74—76,110—111,142—161
Society of Gentlemen Practisers 绅士执业者协会 47,53—54,55—56
Solicitors 事务律师
concern with respectable image 关注可敬形象 40,53—54,69
conveyancing monopoly and self-regulation attacked 土地转让垄断和自我规制受到攻击 79,93—101
defenders of property rights in nineteenth century 19世纪财产权的保护者 39—53,61—

65

fee income 服务费收入 72—73,101

fragmentation of profession 职业分裂 100,106—107

and interventionist state 和干涉主义国家 61—71

in local government 在当地政府中 44—45,71

London-based élite differ from provincial counterparts 总部在伦敦的精英不同于省级精英 57,60—61,63,73—74

and markets under Fordism 和福特制下的市场 71—73

as parliamentary agents 作为国会代理人 45

relationships with clients 和客户之间的关系 see under lawyers

self-regulation under laissez-faire state 自由主义国家之下的自我规制 54—61

social networks 社会关系网络 41—42,43,74—77

take over conveyancing and dispute resolution 接管土地转让和争端解决市场 45—51

Solicitors Complaints Body 事务律师申诉机关 94

Sommerlad, H. 萨姆拉德 124,141

Stanley, C. 斯坦利 105,124

state 国家

attacks on legal profession 对法律职业的攻击 93—101,121—122

Fordist expansion and professions 福特主义扩张与不同职业 4,14—17

New Right policies empower 新右翼政策赋权 7,88,89,91

post-Fordist 后福特主义 97,102,173—175,184—185

public sector contraction under New Right 新右翼统治下公共领域的收缩 25—27,83

relations with legal profession under Fordism 在福特制之下与法律职业之间的关系 61—71,78—79

relations with legal profession under laissez-faire 在自由放任政策下与法律职业之间的关系 54—61

Stephen, F. et al. 斯蒂芬等人 94

Stevens, R. 斯蒂芬斯 12,61,69

Sugarman, D. 舒格曼 12,13,39—40,44,65

taxation 征税 71,106

teachers 教师

changing political allegiance 改变政治忠诚 179

effect of New Right policies on 新右翼政策对教师的影响 28,88—90,91

loss of status 身份地位的丧失 12,13

welcomed state expansion 欢迎国家扩张 14

Thatcher, Margaret 玛格丽特·撒切尔

embraced policies of Enoch Powell 欢迎伊洛克·鲍威尔的政策 22—23

and rise of New Right 和新右翼的兴起 25,29—30,102,167

see also New Right

Thomson McLintock 汤姆森·麦金托什 52,77

trust, professionals and 信任、职业者

和 83,145—147,165—166,177, 182,185

United Kingdom 英联邦
 breakdown of postwar consensus and rise of New Right 战后共识的崩溃和新右翼的崛起 21—30
 capital and the labour market 资本与劳动市场 33—37
 changing political allegiances 改变政治忠诚 164—165,178—180
 delayed endorsement of social citizenship 对公民身份的迟到的认同 6,9—11
 New Right policies and professions 新右翼政策与各个职业 83—108,178—182
 New Right policies and society 新右翼政策与社会 30—33
 professional ideology under Fordist regime 福特制政体下的职业意识形态 11—19

Urry, J. 乌里 103

USA (United States of America) 美国（美利坚合众国）
 capital and control of professionals 资本与职业主义者的控制 108,110,111,115—116,118
 changes in legal profession reflect changes in society 法律职业的变化反映了社会的变迁 107

emergence of large commercial law firms 大型商业律师事务所的出现 127
social networks between law firms 律师事务所之间的社会关系网络 74,76—77
vulnerability of firms to empowered individuals 律师事务所相对于有权个人的脆弱性 156,158

Waddington, I. 沃丁顿 9,10,12
welfare state 福利国家
 expansion under Fordist regime 福特制政体之下的扩张 4,5—6
 growth of social democratic professionalism 社会民主职业主义的成长 7—8,15—17,71
 limiting of 对福利国家的限制 184
Whittington, R. et al. 惠廷顿等人 86
Whynes, D.K. 怀恩斯 8
Wilde Sapte 威莎律师事务所 153,155
Williamson, O. 威廉森 110
Willmott, H. 威尔莫特 5,54—55
Wilson, Harold, governments of 哈罗德·威尔逊政府 21—22,23,24
Wilson, P. 威尔逊 12
Wright, E. 赖特 168

译 后 记

这是一本研究律师职业的书。它集中论述了英国特定历史时期律师职业的内部结构、服务领域、工作性质、地位声望、意识形态、工资收入等方面的一般情况,给读者描绘了一幅丰富、生动的职业群体画像。然而,它又不止是一本研究英国律师职业的书,因为从根本上看它只是试图从律师这个特定的职业领域着手,或者只是以这样一个职业群体为例来深入考察英国整个职业服务阶层的发展、变化情况,其研究视域不限于律师职业本身而是更多地投向该职业群体所身处的政治、经济环境,更加关注导致这些发展、变化发生的各种社会因素(诸如国家规制和市场需求)以及它们和以律师职业为典型的整个职业服务阶层的互动关系。本书通过对这些发展、变化作出历史的、动态的、立体的探索和分析以阐明它们对职业人士和职业工作所可能带来的后果:职业群体的内部分裂和职业主义的重新定义。

本书开篇指出,到其时为止的二十多年中英国所进行的经济变革导致了国家在优先性考虑方面的变化,即国家降低了商品和服务立基于市民身份的享用的重要性,而给予商品和服务立基于市场的享用和国际竞争力以优先性。本书研究表明,这种优先性的转向可能会促使职业内部出现分化,将一些先前同质的职业领域相应地分裂为两个不同的部分:一部分是由那些从社会服务的观念出发倡导以公民身份为基础享用其服务的职业者组成的群体;一部分是由那些从市场竞争的观念出发主张以支付能力为基础享用其服务和提升其国际竞争力的商业化职业者组成的群体。作者认为,这种职业群体的内部分裂可能会最终导致整个职业服务阶层的解体。

与此同时,国家和市场的优先性变化也迫使各种职业组织不得不改变他们各自的工作方式,重新审视和思考职业主义的应有内涵,并可能会促使英国职业主义的商业化转向。本书作者认为,英国历史上各种职业主义类型的出现——无论是过去的绅士型、社会服务型还是现在正在兴起的商业化职业主义——都是对过去已经发生或现在正在发生的一切做出回应的产物:18、19世纪随着自由资本主义的发展,绅士型职业主义出现;19世纪末20世纪初随着自由资本主义向一种限制市场发展的福利主义转向,社会服务型职业主义开始兴起;近二十多年来,随着英国社会逐渐从福利主义向一种更多地以市场为导向的灵活性社会转向,职业主义也开始了另外一次转型。作者将这种其时正在兴起的职业意识形态命名为"商业化的职业主义"。商业化的职业主义要求职业者除了具备一般职业主义所要求的专业技术能力之外,还需要具备:(1)强烈的商业意识以便能够管理预算和职业者—客户关系;(2)高超的创业技能以便能够创造更多的业务并抵御业务风险。作者认为,该商业化的职业主义转向尚未完成,它集中表现为一场重新界定职业主义的斗争,或正如作者所言,它是"英国国内当前正在进行的重要斗争之一。这场斗争与围绕国家、劳动力市场、经济活动全球化的未来性质以及21世纪更普遍的社会性质问题而展开的更广泛的斗争紧密地联系在一起"。因此也将是英国"21世纪头十年重要的政治斗争之一"。正是由此出发,本书集中论述了这一重新界定职业主义的斗争是如何随着不同职业群体对他们的某些观点寻求支持,并强行推行他们对于职业主义的理解和定义而变成一个重要的政治问题的。

总之,这是一本将律师职业作为一种社会现象加以系统研究的专著。它通过对自20世纪60—70年代以来英国经济转型时期律师职业群体和社会之间关系的系统研究,最后得出结论说:"这些职业者和社会之间的关系是辨证的。如果我们需要了解这些更广泛的争论以了解在单个的职业内部正在发生的一切,我们也需要了解这一重要的工作领域正在发生的一切以了解更广泛的社会变迁及其影响因素。"从研究主题、理论视角和研究方法(问卷调查、社会访谈、对实证材料的定性定量分析)上看,本书的研究无疑属于(法律)职业社会学的研究范畴。职业社会学作为应用社会学的一个分支,是用社会学的原理和方法对作为社会现象的职业进行系统研究的一门新兴学科,主要研究职业与社会的关系、职业的内部结构与组织形式、职业对于个人与社会的意义等问题,内容涉及职业类型、职业地位与声望、职业环境、职业流动、职业生涯模式、职业控制、同行的关系和职业意识形态等各个方面。职业作为一种重要的社会现象,是随着社会分工而出现的,并随着社会分工的稳定发展而构成人们赖以生存的不同工作方式。人类对职业的认识最早可以追溯到古希腊和古罗马时期,当时人们把工作看成是一种"天罚",甚至命名为"忧苦",认为它是赎偿"原罪"所必须付出的代价。社会学家们对职业问题的广泛关注则始于西方世界率先步入工业化社会之后,其时法国社会学家迪尔凯姆在《社会分工论》(1893)一书中对"分工"这一职业社会学的中心概念所作的专门论述可算是现代西方职业社会学研究之滥觞。到20世纪,西方职业社会学研究开始逐渐走向成熟,从初期单纯的概念探讨转向关于职业化的系统研究,到该世纪中期则更是出现了功能学派、结构学派、垄断学派与文化学派四足鼎立、异彩纷呈的局面,四大学派的研究无论是在研究的广度上还是研究的深度上都极大地推动了职业社会学的发展,将现代职业社会学研究推向高潮。四大学派也因此共同构成了当时职业社会学研究的主流,其相关理论和研究视角一直影响至今,尽管这种职业化的研究传统在20世纪70、80年代受到以休斯为代表的芝加哥学派和帕森斯的结构—功能主义两大主流理论的批判。到20世纪90年代,职业和国家、市场等外部主体的关系逐渐成为职业社会学的一个重要研究领域,职业在公共领域的集体行为以及国家、市场等外部因素对职业生活的干预和影响成为学者们普遍关注的问题。本书对英国律师职业与国家、市场关系的研究就是此类研究的代表作,它和作者的另外一本名为《会计师业的商业化》(*The Commercialisation of Account-*

ancy: *Flexible Accumulation and the Transformation of the Service Class*)(1994)的(会计师)职业社会学著作一起共同奠定了作者杰拉尔德·汉隆在职业社会学领域的突出地位。因此,译者完全有理由相信该书的中文版也一定能够为我国的法律职业社会学、组织社会学,乃至一般意义上的法学和社会学研究在理论和方法上提供借鉴和帮助。

  翻译的过程犹如带着镣铐的舞蹈,痛苦和欢愉相伴并行。轻舞飞扬时的那份得意和曼妙常常令自己沉醉其中乃至忘乎所以,但无所不在的锁链早已凝固了自由挥洒的脚步。语码转换之间,寂寞的欢愉短暂,而局促困顿、举步维艰的时候更长。然而,所有这一切对译者而言都是一种心灵的享受和精神的收获:享受寂寞和对话、得意和失落;收获思想和知识、感悟和升华。因此译书既成,本译者心中满是感激。首先要感谢北京大学出版社让我有机会将本书介绍给广大中文读者,尤其感谢北大出版社的编辑为本书的翻译、出版所付出的辛劳。同时也要感谢美国芝加哥大学社会学系的刘思达博士在百忙中抽空为本书作序。当然,书中所有的错误和疏漏之处皆由译者本人负责。由于译者知识、水平有限,翻译中的各种错误和疏漏之处在所难免,恳请各位读者批评指正。

程朝阳

2008 年 12 月 16 日于烟台大学